ATmega8535를 이용한 내손으로 만드는

마이크로프로세서 기초 실습

A practice of Microprocessor

한울출판사

머리말

급변하는 정보화 사회에서 국가 경쟁력을 높일 수 있는 요소 중에 과학 기술의 발전과 기술 인력양성이 중요한 위치를 차지하고 있음은 믿어 의심치 않는다. 현재의 산업 동향은 디지털 기술이 주도하고 있으므로, 마이크로프로세서를 빼고는 생각하기 힘들 정도로(마이크로프로세서 기술은) 매우 중요하기 때문에 산업계에서 강력하게 요구되고 있는 기술이다. 따라서 마이크로프로세서의 활용 범위는 무한하다고 할 수 있다. 컴퓨터는 물론이려니와 우리 생활에 친숙한 자동차, TV를 포함하여 수많은 분야에 마이크로프로세서가 내장되어 있으며, 앞으로도 그 활용범위는 무궁무진 할 것이다. 더욱이, 일반 개인용 컴퓨터에 활용되는 마이크로프로세서는 전체 산업체에서 활용되는 프로세서의 10%도 안 되며, 오히려 AVR과 같은 마이컴들이 가전제품 등에 활용되는 수가 더욱 많다. 결국, 이 분야의 기술을 발전시키고 관련 기술인을 양성하는 것이 국가 경쟁력을 높일 수 있는 하나의 대안이 된다고 판단하여, 본 교재가 탄생하게 되었다. 특히, 고급 기술인은 실무 경험으로부터 양성된다는 현장의 목소리에 귀를 기울여, 실습을 통해 마이크로프로세서 기술을 몸소 체험해 가면서 익힐 수 있도록 집필하였다. 마이크로프로세서를 처음 접해보는 사람이 자신의 손으로 처음부터 만들어보고 프로그래밍 해보면서 흥미를 느끼고 많은 것을 배울 수 있는 방향으로 집필하도록 노력하였다. "본 교재를 마스터하면 당장 고급 마이크로프로세서 전문가가 된다."고 말할 수는 없으며, 모든 기술이 그렇듯이 노력도 없이 한 순간에 쉽게 얻어지지 않는다는 사실을 명심하여 꾸준한 관심과 노력을 기울여야 할 것이다. 다만, 이 책을 시작으로 마이크로프로세서 기술에 관심과 열정을 쏟아 부으면 반드시 좋은 결실을 보게 될 것이다.

끝으로 이 책이 나오기까지 사랑과 격려를 아끼지 않으신 모든 분들에게 심심한 감사를 보내 드립니다.

저자 씀

차 례

5장 1개의 LED에 불켜기를 위한 프로그래밍

6장 1개의 스위치 정보 입력하기

7장 FND(7-Segment)

8장 여러 개의 스위치정보 입력하기

13장 키보드 스캔

14장 PWM

15장 RS-232C를 이용한 컴퓨터와의 정보교환

16장 ADC(Analog to Digital Converter)

17장 EEPROM

18장 Sleep Mode

19장 Watchdog Timer

부록 347

1 Chapter

서 론

1.1 본 교재의 탄생 배경

본 교재는 마이크로프로세서를 처음 다뤄보려는 학생들을 대상으로 작성되었다. 이 책을 필요로 하는 학생들의 요구는 매우 다양하였다. 예를 들면, "시중에 나와 있는 책들이 너무 어려우니 아주 쉬운 내용의 책이 있었으면 좋겠다."라든가 아니면, "뭔가 만들어 보고 싶은데 비용도 만만치 않고 무엇부터 손대야 할지 알려주었으면 좋겠다."라는 등의 내용이 주를 이루었다. 더욱이, 욕심을 내어 라인트레이서, 마이크로마우스, 혹은 로봇 축구 시스템을 독자적으로 설계할 수 있는 내용이 포함되었으면 좋겠다는 의견도 있었다.

이러한 다양한 요구를 전부 만족시킬 수는 없지만 대부분의 요구에 부합되는 내용의 교재를 구상하던 중에 디지털 제어 산업기사 실습문제를 접하면서 그 문제를 해결할 수 있는 능력을 함양할 수 있도록 방향을 잡게 되어 본 교재가 탄생하였다.

1.2 왜 마이크로프로세서를 배워야만 하는가?

21세기에 들어서면서, 급속한 산업의 발달과 더불어, 전자, 컴퓨터, 통신 및 제어 분야는 눈부신 발전은 물론이고, 정보화 사회의 도래로 사회 환경이 디지털 패러다임으로 변화하면서, 각종 산업기술의 디지털화가 가속되고 있다. 이러한 디지털 기술의 핵심을 이루는 것이 바로 마이크로프로세서이며, 관련 기술의 발전이 국가 경쟁력을 좌우한다고 해도 과언이 아닐 것이다. 마이크로프로세서 관련기술을 좀더 구체적으로 나열하자면, 우주항공, 군사 시스템 및 공장 자동화에서부터 TV, 세탁기, 냉장고뿐만 아니라 휴대폰, PDA, 홈 네트워크 등에 이르는 디지털 정보가전기기에 이르기까지 매우 다양하다. 결국, 마이크로프로세서 기술을 배우면, 엄청난 부가가치 창출이 기대되며, 산업체에서 유용하게 활용되어, 산업발전과 국가 경쟁력 증강에 많은 도움이 된다. 따라서 마이크로프로세서를 배우는 것은 선택이아니라 필수이다.

또한, 교육적인 측면에서도 마이크로프로세서를 배우는 일은 매우 중요하다. 그 이유는 다음과 같다. 학교에서의 실습 교육이 너무 이론위주의 고정된 실습이었다는 비판과 함께, 창의성을 키우기 위한 창의적 공학교육이 각광을 받으면서, 학생들의 흥미유발과 자율적인 참여가 무엇보다도 중요한 요소로 자리매김하고 있다. 결국, 획일화된 교육에서 탈피하여 무한한 잠재력을 가진 학생들의 능력을 증대시키려면, 학생들 스스로 시스템을 기획, 설계, 제작할 수 있는 교육 내용이 밑받침되어야 한다. 이에 가장 가까이 다가설 수 있는 첫 발을 디딜 수 있는 것이 마이크로프로세서 실습교육이라고 생각한다.

1.3 마이크로프로세서란 무엇인가 ?

마이크로프로세서란 한 개의 집적회로(IC)로 만들어진 CPU이다. CPU는 컴퓨터의 중앙처리장치(Central Processing Unit)를 말하며, 레지스터, 산술논리연산장치(ALU), 내부버스 및 제어장치로 구성되어 여러 개의 IC로 만들어 질 수도 있으나, 표준화된 하나의 IC로 만드는 것이 가격 및 부피 등 여러 가지 측면에서 매우 유리하므로 최근에는 대부분 CPU를 하나의 IC로 만든 마이크로프로세서를 사용한다. 결국, 마이크로프로세서란 컴퓨터의 중앙처리장치라고 말 할 수 있는 것이다. 하지만, 좁은 의미로 보면, 흔히 알고 있는 개인용 컴퓨터(PC)의 중앙처리장치보다는 핸드폰이나 전기밥솥 등에 사용되는 조그마한 컴퓨터의 중앙처리장치를 이야기하는 경우가 더 많다.

이러한 조그마한 컴퓨터를 마이크로컴퓨터 혹은 마이컴이라고도 불리며, 마이크로프로세서 외에 기억장치, 입출력장치 등이 함께 구성되어 있다. 최근에는 이러한 컴퓨터 기능이 1개의 칩안에 모두 내장되어 있으며, 이를 원칩 마이컴이라고 부른다.

다시 말해서, 1개의 칩 내에 CPU 기능은 물론이고 일정한 용량의 기억장치와 입출력 장치까지 내장한 것을 원칩 마이컴이라 하며, 마이크로 컨트롤러(micro-controller)라고도 부른다.

1.4 디지털제어 산업기사는 무엇인가?

디지털제어 산업기사는 마이크로프로세서 기술 요구에 부응해 신설된 국가공인 자격증으로서, 마이크로프로세서의 하드웨어 및 소프트웨어 기술에 관한 자격증이다. 필기시험 과목으로는, 마이크로프로세서, 논리회로, 전자회로, 프로그래밍 언어가 있으며, 실기시험은 디지털 제어 실무과목으로, 회로조립 및 프로그래밍 등을 평가한다. 이 자격증을 얻으면, 마이크로프로세서나 컨트롤러를 사용, 디지털 제어에 의한 처리과정을 설계해 알고리즘과 하드웨어를 제작하는 일을 맡을 수 있으며, 정보가전, 전자기기, 컴퓨터제어, 임베디드 산업분야 등에서 일하게 된다. 자세한 검정 일정이나 내용은 한국산업인력공단의 홈페이지(http://www.hrdkorea.or.kr/)를 참고로 하기 바란다.

본 교재의 주된 목적은 마이크로프로세서를 처음 접하는 사람이 회로설계로부터 프로그래밍에 이르기 까지 기초 실습을 통해 마이크로프로세서 기술을 익히는데 그 목적이 있으나, 본 교재의 내용을 충분히 숙지한다면, 디지털 제어 산업기사 실습시험을 무난히 통과하는 것은 덤으로 얻을 수 있는 또 하나의 기쁨일 것이다.

1.5 본 교재의 특징

본 교재의 첫 번째 특징은 가급적이면 그 내용이 매우 쉽게 되도록 노력한 것이다. 마이크로프로세서에 대해 처음 접하는 사람들의 두려움을 해소하고, 흥미유발과 자발적인 참여를 유도하기 위한 방안이다. 아무쪼록 쉬운 책을 먼저 접하여 마이크로프로세서에 푹 빠져들어 어려운 책들도 불사할 수 있는 계기가 되었으면 하는 바람이다.

둘째로는, 가장 저렴한 비용으로, 직접 내손으로 만들어 보고, 동작시켜 볼 수 있도록 구성하였다는 것이다. 대부분의 실습이 비싼 실습 장비를 사용하거나, 시중에서 구입하기 어려운 경우가 많았다. 또는, 저렴한 실습장치가 있다 하여도, 회로에 대한 자세한 설명이 없고, 원리도 모르는 채 무조건 동작시켜보고 끝나는 경우도 많다. 결국, 많은 학생들이 혼자 외로운 여정을 힘들게 가야하는 실정을 지켜보면서, 마이크로프로세서를 힘들게 배우는 이들에게 조금이나마 도움을 주고자, 하나하나 차근차근 만들 수 있도록 하였다.

셋째로는, 본 교재를 학습하면, 기초 기술을 습득함은 물론이요, 디지털 제어 산업기사 실습에 완벽하게 대처할 수 있다는 것이다. 또한, 향상된 응용기술을 익히는데 단단한 기초를 다질 수 있다는 것이다. 본 교재를 마친 후 향상된 응용기술을 익히는 좋은 방법 중에 하나는 마이크로프로세서를 이용한 간단한 로봇을 제작해 보는 것이다. 시중에 로봇 제작과 관련된 서적이 많이 나와 있으므로 참조하기 바란다.

1.6 본 교재에서 채택한 마이크로프로세서

디지털 제어 산업기사의 실습 시험용으로 선정한 마이크로프로세서는 국내 점유율에 의거 80계열(89S51), PIC(PIC16F874A), 그리고 AVR(90S(MEGA)8535) 3 종류(8bit)의 원칩 마이크로프로세서 중에 하나를 수검자가 선택하도록 되어있다. 이 중 가격대 성능 비나 학교 실습의 용이함 등을 비교해 볼 때, 거의 대등소이하나, AVR계열의 ATmega8535가 약간 우위에 있다고 판단하여 본 교재의 마이크로프로세서로 선정하였다. (참고로, AT90S8535는 단종 되고 현재는 호환 가능한 ATmega8535로 시판되고 있다.) 다만, 하나의 마이크로프로세서를 숙달하게 되면, 다른 종류를 다루는 데에도 큰 무리는 없기 때문에 3 종류 중에 어떠한 것을 선택해도 큰 문제는 되지 않는다.

1.7 ATmega8535의 특징

ATmega8535는 8bit 마이크로프로세서이며, RISC구조를 갖는다. 여기서, 8bit

의 의미는 CPU가 한번에 처리하는 자료양이 8bit라는 의미이며, 주로 레지스터의 크기와 관계가 깊다. 또한, 마이크로프로세서는 사용된 명령어 집합에 따라 CISC(Complex Instruction Set Computer)와 RISC(Reduced Instruction Set Computer)로 분류되는데, 한 마디로 CISC는 명령어가 많고 복잡하며, RISC는 명령어가 적고(꼭 필요하고 용도가 빈번한 명령어만 제공) 길이가 고정되어있다는 것이다. 특히, RISC는 명령어가 간단하므로 하나의 싸이클에 하나의 명령어 실행이 가능하다. 현재 대부분의 마이크로프로세서들은 RISC구조를 갖는다.

또한, ATmega8535는 8K byte Flash, 512 byte EEPROM, 512 byte SRAM의 기억장치는 물론이며, 2개의 8bit Timer/Counter와 1개의 16bit Timer/Counter, PWM 발생장치 4채널, 8채널 10bit ADC(아날로그 디지털 변환기), 프로그램 가능한 직렬통신 USART 등을 내장하고 있다.

무엇보다도 AVR에는 ISP(In System Program)이라는 것을 제공하는데, 이는 AVR 칩에 프로그램을 아주 쉽게 집어넣어 줄 수 있도록 도와준다. 이것이 없다면, 롬라이터나 에뮬레이터와 같은 고가의 장비를 사용하여 복잡한 절차를 거쳐야 하므로, ISP야 말로 마이크로프로세서를 쉽게 이용할 수 있도록 해준 일등공신이라고 말할 수 있다.

더 많은 특징들이 있으나, 자세한 내용은 Datasheet를 참조하기 바란다.

제 1장에서는 본 교재의 특징과 마이크로프로세서에 관하여 살펴보았다. 제 2장부터 본격적인 강좌를 진행하도록 한다.

Chapter 2

중앙처리 기판 하드웨어 회로 설계

2.1 마이크로프로세서 하드웨어 회로 설계

예전에 하드웨어 회로를 설계한다고 하면, 매우 어려운 작업으로 인식되고 있었으며, 지금까지도 하드웨어를 설계하는 일이 그렇게 쉽지만은 않다.

그러나 ATmega8535를 비롯한 최근의 마이크로프로세서들은 예전에 비하면 하드웨어 회로를 설계하기가 무척이나 쉬워졌다. 기본적으로는 "전원만 연결하면 일단 동작 한다"는 것이다. 이 말은 본 교재를 마치고 프로엔지니어가 되어도 꼭 가슴속 깊이 간직해 주기를 바란다. 사실, 모든 기능이 거의 내장되어 있는 마이크로프로세서의 하드웨어 회로 설계 시 고려사항은 전원, 클럭, 리셋뿐이라고 해도 과언이 아니며, 요즈음에는 심지어 칩 안에 자체적인 클럭과 리셋회로를 내장하고 있는 경우도 많이 있기 때문에, 몇 가지 설정 사항만 고려한다면, 전원만 연결하면 일단 동작한다는 것이 틀린 말은 아니다.

아무튼, 요즘의 마이크로프로세서 하드웨어를 설계한다는 것은 매우 단순하다. 원리는 간단하다. 마이크로프로세서 칩에 나와 있는 핀에 필요한 선만 연결해 주면되는 것이다. 그러면, 필요한 선이 무엇인가 바로 전원, 클럭, 리셋이다. 이 세 가지만 연결해 주면 마이크로프로세서 하드웨어 회로도 설계는 일단락된다. (너무 간단하지요?)

이렇게 쉬운데도 불구하고, 하드웨어가 너무 싫은 사람이나 어려워서 포기하고 싶은 사람, 혹은 다 알고 있기 때문에 빨리 진도 나가고 싶은 사람을 위해 본 교재에 PCB 기판이 준비되어 있으므로 부품만 구입하여 납땜하면 된다. 본 교재는 하드웨어 부분을 생략하여도 진도에 문제가 없으므로, 하드웨어를 이미 구비하고 있거나 완제품을 이용할 독자들은 본 장을 생략하여도 무관하다.

자, 이제 하드웨어를 설계해 나가도록 하자. 먼저, 회로도 설계를 위해 그림 2.1의 ATmega8535 칩을 고려한다.

이제 이 그림에 필요한 선들을 하나하나 연결하면 회로설계가 완성된다. 결코 어렵지 않다. 그림 2.2에서, 먼저 전원을 연결해 주어야 한다고 했다. 전원과 관련된 핀을 살펴보면 10번 핀의 VCC, 11번과 31번 핀의 GND, 그리고 30번 핀의 AVCC가 있다. VCC는 디지털 전압을 공급해 주어야 하는 곳이다.

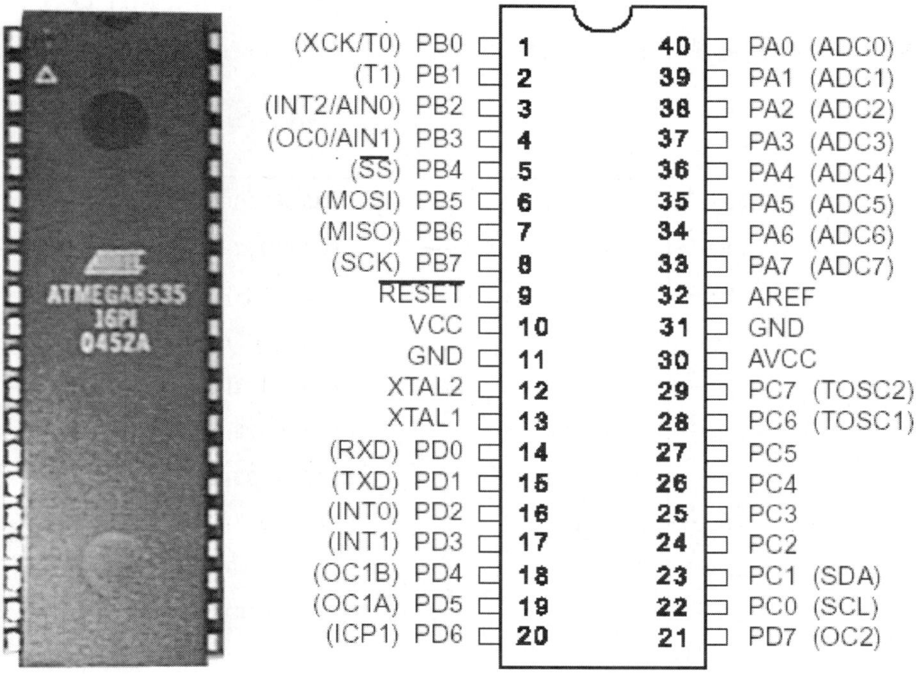

그림 2.1 ATmega8535의 외형

그림 2.1을 회로도에 옮겨 그리면 그림 2.2와 같다.

전압 값은 5V이다. 따라서 VCC핀에는 전원공급장치의 +5V 단자를 연결하여 주면된다. GND는 GROUND의 약어로 기준전압(접지)을 의미한다. 즉 전원공급 장치의 (-)단자라고 생각해도 무관하겠다. AVCC는 A 포트 혹은 ADC(33번에서 40번까지의 핀)에 전원을 공급해 주는 단자이다. VCC와 함께 +5V를 공급해 주면 된다. 다만, ADC를 사용하는 경우, VCC에서 저역통과필터를 통해 AVCC에 연결해 주는 것이 바람직하나 정밀한 ADC를 원하는 경우가 아니라면 VCC와 AVCC는 동일하게 취급해 주어도 무난하다. 정밀한 ADC를 위해 잡음을 고려해야 하는 경우, [부록 A] "ADC에서 아날로그 잡음 최소화하기"을 참조한다. 잡음과 관련된 내용은 본 교재의 학습범위를 벗어나므로 본장에서는 다루지 않았으나, 실무에서 매우 중요한 요소 중에 하나이므로 간략하게나마 부록에서 언급하기로 하였다.

참고로, 디지털 회로에서는 클럭에 의한 동작으로 인하여 고주파 전원 잡음이 문제되는 경우가 간혹 발생하므로, 디지털 칩의 전원과 접지사이에 0.1 μF ~ 0.01 μF의 바이패스 캐패시터(콘덴서)를 연결해 주면 좋다.

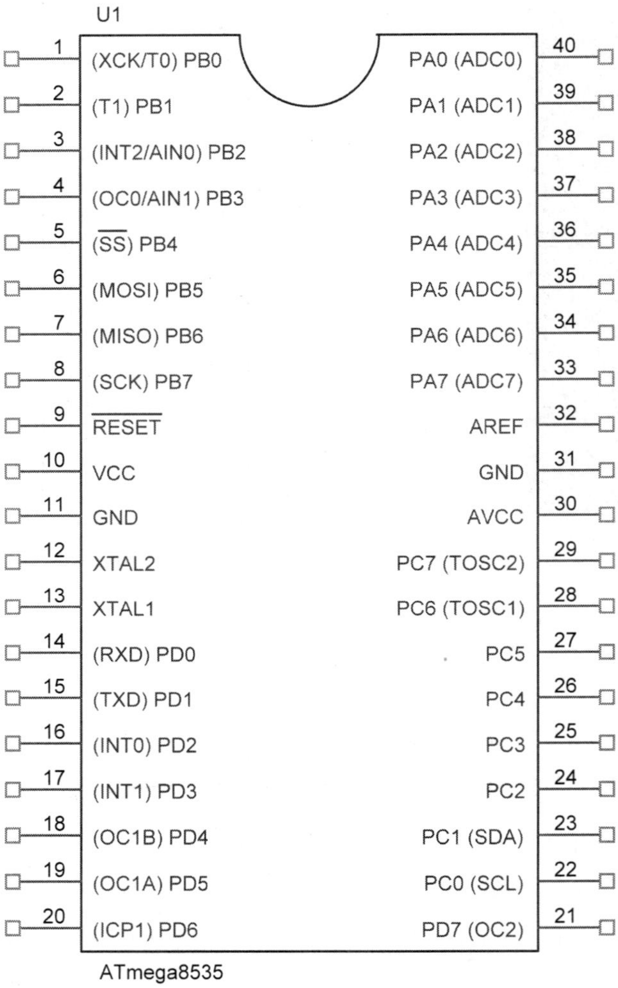

그림 2.2 ATmega8535의 회로기호

마지막으로, AREF(32번 핀)가 있는데, 전원 핀은 아니지만, ADC에서 사용하는 기준 전압이다. 본 회로 설계에서는 AVCC와 같은 레벨인 5 [V]를 기준 전압으로 사용하기로 한다.

지금까지의 설명을 바탕으로 전원 회로도를 그리면 그림 2.3과 같다.

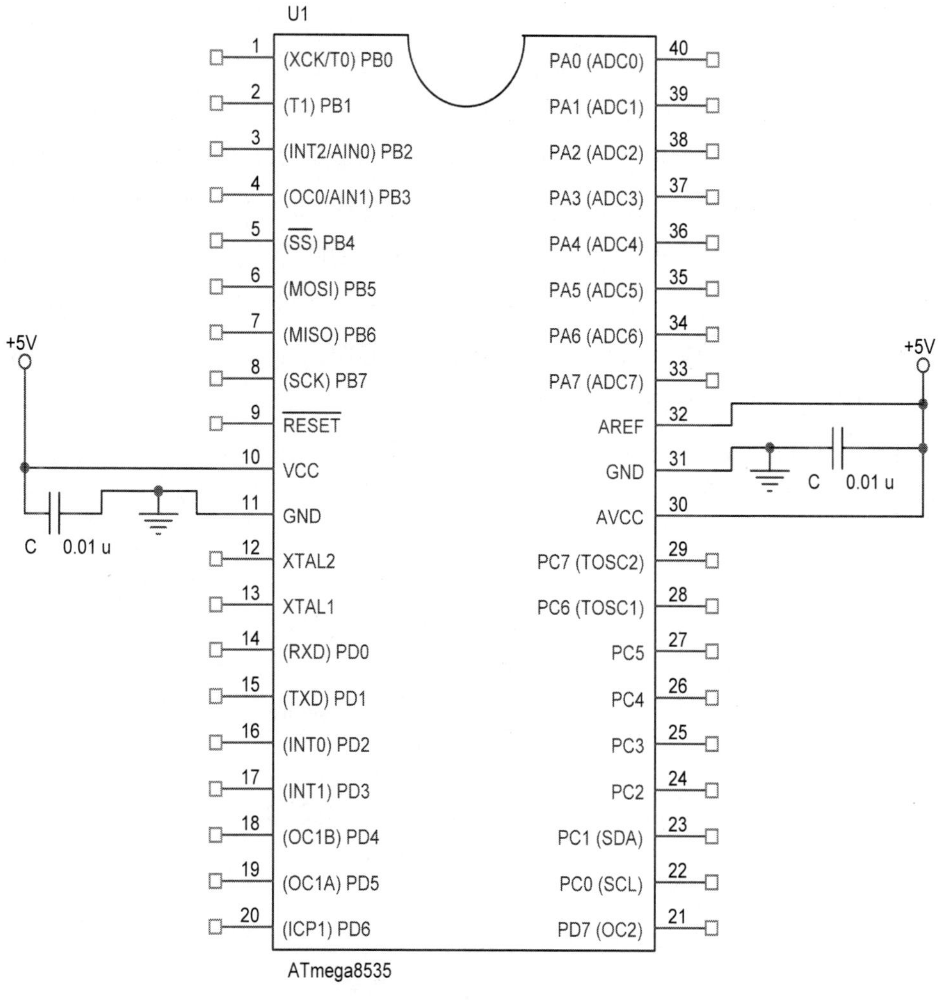

그림 2.3 전원 연결

이제, 전원을 다 연결 했으므로, 클럭에 관해 고려해 보도록 하겠다. 클럭과 관련된 핀은 12번 핀(XTAL2)과 13번 핀(XTAL1)이다. ATmega8535는 초기 기본 설정이 칩 내부의 RC 진동에 의해 클럭을 공급받도록 되어있다. 이때는 12번 핀과 13번 핀에 아무것도 연결하지 않는다. 그래도 동작하기는 하지만, 온도에 따라

클럭 주파수가 정확하지 않을 경우가 있으므로, 본 교재에서는 외부 크리스털 진동자를 이용하여 동작시키는 것으로 한다. 외부 크리스털 진동자를 이용하는 것이 설계의 정석으로 되어 있으며, 내부 클럭을 제공하지 않는 마이크로프로세서 설계에 도움이 될 것이다. 크리스털 진동자의 진동 주파수는 최대 16 MHz 까지도 사용할 수 있으나, CKOPT=0으로 해 주어야 하고, 이 경우 전력소비가 많아진다는 단점이 있다. 따라서 기본적으로는 CKOPT=1로서 최대 8 MHz 까지라고 보면 된다. 결국, 8 MHz 범위에서는 어느 것을 사용하여도 별 문제가 되지 않으나, 디지털 제어 산업기사 실습 보드의 경우에, 3.6864 MHz를 사용하였으므로, 본 교재에서도 이것을 사용하기로 한다. 디지털 제어 산업기사 실습 보드가 3.6864 MHz라는 다소 복잡한 숫자를 사용한 이유는 9600 baud 등의 통신 속도를 정수배로 분주 할 수 있는 값이기 때문이다.

아무튼, Datasheet를 참고하면, 외부 크리스털 진동자를 이용한 클럭 회로는 그림 2.4와 같다.

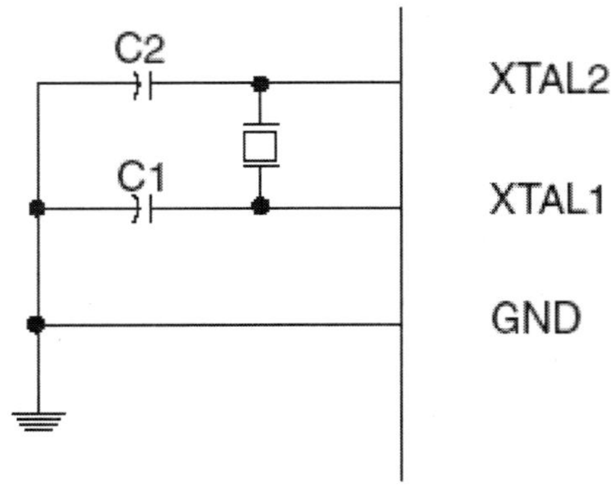

그림 2.4 클럭 회로

이때, Datasheet에서 추천하는 그림 2.4에서의 C1과 C2 캐패시터 값은 동일한 값으로, 12에서 22 pF 사이에 있는 값을 권장하고 있다. 본 교재에서는 22 pF를 사용한다.

이제, 리셋회로만 남았다. 리셋에 관한 내용도 AVR에 특정적인 것 보다는 보편적으로 사용되는 내용으로 회로를 설계하도록 한다. 다음에 설명되는 내용은 다소 딱딱하고 크게 중요하지 않은 내용이므로 학습을 생략하여도 무관하다. 다만, 호기심이 많은 설계자를 위해 다소 상세히 지면을 할애하였으니 참고하기 바란다.

리셋관련 핀은 9번이다. bar가 붙어 있으므로, 이 핀이 LOW(0V)이면 RESET 상태라는 의미이다. 따라서 마이크로프로세서는 이 핀이 HIGH(+5V)일 때 동작한다. 또한, 전원이 인가된 후, 얼마동안은 LOW로 있다가 자동으로 HIGH로 되어야 리셋이 제대로 걸리면서 마이크로프로세서가 정상동작하게 되므로, 이를 위한 리셋 회로가 필요하다.

이것은 캐패시터가 전원을 인가하면 처음에는 단락이 되었다가 충전되면서 개방되는 회로의 성질을 이용하면 쉽게 구현할 수 있다. 다시 방전시키는 푸쉬 스위치를 달면 필요할 때마다 컴퓨터를 리셋 시킬 수 있게 된다. 그러면 얼마동안 RESET이 LOW로 되어 있어야 하는가? Datasheet에는 최소한 1.5 μs 보다는 길어야 한다고 되어있다. 충분히 길게 잡아 2 ms 동안 LOW로 있다가 HIGH가 되는 것을 고려하자.

시상수 = RC로부터

C = 2m/4.7k = 0.43 uF

이 보다 큰 값을 갖는 캐패시터중에서 구하기 쉬운 것을 사용하면 될 것이다. 보통 4.7 uF에서 10 uF정도가 알맞다고 판단된다.

지금까지의 설명을 바탕으로 완성된 회로도는 그림 2.5와 같다.

이상으로 마이크로프로세서가 동작하기 위한 하드웨어 회로설계는 일단락되었다. 하지만, 하드웨어만 가지고 컴퓨터가 동작하는 것은 아니다. 프로그램이 없으면, 하드웨어는 아무것도 안하는 쓸모없는 물건이 된다. 컴퓨터에 전원이 들어가면, CPU는 기억장치에 있는 프로그램을 한줄 씩 읽어 와서 실행시키는 일을 한다.

다시 말해서, 컴퓨터를 동작시킬 프로그램이 기억장치에 꼭 있어야 하는 것이다. 어떻게 하면 기억장치에 프로그램을 넣을 수가 있을까? 다음 절에서 그 방법을 알아보도록 하겠다.

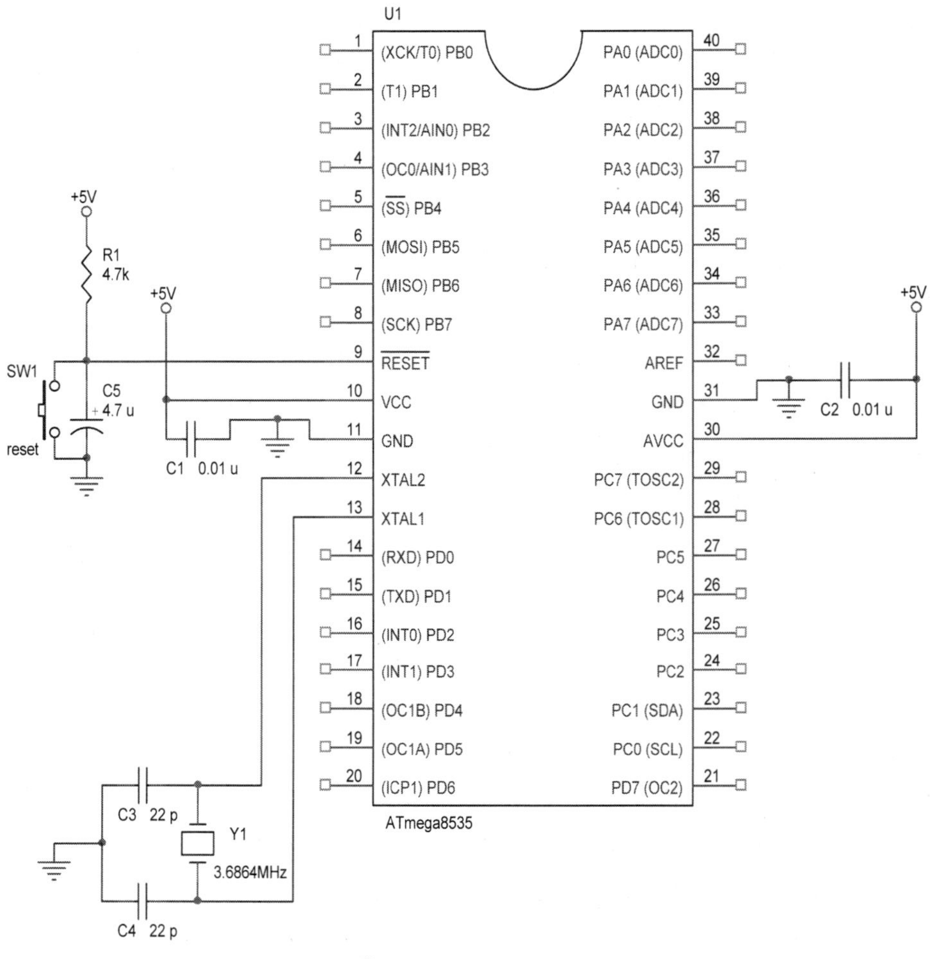

그림 2.5 전원, 클럭, 리셋 완성 회로

2.2 ISP 회로설계

마이크로프로세서는 전원이 인가되면, 기억장치에 있는 프로그램을 실행시키는 단순한 장치이다. 그 프로그램은 기억장치에 이미 존재하고 있어야 한다. 프로그램을 기억장치에 저장해 놓는 과정을 마이크로프로세서 입장에서는 Booting이라고 하며, 보통 프로그램 다운로드(down load)라고 한다. AVR의 경우, Flash 기억장치의 프로그램 영역에 마이크로프로세서를 동작시킬 프로그램이 저장되며, 롬 라이터를 이용하는 방법(통상 롬을 굽는다고 표현한다)과 개인용컴퓨터(PC)의 직렬 포트 혹은 프린터포트를 이용하여 (ISP방식) 저장할 수 있다. 본 교재에서는 PC의 프린터포트를 이용하여 마이크로프로세서에 프로그램을 다운로드하는 ISP 방식에 관하여, 설명하고자 한다.

먼저, 전원이 들어간 상태에서 RESET (그림 2.1의 9번 핀)을 LOW인 상태로 놓는다(프로그래밍 되는 동안 RESET을 LOW로 유지해 주기 위해 PC에서 제어해 주는 것이 필요하다.). 그리고 SCK(Serial Clock,그림 2.1의 8번 핀), MOSI(Serial Data In,그림 2.1의 6번 핀), MISO(Serial Data Out,그림 2.1의 7번 핀)핀에 적절한 data를 PC에서 보내주거나 받으면 된다. 즉, 그림 2.6과 같이 연결해주면 되는 것이다.

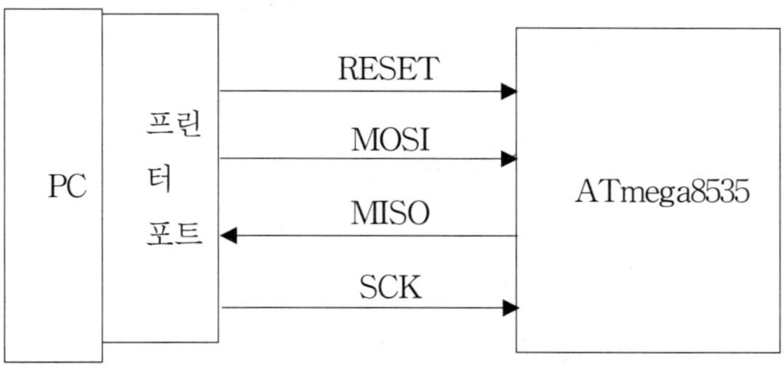

그림 2.6 ISP를 위한 연결 개념도

적절한 data의 내용이 무엇이며, 타이밍 등을 어떻게 해 주어야 하는가는 PC의 Programmer라는 소프트웨어가 해결해 주므로 우리는 회로가 어떻게 구성되는지만 알면 된다. 자세하게 알고 싶은 독자는 Datasheet의 Serial Downloading 부분을 참고하기 바란다.

이제, 그림 2.6을 회로도로 완성하여 주어야 하는데, ATmega8535핀 번호는 다 알고 있으므로, PC의 프린터 포트를 어떻게 연결해 주는지에 관하여 알아보도록 한다.

PC의 프린터 포트는 센트로닉스 규격의 25핀 커넥터로 연결되며, 연결을 위한 커넥터는 그림 2.7과 같다.

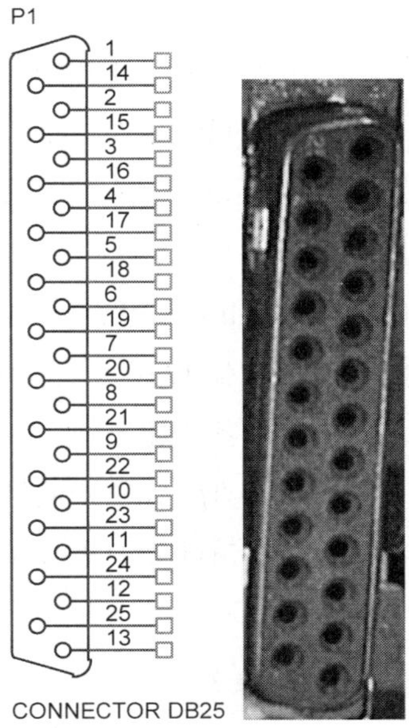

그림 2.7 PC의 프린터 포트

이 커넥터의 각 핀 번호에 따른 신호명은 다음 표 2.1과 같다.

표 2.1 프린터 포트의 핀 번호와 내용

핀번호	신호명	핀번호	신호명
1	/STROBE	14	/AUTO_FEED
2	D0	15	/ERROR
3	D1	16	/INIT
4	D2	17	/SELECT_IN
5	D3	18	GND
6	D4	19	GND
7	D5	20	GND
8	D6	21	GND
9	D7	22	GND
10	/ACK	23	GND
11	BUSY	24	GND
12	PAPER END	25	GND
13	SELECT		
"/"는 부논리(bar)를 의미함.			

여기서, 디지털제어 산업기사의 MICOM-PROGRAMMER에 의해 보내지는 신호는 D0(2번 핀)가 SCK이고, D1(3번핀)이 MOSI, D2(4번 핀)가 RESET에 해당한다.

그리고 BUSY(11번 핀)는 MISO에 해당한다. 따라서 이를 앞에서 나온 그림 2.6과 같이 연결해 주기만 하면 된다.

그런데, 한 가지 문제가 있다. 이렇게 연결하면 다운로드는 되는데, 다운로드가 다 되었을 경우, 이 선들을 분리시켜 주어야 한다는 것이다.

다시 말해서 PC와 연결된 프린터 케이블을 빼버려야 동작한다. 이런 작업이 실제 다운로드를 하면서 실험해 볼 때 불편한 경우가 많으므로, 다운로드가 완료되었다는 신호를 받아 회로가 자동으로 이 선들을 분리시켜 주면 좋을 것이다. 선 들을 분리시킬 때 유용하게 사용할 수 있는 TTL IC로 74LS244라는 것이 있다.

정식 명칭은 Octal 3-State Buffer/Line Driver/Line Receiver라고 하며, Octal이라는 말은 IC한 개에 8개의 buffer가 있다는 뜻이며, 3-State란 High, Low, High-Impedance의 3가지 상태를 가질 수 있다는 뜻이다. 앞에서 선을 분리하는데 사용한다고 했는데, 바로 High-Impedance상태가 선이 끊어진 상태이고, 인에이블 단자가 High이면 buffer의 입출력 선들은 선이 분리된 형태로 된다. Buffer/Line Driver/Line Receiver란 긴 선을 통해 신호가 약해진 것을 받아 (전류를) 증폭시켜 주는 역할을 이야기 한다.

따라서 우리가 컴퓨터 신호를 받아 다운로드 하고, 다운로드 하지 않을 때에는 끊어 버리는 역할을 하기에 가장 적합한 IC라고 할 수 있을 것이다. 이때, 언제 다운로드가 시작되고 언제 다운로드가 끝나는지를 알려주는 신호는 MICOM-PROGRAMMER에 의해 만들어 지며, D7(9번 핀)이 그 역할을 한다. 다만, 74LS244의 인에이블은 Low 일 때 동작하므로, D7(9번 핀)에 NOT 게이트를 통과 시켜 주어야 한다.

동작 시 LED켜 주는 회로까지 포함시키면, 다운로드를 위한 완성 회로도는 그림 2.8과 같다.

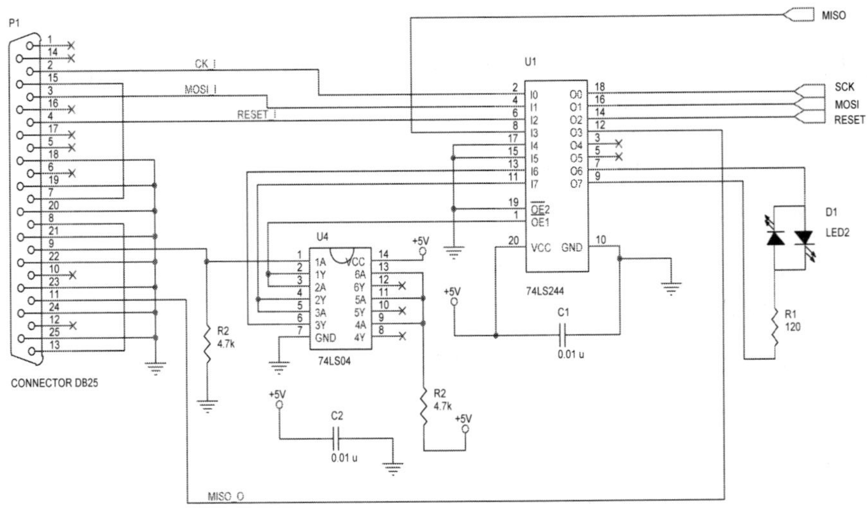

그림 2.8(a) ◎ ISP 회로도

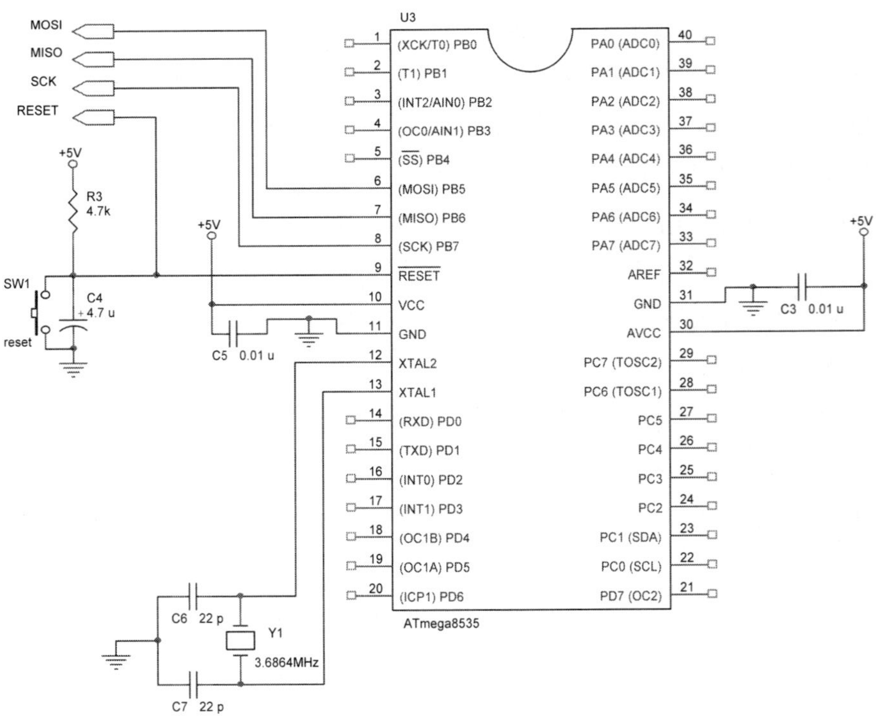

그림 2.8(b) ◎ ISP와 함께 완성된 마이크로프로세서 회로

이상으로 중앙처리 기판에 대한 회로도 설계를 끝냈다. 다음 장에서는 이 장에서 설계된 회로를 중심으로 책에서 공급되는 PCB에 부품을 준비하여 보드를 제작해 보도록 한다. 주변 회로에 대한 자세한 설명은 3장 이후의 각 장에서 언급한다. 최종 회로도는 [부록 B]에 종합하여 제공한다. 전체 회로를 종합 정리하는 과정에서 본문의 부품번호와 상이하므로 혼돈이 없기를 바라며, 책에서 제공되는 PCB의 부품 번호는 [부록 B]를 기준으로 하였다.

3 Chapter

마이크로프로세서 기초 실습

보드 제작하기

본 장에서는 교재에서 제공되는 디지털 제어 산업 기사용 회로 기판에 부품을 삽입하여 납땜함으로 써 보드를 제작하는 데 필요한 내용을 학습한다. 이미 완성된 보드를 구입하였거나 납땜을 잘 한다면 본 장을 생략하여도 무관하다.

3.1 PCB 기판

앞 장에서 설계된 회로도를 중심으로 디지털 제어 산업기사 실습시험에서 제공되는 기판의 PCB는 그림 3.1과 같다. 편의를 위해 책과 함께 제공되도록 하였다.

3.2 부품

보드를 제작하기 위해 필요한 부품은 다음 표 3.1과 같다. 이와 관련된 회로도는 [부록 B]를 참고하기 바란다.

표 3.1 보드에 필요한 부품

순번	명칭	규격	수량	형태	부품번호	내용
1	회로기판	121mm x 203 mm	1		-	PCB (인쇄 회로 기판)
2	CPU	ATmega8535	1		U1	마이크로프로세서
3	Buffer/Driver	74LS244	1		U2	ISP 다운로드용 버퍼
4	Inverter	74LS04	1		U3	ISP 다운로드용 NOT 게이트
5	통신용 Driver	MAX232	1		U4	RS-232 직렬통신용
6	IC 소켓	40 pin	2		-	ATmega8535(U1) 및 7-segment( )용
		20 pin	1		-	74LS244(U2)용
		16 pin	1	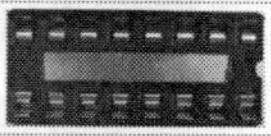	-	MAX232(U4)용
		14 pin	1		-	74LS04(U3)용
7	제너 다이오드	5V 제너 다이오드	1	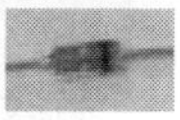	D2	전압 안정용
8	2색 LED	2색 LED 5φ	1		D1	전원 확인용
9	트랜지스터	2SA1266	4		TR1,TR2, TR3,TR4	FND 구동용
10	전해 캐패시터	4.7 μF, 25 V	1	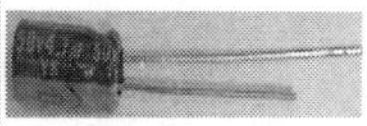	C2	리셋 스위치용
		1 μF, 25 V	6		C8,C9, C10, C11, C12	MAX232 주변 회로용
11	캐패시터	0.01 μF (103)	4	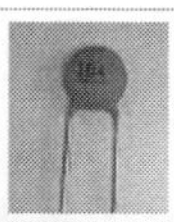	C1,C3, C6, C7	바이패스용
		22 pF (22)	2		C4, C5	크리스털 주변 회로용
12	어레이 저항	10 KΩ, 5pin (103)	1		RA1	키매트릭스 풀업용
13	저항	4.7 KΩ (황,보라,적)	4		R1, R2, R4, R5	풀업 용 (단, R4는 풀다운)

		330 Ω(등,등,갈)	8		R10~R17	FND(LED) 전류 제한용
		120 Ω(갈,적,갈)	1		R3	2색 LED 전류 제한용
		1 KΩ(갈,흑,적)	4		R6~R9	TR 베이스 용
14	가변저항	10 KΩ	1		VR1	LCD 밝기 조정
15	FND	252A-2digit	2		FND1, FND2	7-Segment
16	크리스탈	3.6864MHz	1		Y1	클럭 발진용
17	퓨즈	폴리 스위치 1.1 [A]	2	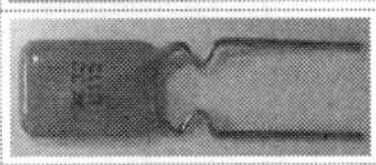	PSW1, PSW2	과 전류 방지용
18	스위치	TACT-SWITCH	17		SW1~SW17	SW1은 리셋용, 그 외는 키매트릭스용
19	LCD	HC16201-A	1	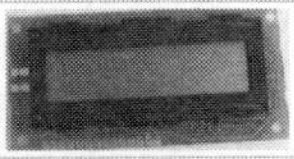	LCD1	문자 표시용 액정 디스플레이(16문자 x 2줄)
20	핀헤더 소켓	핀헤더 소켓 14핀	1	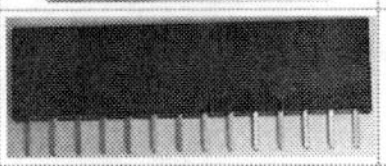	-	LCD용 소켓
21	커넥터	RS232 (FEMALE)ㄱ자	1		P2	RS232 통신용 커넥터
		DB25(프린터, MALE) ㄱ자	1		P1	ISP 다운로드용 커넥터
22	핀헤더	4핀헤더	14	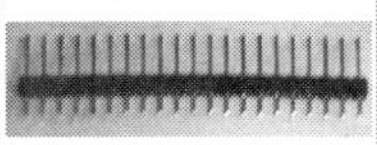	JP1~JP13, JP16~JP18	입출력 포트 연결 용
		3핀헤더	1			
		2핀헤더	1			
23	핀헤더 연결용 커넥터/케이블	4핀용	15	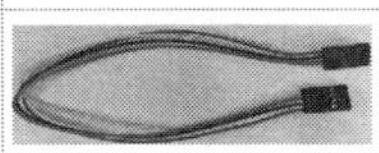	-	핀 헤더 연결용
		1핀용	10	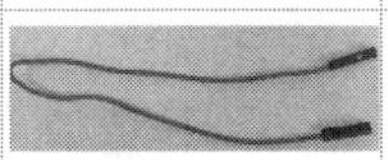	-	
24	전원 단자	터미널 단자 2P	2		JP14, JP15	전원 연결용
25	받침대	오리발	4	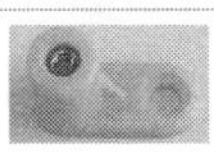	-	PCB 받침대 용
26	볼트	3φ	4		-	고정대 고정용

부품 구입도 마이크로프로세서 실습보드를 배우는 하나의 과정이라고 생각하고, 종로의 세운상가나 용산 등의 전자부품을 취급하는 곳에 직접 찾아다니면서 구입하기를 바란다. 가급적 구입하기 쉬운 부품으로만 동작되도록 설계하였으므로 부품 구입에는 큰 어려움이 없을 것이다. 또한, 완제품도 시중에 판매되고 있으므로 인터넷 등을 통해 구입하면 될 것이다. 완제품을 이용하여 프로그래밍만을 학습할 독자들은 본 장을 생략하여도 된다.

3.3 제작과정

제작에 들어가기 앞서, 본 강좌에서는 저항의 칼라 코드를 읽을 수 있으며, 캐패시터(콘덴서)의 용량을 파악할 수 있고, LED의 극성, IC의 방향 등을 알고 있다고 가정한다. 즉, 기초 전자 실습 등을 이수하였다고 가정한다. 다만, 확인을 위해 필요한 내용을 다시 언급할 수 있다.

책에 주어진 기판을 이용하여, 다음과 같이 납땜한다.

먼저, 중요 IC를 실장하기 위해 소켓을 이용하여 IC 방향에 주의 하면서, 그림과 같이 납땜한다.

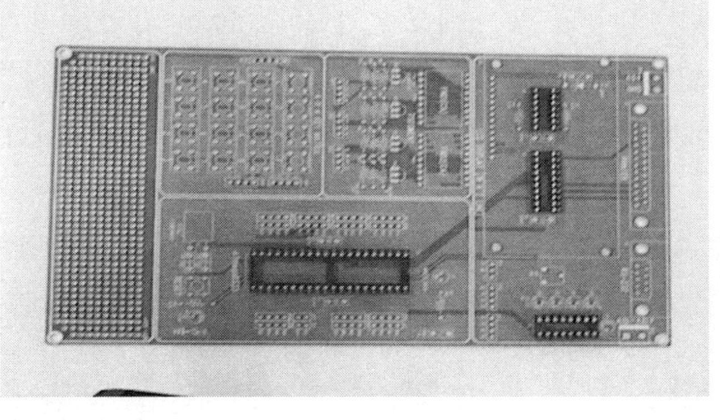

다음으로 제너 다이오드를 애노드와 캐소드 방향을 고려하여 그림과 같은 방향으로 납땜한다.

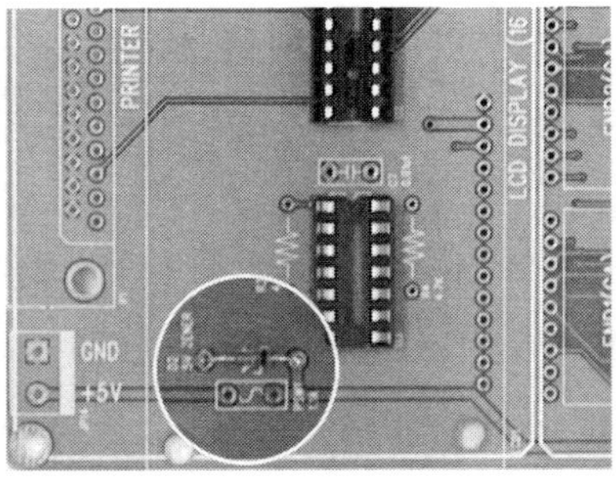

극성을 고려해야 할 부품 중에 트랜지스터가 있다. 이미터, 베이스, 컬렉터의 다리 구분을 잘 해야 하며, 다음 그림과 같은 방향으로 납땜한다.

극성을 구분해야 할 또 다른 부품으로 전해 캐패시터(콘덴서)가 있으며, +와 -를 구분할 수 있도록, -가 띠 형태로 표시되어 있으며, 내압과 용량이 부품 표면에 함께 적혀 있다.

극성에 주의하면서 전해 캐패시터를 다음 그림과 같이 납땜한다.

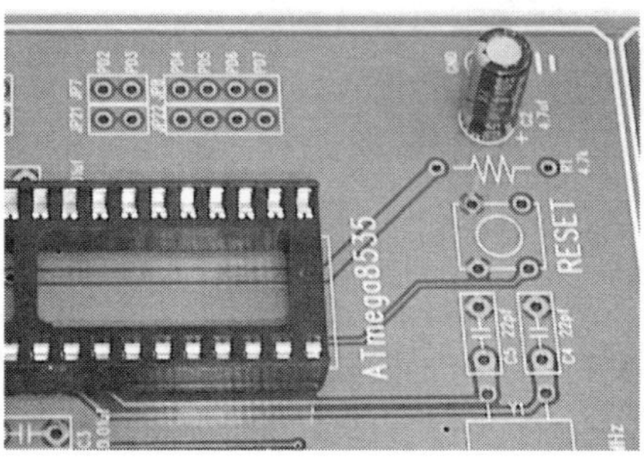

마지막으로 극성을 구분해야 하는 부품 중에 LED가 있는데, 기판에서 사용되는 LED는 다운로드 상태를 표시하기 위해 방향에 따라 녹색과 적색으로 바뀌어 발광하는 다소 특이한 LED를 사용한다. 다음 그림과 같이 구분하여, 납땜한다.

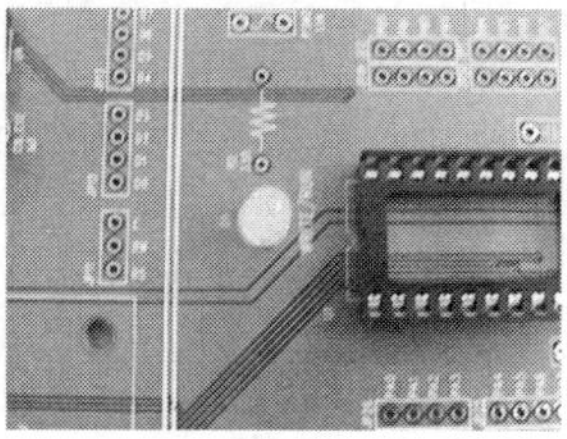

위 그림을 참조로 방향에 대한 보충 설명을 하면, LED를 위에서 보았을 때(혹은 밑에서 보았을 때), 원 형태에서 한쪽이 잘려나간 곳이 있다. 그 곳을 기준으로 삼으면 된다. 위 그림에서는 아래 방향이 잘려나간 곳이다.

일반 적인 스위치는 극성 구분은 안 해도 되나, 핀이 4개가 나와 있는 누름 스위치의 경우 접점을 구분 하여야 하며, 다음 그림과 같이 방향을 구분하여 납땜한다.

접점 스위치와 함께 쓰이는 부품 중에 풀업을 위한 어레이 저항이 있으며, 다음 그림과 같이 방향을 구분하여 납땜한다. 그림에서 보이는 방향을 기준으로 점이 찍혀 있는 부분이 왼쪽에 있는지 확인한다.

가변 저항기를 그림과 같이 납땜한다.

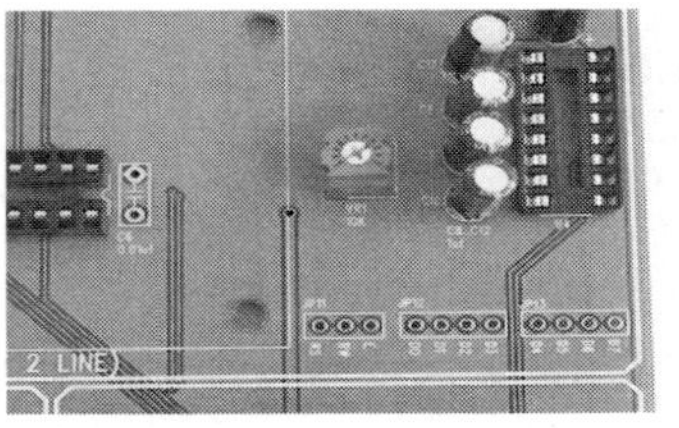

이제부터는 극성을 고려할 필요는 없고, 용량만 고려하면 된다.
22 pF의 캐패시터를 그림과 같이 납땜한다.

0.01 μF (103) 바이패스 캐패시터를 각 IC 주변에 그림과 같이 납땜한다.

4.7K [Ω] 저항을 그림과 같이 납땜 한다.

1K [Ω] 저항을 그림과 같이 납땜 한다.

330 [Ω] 저항을 그림과 같이 납땜 한다.

120 [Ω] 저항을 그림과 같이 납땜 한다.

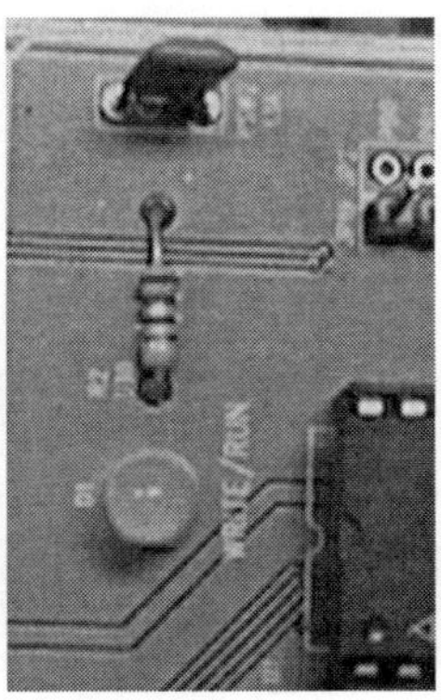

클럭 발생에 사용되는 크리스탈을 그림과 같이 납땜한다.

과전류 방지를 위해 퓨즈를 다음 그림과 같이 납땜한다. 만일 부품을 구입하지 못한 경우, 어댑터 등의 전류가 제한되는 전원을 사용한다는 가정 하에, 일반 선으로 연결해 주어도 된다.

이제, 부품 실장은 다 끝났다. 다만, 7-segment를 위해, PCB 기판에 맞도록 40핀 IC 소켓을 이용하여, 10번, 20번, 21번, 31번 핀을 다음 그림과 같이 구부린다.

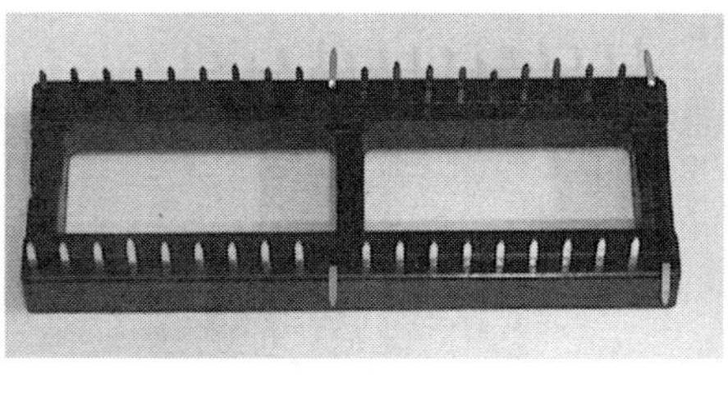

위의 소켓을 PCB의 7-segment 자리에 납땜한다.

납땜이 완성된 후의 그림은 다음과 같다.

LCD를 연결하기 위한 커넥터를 다음 그림과 같이 납땜한다.

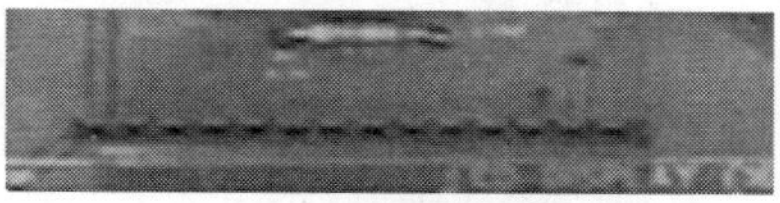

컴퓨터와의 연결을 위한 다운로드용 커넥터와 직렬 통신용 커넥터를 납땜한다. 완성된 모습은 다음 그림과 같다.

전원을 쉽게 연결하기 위해, 전원 단자를 연결한다. 부품을 구입하지 못한 경우 그냥 선으로 납땜하여도 무방하다. 전원 단자를 납땜하고 난 후의 모습은 다음 그림과 같다.

지금 까지 제작된 기판의 모습이 디지털 제어 산업기사 실습시험에 사용되는 기판의 모습이다. 다만, 다운로드하는 부분이 다소 상이하나, 독자가 부품을 쉽게 구입하여 자작할 수 있도록 하기 위해 수정된 부분이며, 다운로드에만 관계된 것으로 실습시험에는 아무런 지장도 없을 것이다.

본 교재에서는 커넥터 용도로 사용하도록 핀 헤더를 더 추가하여 다양한 실습을 할 수 있도록 한다. 핀 헤더 없이도 실습이 가능하나 포트 연결을 위해 전선을 납땜하여야 하며, 한 가지 실습 후 다른 실습을 할 때 마다 선을 바꾸어 납땜해야 하는 불편함이 있다. 따라서 핀 헤더를 추가하는 것이 편리 하며, 핀 헤더를 납땜하여 완성된 모습은 다음 그림과 같다.

이제 납땜이 완성되었다. 납땜이 완성된 모습은 다음 그림과 같다.

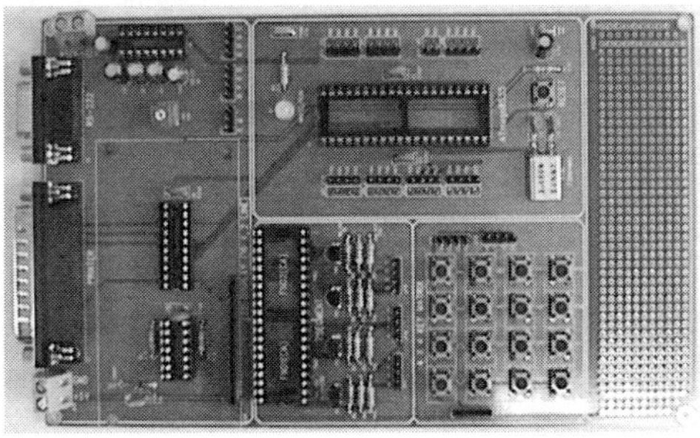

여기에, IC와 FND를 삽입하여 최종 보드를 완성한다. 완성된 모습은 다음과 같다.

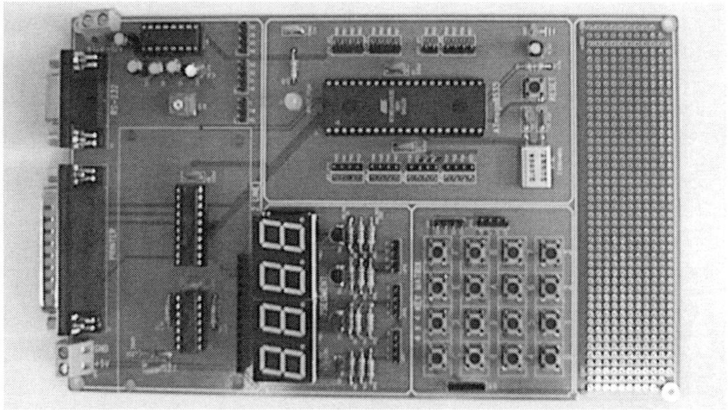

마지막으로, 사용 편의를 위해, 4 귀퉁이에 받침대를 연결한다. 받침대가 연결된 상태는 다음 그림과 같다.

이상으로 마이크로프로세서 기초실습보드의 제작을 마친다. 우리가 회로를 설계하여 제작한 보드에 SC-05라는 이름을 붙이기로 한다.

이 장에서는 책에서 제공된 PCB를 이용하여 구입하기 쉬운 부품들만으로 독자가 직접 자기 손으로 납땜하여 기판을 제작하는 방법에 관하여 설명하였다. 다음 장에서는 완성된 기판을 이용하여 LED 켜는 방법에 대해 학습한다.

Chapter 4

마이크로프로세서 기초 실습

보드 동작 확인을 위해 1개의 LED에 불켜보기

4.1 학습목표

본 장의 가장 큰 학습 목표는 제작된 보드의 동작을 확인해 보는 것이다. 1개의 마이크로프로세서 보드가 동작하기 위해서는, 하드웨어 제작, 소프트웨어 프로그래밍, 프로그램 다운로드 등의 일련의 절차를 거치게 되는 데, 이 중 프로그래머를 설치하고 사용법을 학습하여 다운로딩 과정을 익히는 것도 제 4장의 학습목표가 된다. 본 장의 세부 내용은 마이크로프로세서의 외부 입출력 핀(포트) 1개에 LED를 연결하고, 이미 제공된 프로그램을 이용하여 LED에 불을 켜는 실습을 수행하는 것이다. 일단 무작정 따라하기 식의 실습을 통해 어렵다는 생각이 안 들도록 노력하였으며, 흥미유발과 더불어 프로그래머 사용 등을 자연스럽게 익히도록 하였다.

4.2 LED 회로 설계하기

LED는 Light Emitting Diod의 약어로 발광 다이오드라고 한다. LED의 발광 원리는 반도체에 특정 불순물이 혼입되면 PN 접합에 순방향 전류가 흐를 때 불순물의 종류에 따라 특정한 파장의 빛이 방출된다는 것이다. 파장에 따라 적색, 녹색, 황색 등의 빛을 낼 수 있으며, 최근에 청색 발광 다이오드가 개발 되었다. 쉽게 말해서 LED는 순방향 전류가 흐르면 빛을 내는 회로 부품이다.

LED회로를 설계할 때에는 LED에 흐릴 전류 값을 얼마로 해야 하는가가 가장 중요한 문제인데, 일반적인 LED의 경우, 5 [mA]이상 전류가 흐르면 점등되고, 전류가 커질수록 빛이 밝아지다가 15 [mA]부터 30 [mA]까지는 일정한 최대 밝기를 갖는다.

이후 더 큰 전류가 흐르면 다시 조금씩 어두어지며, 50 [mA]이상의 전류가 흐르면 LED가 파손되고 만다. 결국, 전류값이 적으면 어둡고, 너무 많으면 수명이 짧아지거나 심지어 파손되고 만다는 것이다. 따라서 보통 10 [mA]에서 20 [mA] 사이의 값으로 사용하게 된다.

이러한 전류값으로 만들어 주기 위해서 저항을 사용하면 된다. 결국 회로를 다음과 같이 구성해 주면되는 것이다.

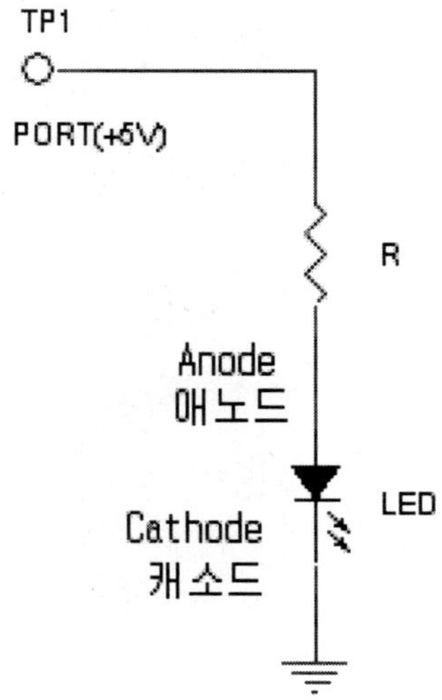

이 회로에서, 본 교재에서 사용한 AVR 포트에서 출력되는 전압은 5 V이고, LED에 흘려줄 전류를 10 [mA]로 해 주는 경우, 저항 값을 얼마로 해 주어야 할까? 이 때, 알아야 할 것이 LED에 순방향 전류가 흐르는 경우, LED의 전압강하가 2 [V]라는 것이다. 그러면, 저항 양단간에 걸리는 전압은 5-2=3 [V]이고, 저항을 통해 흐르는 전류가 10 [mA]이므로, 오옴의 법칙에 따라, R=3 [V]/ 10 [mA] = 300 [Ω]이 된다. 저항구입 시 정확한 300 [Ω]은 판매하지 않으므로, 280 [Ω] 혹은 330 [Ω]을 사용하면 된다. 전력을 고려하면, 330 [Ω]이 적당할 것이다. 이상으로 LED 회로를 설계하였다. 다음 절에서는 이 회로를 제작하여, 중앙처리 기판에 배선하는 방법에 관하여 알아보도록 한다.

4.3 LED 회로 제작하기

LED 회로를 제작하기 위해 필요한 부품은 다음과 같다.

순번	명칭	규격	수량	형태	부품번호	내용
1	저항	330 Ω (등,등,갈)	1		-	LED 전류 제한용
2	LED	적색	1	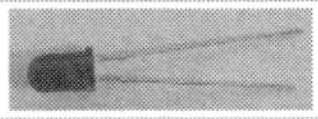	-	LED
3	핀 헤더 연결용 케이블	1핀용	1	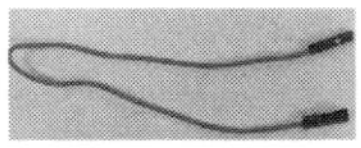	-	핀 헤더 연결용
4	핀 헤더	1핀	1		-	GND 연결용
5	프린터 케이블	MALE -FEMALE	1		-	다운로드용 (25핀, 1:1)
6	COM 포트 케이블	MALE -FEMALE	1		-	RS232C 통신용 (9핀, 1:1)

앞에서 설계된 회로도에 맞추어 다음과 같이, LED 회로를 제작한다.

먼저, 1핀 헤더 연결용 케이블을 반으로 자르고 피복을 벗긴다. 결과 모습은 다음 그림과 같다.

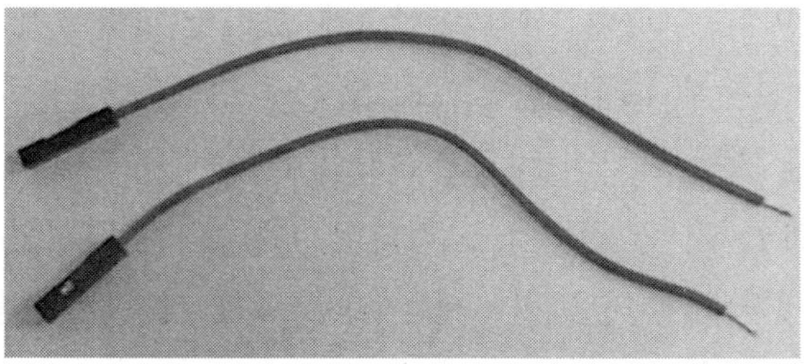

제작 시 LED는 극성에 유의해야한다. 다시 한번 언급하지만, 본 강좌에서는 저항의 칼라 코드를 읽을 수 있으며, 캐패시터(콘덴서)의 용량을 파악할 수 있고, LED의 극성을 알고 있다고 가정한다. 다만, 확인을 위해 필요한 내용을 다시 언급할 수 있다.

LED는 밑에서 보았을 때(혹은 위에서 보아도 마찬가지 이지만 위에서 보면 핀이 안 보인다), 원 형태에서 잘려진 부분이 있다. 그 방향에 있는 핀이 캐소드이다.

회로를 참고로, 저항, LED, 케이블을 다음과 같이 연결한다.

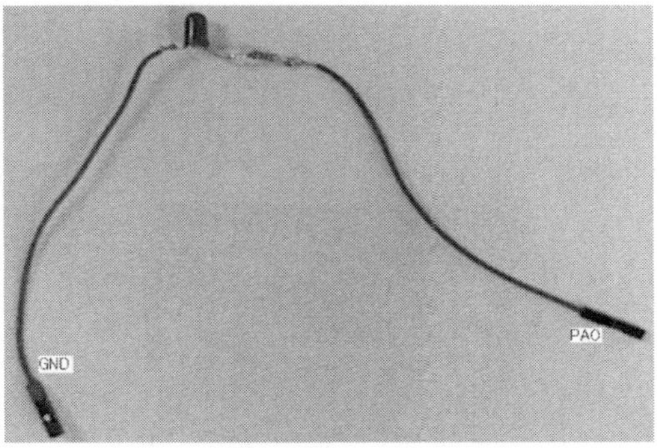

그림에서 GND쪽에 케이블에 검정색 유성펜 등으로 GND임을 표시해 두면 편리할 것이다.

이렇게 만들어진 LED 회로를 커넥터를 이용하여 중앙처리 기판의 PA0와 GND 사이에 다음 그림과 같이 배선한다.

마지막으로, 보드 동작을 위해 하드웨어에서 준비할 일은 먼저, 프린터 케이블을 통해 PC와 기판을 연결하는 것이다. 그리고 +5V 전원을 인가한다.

이때, 연결 순서는 먼저, PC전원을 끄고, 보드 전원도 연결하지 않은 상태에서 프린터 연결 케이블로 PC와 보드를 연결한 후, 보드에 전원을 연결하여 전원을 켜고 난 후 PC를 켜서 프로그래머를 실행 킬 준비를 하면 된다.

케이블이 연결된 모습은 다음 그림과 같다.

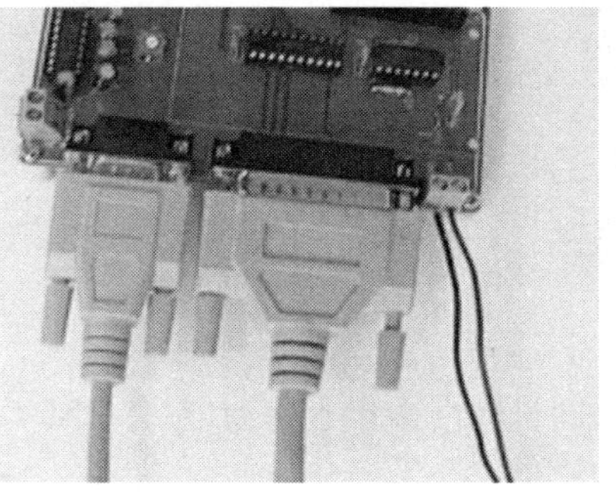

본 교재에서는, 전원으로 전원 공급 장치(Power Supply) 사용하는 것으로 가정하였으나, 5~6 [V] 어댑터를 사용하여도 된다.

지금까지 보드 동작을 확인하기 위해 1개의 LED에 불을 켜보기 위한 하드웨어가 모두 준비되었다. 다음 절에서는 프로그래머로 필요한 프로그램을 다운로드하는 방법에 대해 학습한다.

4.4 프로그래머 설치하기

마이크로프로세서가 동작하기 위해서는 프로그램을 기억장치에 저장시켜놓을 필요가 있으며, 이를 다운로더라고 한다고 했다. 이 다운로더를 다른 말로 프로그래머라고도 한다. 디지털 제어 산업기사를 위해 제공되는 프로그램 이름이 MICOM-PROGRAMMER로 되어 있으므로 본 교재에서도 "프로그래머"라는 명칭을 사용하도록 한다. 이 프로그래머가 하는 일은 단순히 기계어로된 프로그램(확장자가 HEX인 파일)을 기억장치에 저장하는 일만 해준다. 우리가 고급언어로

프로그래밍하여 마이크로프로세서가 원하는 동작을 하는 기계어로 만들기 위해서는 컴파일러라는 것이 따로 필요하다. 먼저, 프로그래머를 설치하는 방법에 대하여 알아보도록 하겠다. 제일 좋은 방법은 돈 주고 사는 것이다. 물론 공급업체에게 사용법을 전부 배우는 조건으로 구입해야한다. 하지만, 가난한 학생들도 공부는 해야 하므로, 무료로 배포되는 프로그램을 사용하기로 한다. 한국산업인력공단(http://www.hrdkorea.or.kr/)에서 디지털 제어 산업기사 실습시험을 위해 이러한 프로그램을 무료로 배포해 주고 있다. 따라서, 본 교재에서는 디지털 제어 산업기사에서 사용하는 프로그래머를 기준으로 설명하고자 한다. 프로그래머는 한국산업인력공단 홈페이지에서 다운로드하여 사용하면 되며, 편의를 위해 본 교재의 CD에 수록해 놓았다.

본 교재에서 제공되는 CD의 프로그래머 폴더에 보면 다음 그림 4.1과 같은 파일이 존재한다.

그림 4.1 ◎ 프로그래머

그림 4.1의 아이콘을 더블클릭하여 프로그램을 실행시킨다.
그림 4.2와 같은 창이 나타날 것이다.

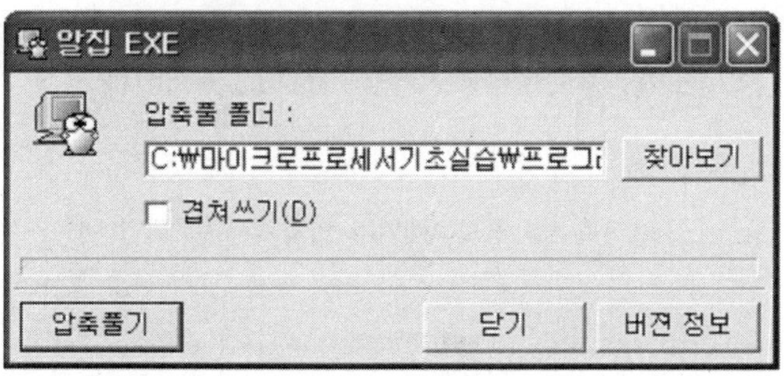

그림 4.2 ◎ 압축풀기

그림 4.2에서, 압축풀 폴더 이름(예:C:\마이크로프로세서기초실습\프로그래머)을 기입하고, 압축풀기 버튼(압축풀기)을 클릭한다.

압축풀기가 실행된 후, 그림 4.3의 메시지 창이 나타나면, 확인 버튼을 클릭한다.

그림 4.3 압축풀기 완료 메시지

이제, 압축이 풀려있는 폴더(예:C:\마이크로프로세서기초실습\프로그래머)로 가 보면, 다음 그림 4.4와 같은 파일들이 보일 것이다.

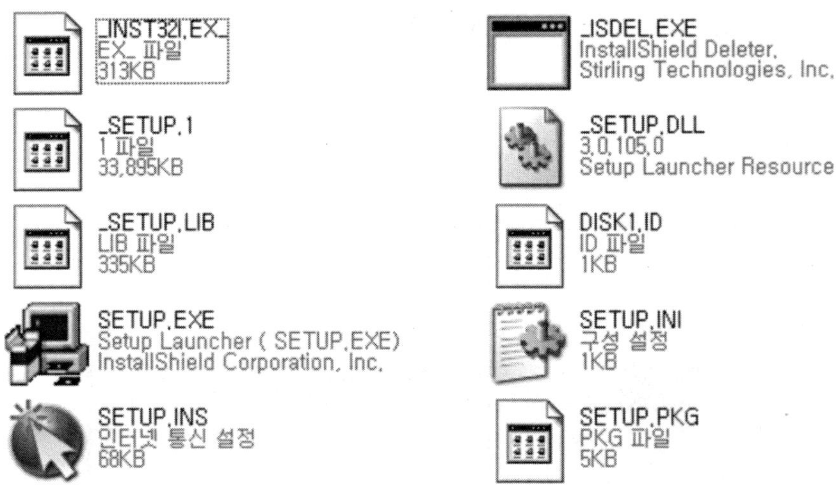

그림 4.4 프로그래머의 압축이 풀린 파일 내용

그림 4.4에서, SETUP.EXE파일(SETUP.EXE Setup Launcher (SETUP.EXE) InstallShield Corporation, Inc.)을 더블클릭하여 실행시킨다. 자동으로 프로그래머가 설치된 후 다음 그림 4.5와 같은 화면으로 된다.

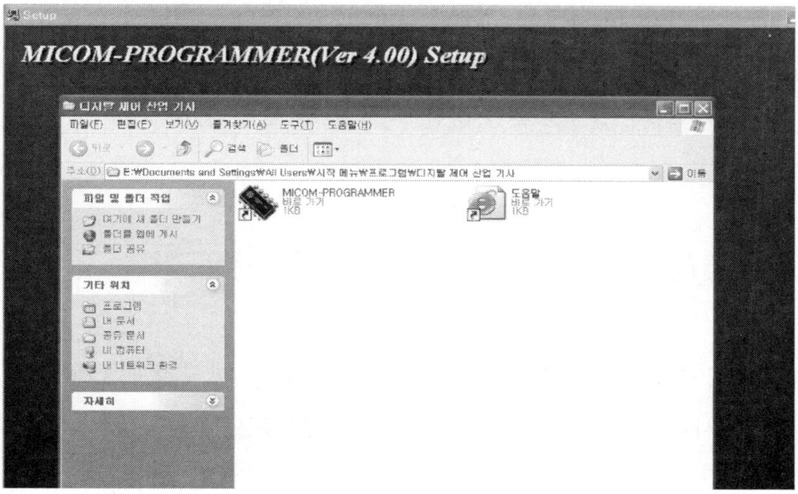

그림 4.5 ◎ 프로그래머 설치 후 화면

그림 4.5에서, "디지털 제어 산업기사"라는 폴더 창을 닫는다.
즉, 아래그림에서 ☒모양의 버튼을 클릭한다.

그러면, 그림 4.6과 같은 메시지 창이 보일 것이다.

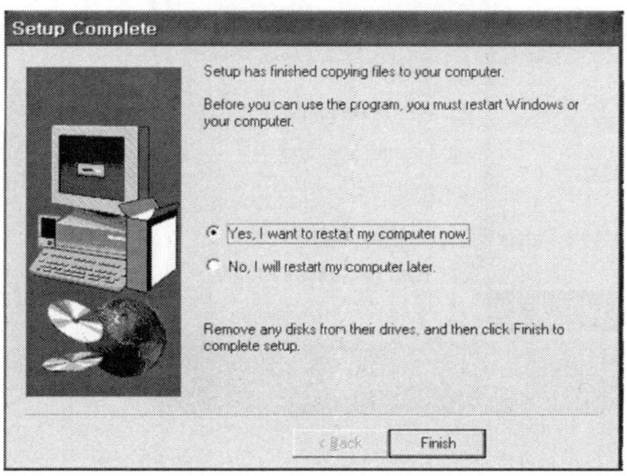

그림 4.6 ◎ 프로그래머 설치완료 확인 메시지

그림 4.6에서, Finish 버튼을 누르면 컴퓨터가 꺼졌다 켜지면서 설치가 완료된다.

참고로 디지털제어 산업기사의 실습 시험을 보는 장소에서는 자동으로 설치되거나 혹은 설치되어 있으므로 이러한 과정이 필요 없다.

4.5 프로그래머 실행시키고 HEX 파일 다운로드하기

프로그램이 설치되었으면, PC의 시작버튼을 눌러 모든 프로그램 중에 디지털제어 산업기사를 선택한다. MICOM-PROGRAMMER가 보일 것이다. 결과 화면은 그림 4.7과 같다.

그림 4.7 ◎ 프로그래머 시동하기

그림 4.7에서, MICOM-PROGRAMMER를 클릭하면, 그림 4.8과 같이 프로그램이 실행된다.

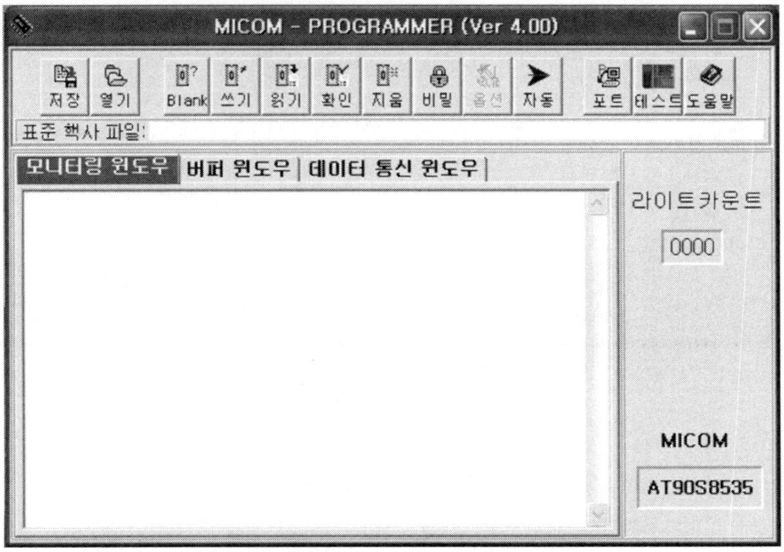

그림 4.8 ◎ 프로그래머 실행화면

만일 “MICOM의 확인에 실패하였습니다! 전원이나 MICOM의 삽입상태를 확인하세요!” 라는 메시지 창이 뜬다면, 이는 프린터 포트에 마이컴이 연결되어 있지 않거나 전원이 인가되지 않았기 때문에 나타나는 오류 메시지이다. 따라서 프로그래머를 실행 시킬 경우 반드시 연결 케이블을 이용하여 PC와 보드를 먼저 연결한 후, 전원을 인가하고 프로그래머를 실행 시키도록 한다.

이제, CD에서 제공되는 LED_test.HEX라는 파일을 찾아 다운로드하는 방법을 알아보도록 한다. 먼저, 메뉴에서 열기( )버튼을 마우스로 클릭한다. CD에서 제공되는 DEMO 폴더를 찾는 위치로 지정하면, 다음 그림 4.9와 같은 화면이 나타날 것이다.

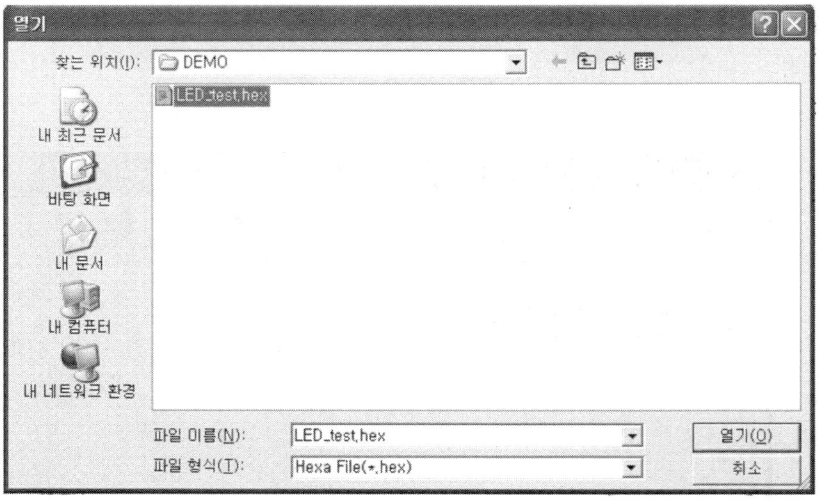

그림 4.9 HEX 파일 열기

LED_test.hex 파일을 선택한 후, 열기 버튼을 누른다.

불러들인 LED_test.hex 파일을 ATmega8635의 프로그램 저장용 FLASH 기억장치에 써 넣어야 하는데, 이전에 이 메모리에 다른 내용이 있었다면, 그 내용을 지워주어야 한다. 내용을 지원주기 위해서는 지음 버튼()을 누르면 된다. 이 절차는 SC-05 보드의 다운로드 회로를 아주 간단하게 만드는 과정에서 디지털제어 산업기사 실습용 보드와 다소 다르게 동작하기 때문에 생기는 현상이나, 특별히 문제가 되는 일은 없다. 문제가 되지 않는 이유는 디지털제어산업기사의 실습용 보드에서는 지움 버튼을 누르지 않아도 쓰기가 정상적으로 되지만, 지움 버튼을 눌러도 아무런 문제가 없기 때문이다. 오히려 다시 쓰기 위해서 이전에 있던 내용을 지워 놓고 다시 쓰는 것이 바람직한 절차라고 볼 수 있겠다. 따라서 본 교재에서는 반드시 메모리 내용을 지운 후에 써넣기를 하는 절차를 따르도록 하겠다. 메모리에 LED_test.hex 파일을 써넣기 위해서는 메뉴의 쓰기 버튼()을 누른다.

만일 다운로드를 할 때, 지음 버튼()을 누르지 않고 쓰기를 할 경우, 다음과 그림 4.10과 같은 오류가 표시된다.

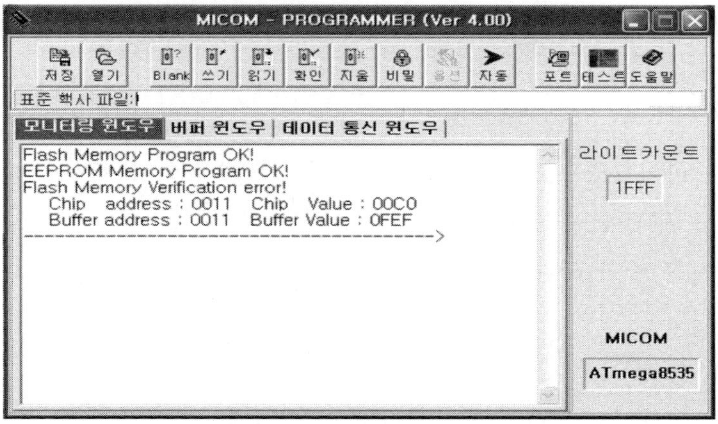

그림 4.10 ◎ 지움을 누르지 않고 쓰려고 했을 때의 오류

이런 경우 지움 버튼을 누르지 않고 바로 쓰기를 실행한 경우이다. 지움 버튼을 누른 후 쓰기를 실행하면 이러한 문제는 발생하지 않는다. (그래도 문제가 생기는 경우 지움 버튼을 두세 번 누르고, 그래도 안 되면 전원을 확인하기 바람)

앞에서의 설명을 바탕으로, 불러들인 LED_test.hex 파일을 기판에 다운로드 하기위해, 먼저 메뉴의 지움 버튼( )을 누른 후, 메뉴의 쓰기 버튼( )을 누른다. 프로그래머가 다운로드를 진행한 후, 완료되면 그림 4.11과 같은 화면이 나타난다.

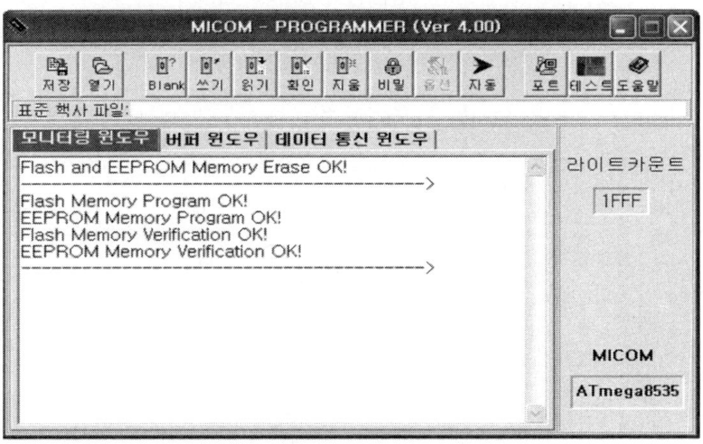

그림 4.11 ◎ 다운로드가 완료된 화면

그림 4.11의 화면이 나타나면 다운로드가 정상적으로 이루어 진 것이며, 기판의 LED가 깜빡일 것이다.

지금까지 마이크로프로세스에 대한 하드웨어 설계와 기판 제작 그리고 프로그램 다운로드 방법에 관하여 학습하였다. 다음 장에서는 컴파일러를 사용하여 프로그래밍 하는 방법에 관하여 학습하도록 한다.

5 Chapter

1개의 LED에 불켜기를 위한 프로그래밍

5.1 학습목표

앞 장에서는 본 교재에서 미리 제공되는 마이크로프로세서 프로그램으로 보드를 동작시켜 보았다. 이제, 보드가 어떻게 하면 동작 되는지는 알았으므로, 본격적으로 독자가 직접 프로그래밍 하는 내용을 학습해 보기로 한다.

본 장의 가장 큰 학습 목표는 컴파일러의 사용법을 익히는 것이다. 1개의 마이크로프로세서 보드가 동작하기 위해서는, 하드웨어 제작, 소프트웨어 프로그래밍, 프로그램 다운로드 등의 일련의 절차를 거치게 되는 데, 이러한 과정 중 소프트웨어 프로그래밍을 익히는 것이 제 4장의 학습목표가 되는 것이다. 본 장의 세부 내용은 마이크로프로세서의 외부 입출력 핀(포트) 1개에 LED를 연결하고, 이 포트를 출력으로 설정하여 LED에 불을 켜는 프로그래밍 방법을 실습하는 것이다. 구체적으로, 이 실습을 통해, 마이크로프로세서 외부로 정보를 출력하는 방법을 학습하게 되며, 프로그램 작성을 위한 컴파일러 사용법을 익히는데 목표를 둔다. 일단 무작정 따라하기 식의 실습을 통해 어렵다는 생각이 안들도록 노력하였으며, 흥미유발과 더불어 컴파일러 사용 등을 자연스럽게 익히도록 하였다.

5.2 컴파일러 실행하기

먼저, 본 교재의 [부록 C]에 의해 컴파일러가 설치되어 있다고 가정한다. 디지털제어 산업기사의 실습시험을 볼 경우나 혹은 학교에서 강의를 듣는 경우 대부분 미리 설치되어 있다. 혹은 자동으로 설치되는 CD를 제공한다. 그러나 본 교재를 이용해 독학을 하는 경우 또는 아직 설치되어 있지 않을 경우는 반드시 [부록 C]를 이용하여 컴파일러를 설치하여야 한다.

시작의 모든 프로그램 중에서 IAR Systems를 찾는다. 결과 화면은 그림 5.1과 같다.

그림 5.1 ◎ 컴파일러 시동하기 1

그림 5.1에서 “IAR Embedded Workbench KickStart for Atmel AVR”이라고 되어 있는 부분을 마우스로 포인팅하면, 그림 5.2의 화면이 나타난다.

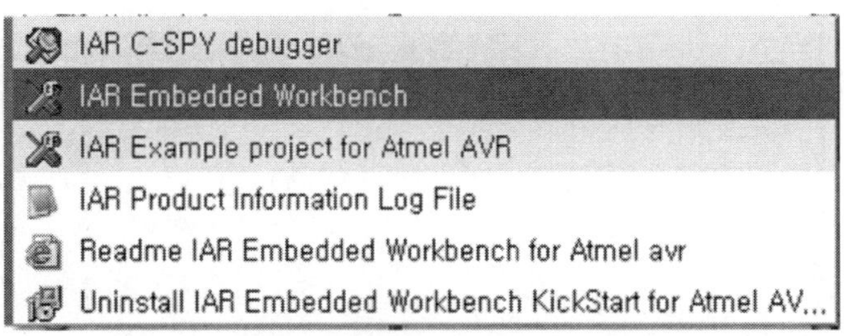

그림 5.2 ◎ 컴파일러 시동하기 2

그림 5.2에서, “IAR Embedded Workbench”를 선택하면, 컴파일러가 실행된다.

5.3 컴파일러를 사용하여 프로그래밍 하기

앞 절에서 배운 방법에 따라 컴파일러를 실행 시키면, 그림 5.3과 같은 실행화면이 나타난다.

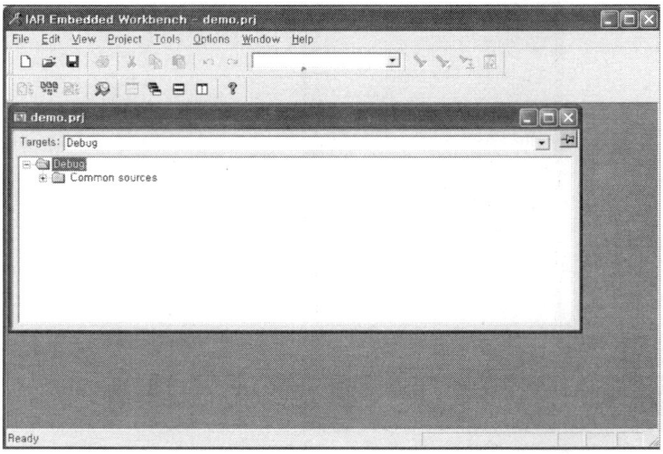

그림 5.3 컴파일러 실행화면

그림 5.3에서, File 메뉴를 선택한다. File 메뉴 화면은 그림 5.4와 같다.

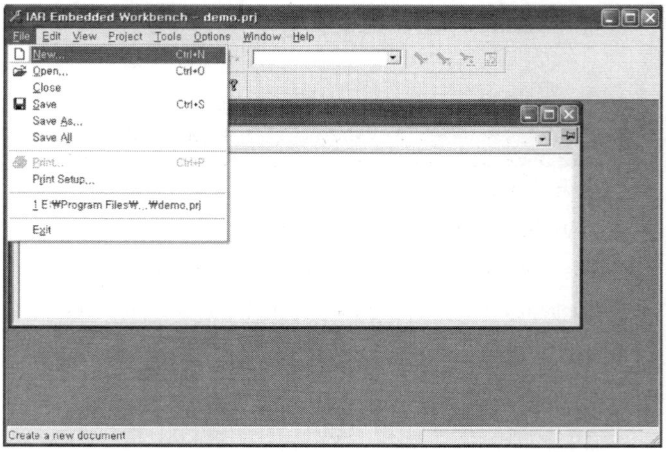

그림 5.4 File 메뉴

그림 5.4에서, New 메뉴를 선택하면 그림 5.5와 같은 창이 나타난다.

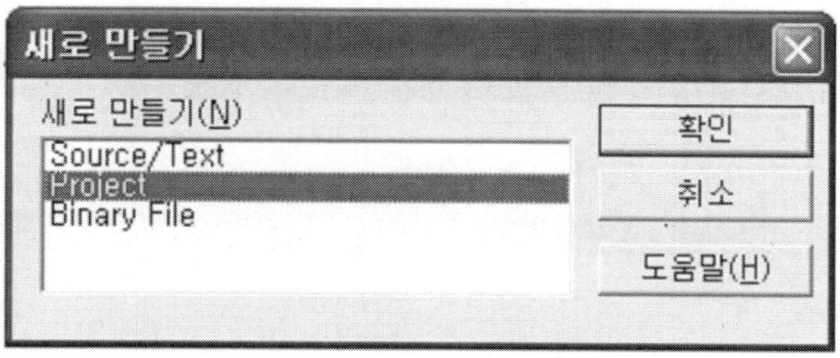

그림 5.5 File 메뉴 중 New 메뉴

그림 5.5의 새로 만들기에서 Project를 선택한 후, 확인 버튼을 누르면, 그림 5.6과 같은 파일 생성창이 나타난다.

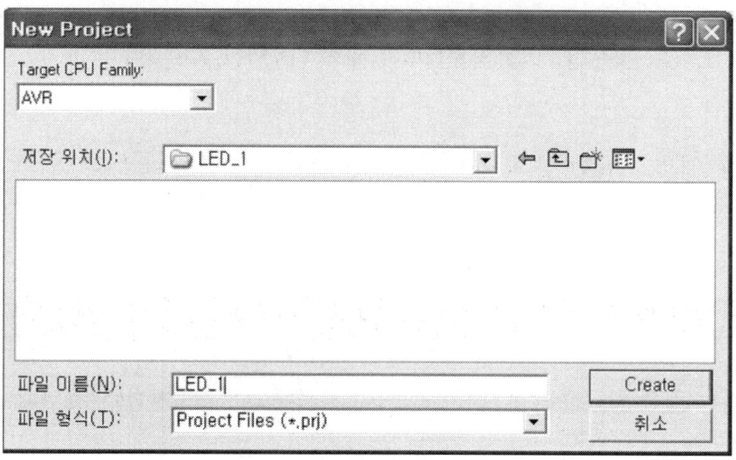

그림 5.6 프로젝트 새로 만들기

그림 5.6에서, 저장할 위치를 지정하고 (예: C:\마이크로프로세서기초실습\LED_1), 프로젝트 파일이름을 작성한다. (예 : LED_1). 그 다음에 "Create" 버튼을 누르면 그림 5.7과 같이 된다. 참고로, 저장할 위치는 탐색기 등에서 새 폴더로

만들어 둔다. 새 폴더를 만드는 방법은 컴퓨터 기초 활용에 해당하는 사항이므로 자세한 설명은 생략한다.

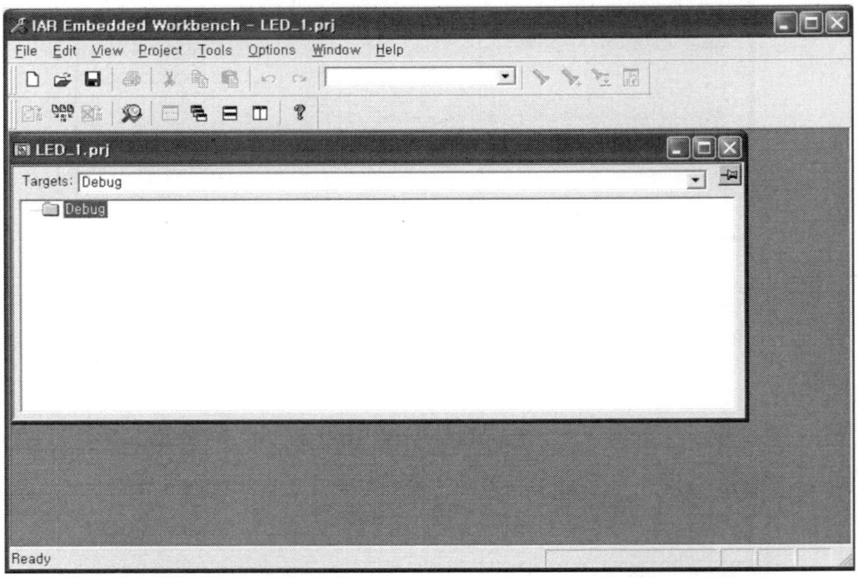

그림 5.7 ◎ 프로젝트가 새로 만들어진 컴파일러 화면

그림 5.7에서, Targets:로 되어 있는 부분의 스크롤 버튼(▼)을 누르면, 그림 5.8과 같은 메뉴가 스크롤 된다.

그림 5.8 ◎ Release 선택 화면

그림 5.8에서, Release를 선택한다.

이제, 새로운 소스 파일을 만들면 된다. 새로운 소스 파일을 만들기 위해 그림 5.2에서와 마찬가지로 File 메뉴의 New를 선택한다. 실행 화면은 그림 5.9와 같다.

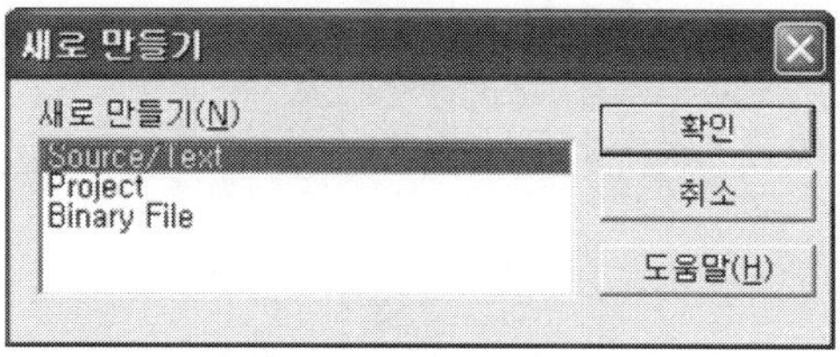

그림 5.9 소스파일 만들기

이제는 그림 5.9에서, Source/Text를 선택한 후 확인 버튼을 누른다. 그러면, 그림 5.10과 같이 프로그래밍을 할 수 있는 편집창이 나타난다.

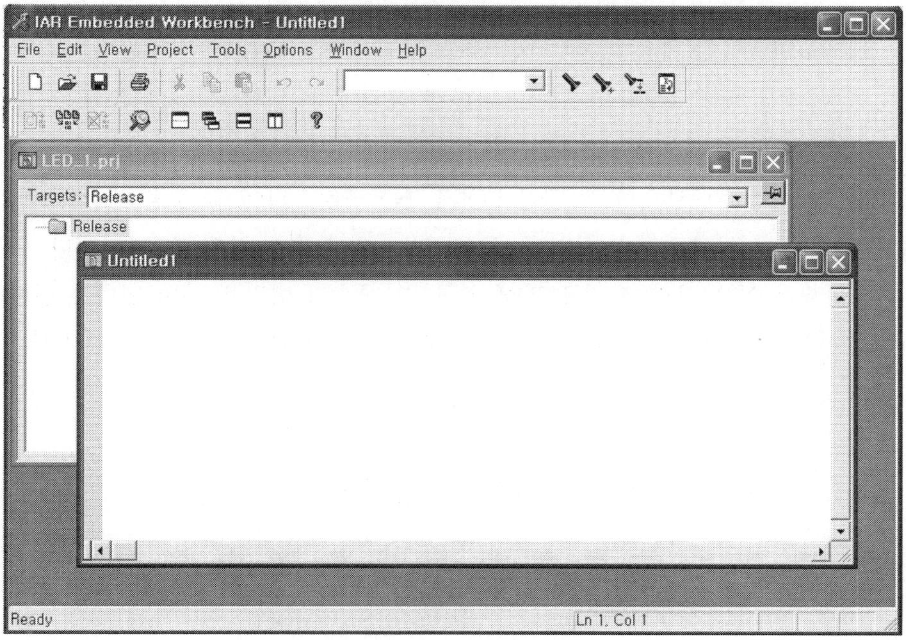

그림 5.10 편집 창 화면

그림 5.10의 편집 창에 다음과 같은 프로그램을 작성한다.

```
#include <io8535.h>
void main(void)
{
   DDRA = 0xff; //포트 A의 모든 핀을 출력으로 사용
   PORTA = 0xff; //포트 A의 모든 핀에 "1"을 출력
}
```

이 프로그램의 의미는 다음과 같다. ATmega8535에는 8bit의 디지털 입출력 핀이 4개가 제공되는데, 각각 A 포트, B 포트, C 포트, 그리고 D 포트라고 부른다. 이들 포트는 입력방향을 설정하는 레지스터인 DDR와 포트의 디지털 값을 저장하는 레지스터 PORT가 관장하게 된다. 쉽게 생각해서 A 포트(8bit)를 전부 출력으로 설정하고 싶으면, DDRA에 8bit를 전부 1로 해주면 된다. (입력으로 하려면 0으로 해주면 된다.) 8bit가 전부 1인 것을 16진수로 나타내면 ff가 된다. C프로그래밍 언어에서 어떤 수를 16진수로 나타낼 때, 그 수 앞에 0x라고 쓴다. 그래서, DDRA=0xff; 라는 문장은 "A 포트의 방향을 8bit 모두 출력으로 설정한다."라는 뜻이다. 출력으로 내보내야 할 값은 PORT라는 레지스터에 그 값을 써 넣으면 된다. 8bit 모두 1을 출력하고 싶다면 PORTA = 0xff;라고 쓰면 되는 것이다. 아무튼 잘 이해가 안 된다면, 일단 LED에 불 켜고 싶으면 이렇게 하면 된다고 알아두자. 디지털 포트에 출력하기 위한 프로그램의 좀더 자세한 내용은 [부록 D]를 참조한다.

프로그램을 다 작성한 후의 화면은 그림 5.11과 같다.

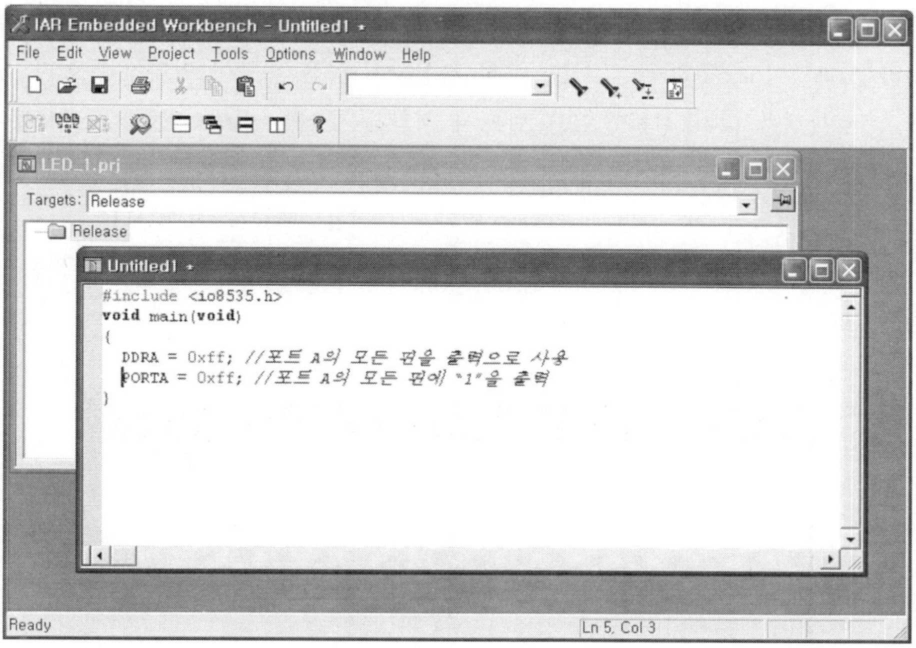

그림 5.11 프로그램 작성화면

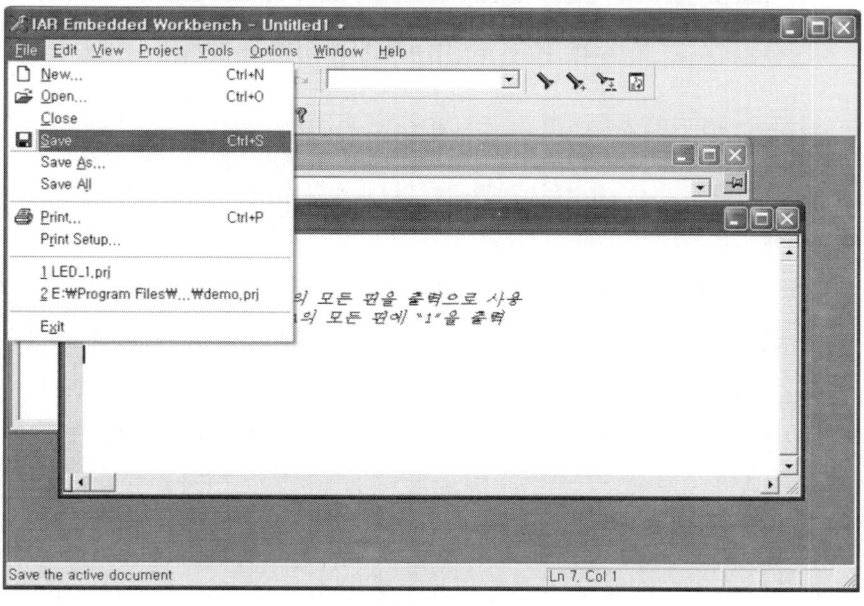

그림 5.12 File 메뉴에서 저장하기

그림 5.11의 편집 창을 보면, 제목이 (Untiltle1 *)로 되어있다. 이름이 Untiltle1 이라는 파일이고, 특히 (*)표시는, 아직 저장되지 않은 부분이 있다는 뜻이다. 결국, 프로그램을 다 작성하였으면, 반드시 저장해 주어야 한다. 또한, 프로그램이 다 완성 되지 않았다 하더라도 중간 중간 저장하는 습관을 갖기를 바란다. 저장하는 방법은 다음과 같다. 먼저, 그림 5.12와 같이 File 메뉴를 선택한다.

그림 5.12의 File 메뉴에서 Save를 선택한다. 그러면, 최초로 저장하는 경우 그림 5.13과 같은 화면이 나타난다.

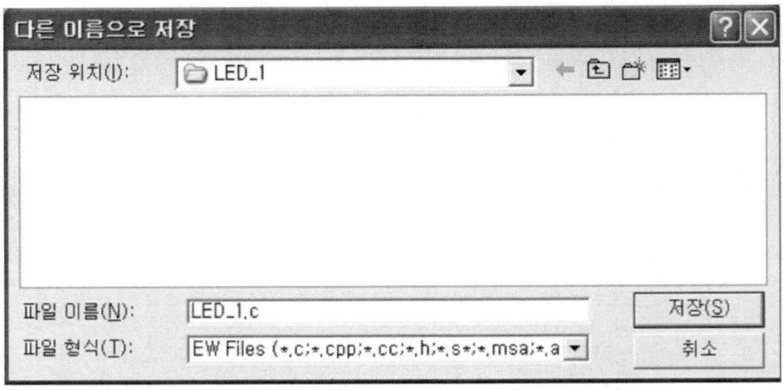

그림 5.13 ◎ 저장할 파일 이름 정하기

그림 5.13에서 파일 이름을 LED_1.c로 적고, 저장 버튼을 누르면, 프로그램이 LED_1.c라는 이름으로 저장된다. 편집창의 제목이 LED_1로 바뀌었는지 확인 해 보자. (*)표시도 없어 졌을 것이다.

다시 한번, File 메뉴의 Save를 실행시켜본다. 이번에는 아무 일도 안 일어난 것처럼 보인다. 그 이유는 첫 번째 저장할 때만 파일 이름을 물어 보고 다음부터는 그냥 그 파일 이름에 덧붙여서 저장하기 때문이다. 파일 저장에 관한 사항은 컴퓨터 기초 활용에 관한 내용이므로 더 이상의 설명은 생략하기로 한다.

지금까지, 컴파일러를 실행하여, 프로그램을 작성하고, 저장하는 과정에 관하여 학습하였다. 다음은 이렇게 작성한 프로그램을 컴파일 하는 방법에 관하여 알아보도록 하겠다.

5.4 프로젝트에 소스파일 포함시키기

먼저, 그림 5.14와 같이 Project 메뉴를 선택한다.

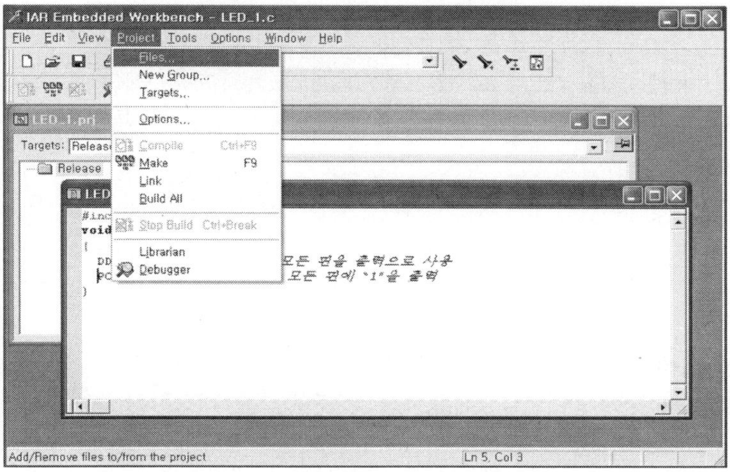

그림 5.14 ◎ 컴파일러의 Project 메뉴

그림 5.14에서 Project메뉴의 Files를 선택하면 그림 5.15와 같은 창이 나타난다.

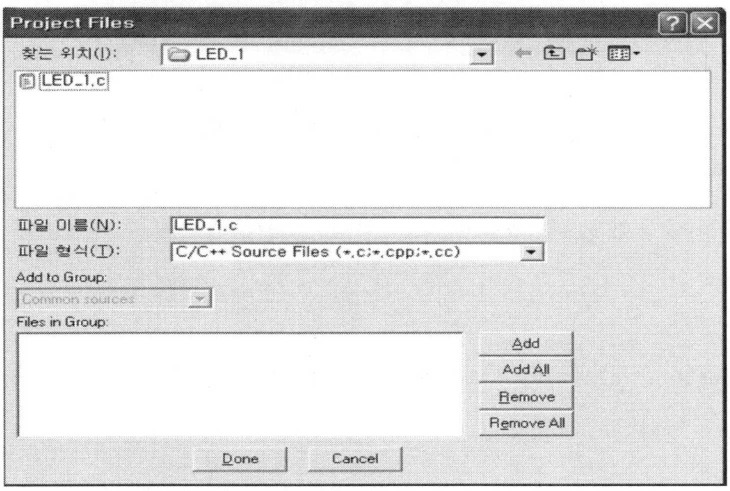

그림 5.15 ◎ Project 메뉴의 Files... 서브메뉴

그림 5.15와 같이 파일이름이 LED_1.c로 되어 있어야 한다. 만일 그렇지 않은 경우, 작성한 파일이 있는 곳을 찾아 선택해 준다. 그림 5.15에서, 파일이름이 LED_1.c로 되어있는지 확인 한 후에 Add 버튼을 누른다. 그러면, Files in Group: 영역에 다음 그림 5.16과 같이, 지정된 파일이 추가된다.

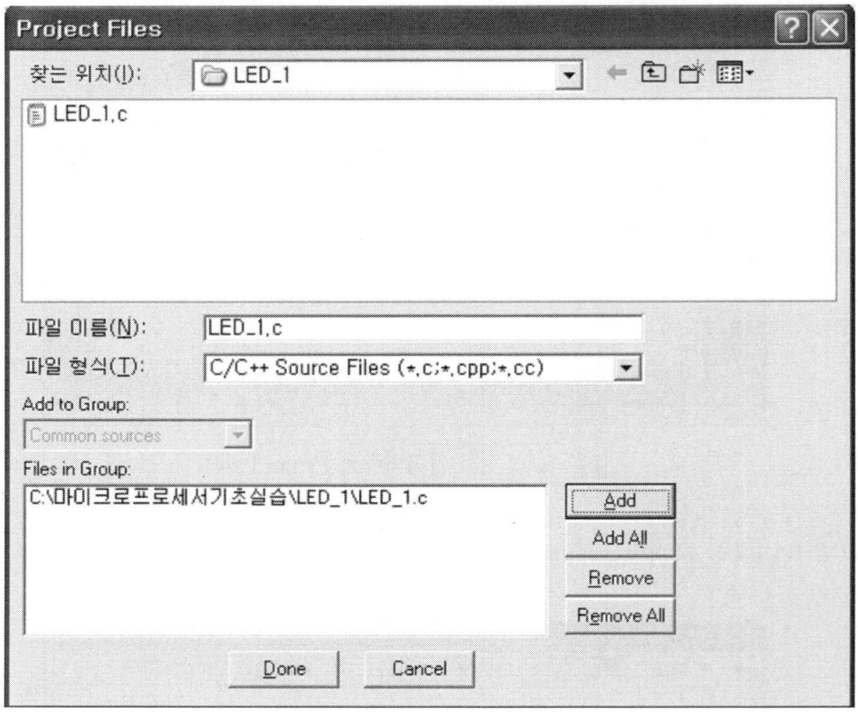

그림 5.16 ◎ 프로젝트에 소스파일 추가하기

그림 5.16에서 "Done" 버튼을 누른다. 프로젝트에 작성된 프로그램 파일이 포함되었다.

프로젝트에 작성된 파일이 포함된 것을 확인하기 위해서, 이제 다시, 아래 그림 5.17을 고려한다.

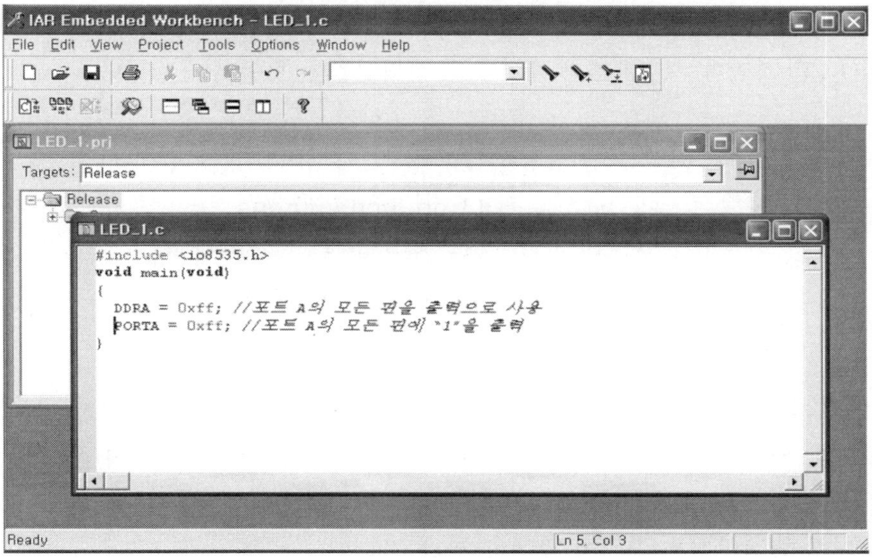

그림 5.17 ◎ 컴파일러 작업화면

그림 5.17에서, 비활성으로 되어 있는 창 LED_1.prj를 마우스로 클릭하여 활성화 시킨다. (타이틀 바 부분을 클릭하면 된다.) 결과 화면은 그림 5.18과 같다.

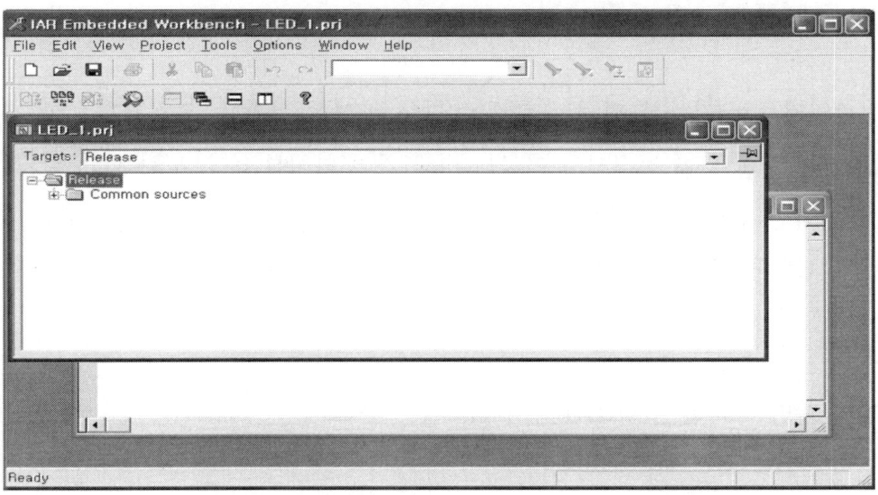

그림 5.18 ◎ 편집 창을 프로젝트 창으로 활성화 바꾼 화면

그림 5.18에서, ⊞를 눌러 Common sources의 내용을 펼치면, 그림 5.19와 같이 LED_1.C 파일이 프로젝트의 소스로 포함되었음을 확인 할 수 있다.

그림 5.19 파일포함 확인

이번 절에서는 프로젝트에 소스파일을 포함시키는 방법에 관하여 알아보았다. 이는 소스파일을 컴파일 하기 위한 준비단계이다. 컴파일 하기 전에 준비 단계가 한 가지 더 있는데, 바로 컴파일러의 설정이다. 컴파일 하기 전에는 반드시 옵션을 통해 컴파일러를 설정해 주어야 한다.

다음 절에서는 컴파일러의 옵션을 설정하는 방법에 관하여 알아보도록 하겠다.

5.5 컴파일러 옵션 설정하기

컴파일러를 설정하기 위해 프로젝트 창을 활성화 시킨다. 프로젝트 창을 활성화 시키는 방법은 앞 절에서도 언급된 바와 같이 타이틀 바 부분 LED_1.prj 을 클릭하면 된다. 이미 활성화 되어 있는 경우라면 이 절차가 필요 없는 것은 당연한 일이다. 이 상태에서, "Relese"라고 되어 있는 부분을 클릭하여 활성화 시킨다.

결과 화면은 다음 그림 5.20과 같다.

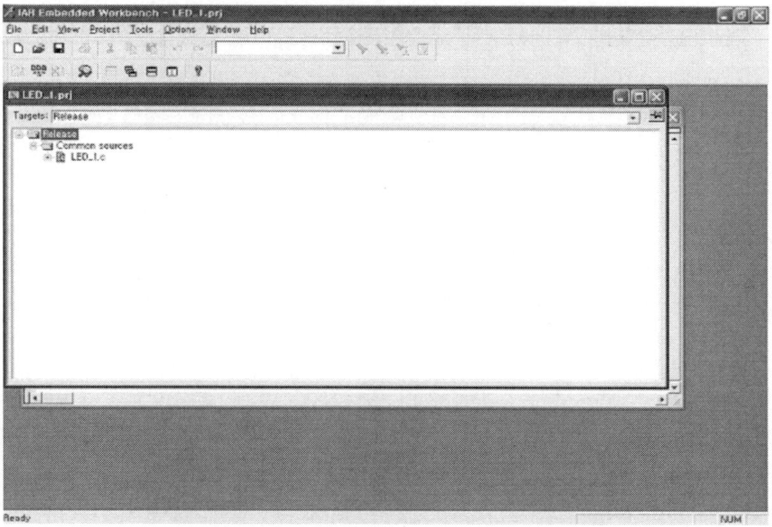

그림 5.20 옵션설정 준비화면

그림 5.20의 상태에서, Project 메뉴를 선택한다.
그러면, 그림 5.21의 화면이 나타날 것이다.

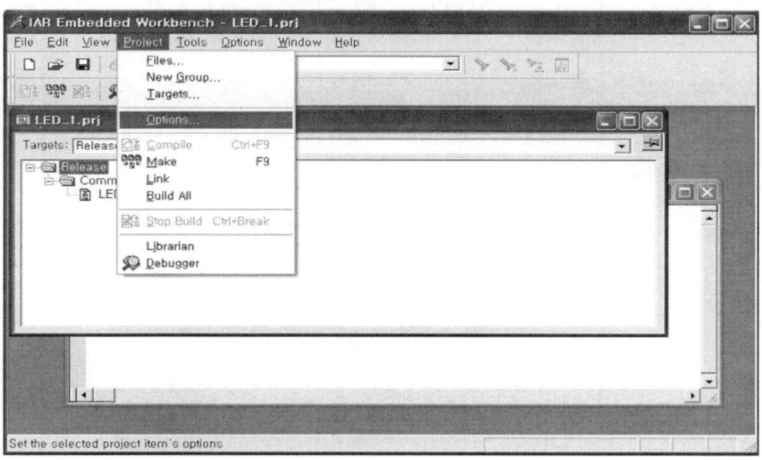

그림 5.21 Porject 메뉴의 Options... 서브메뉴

그림 5.21에서, Project 메뉴의 Options...를 선택하면, 그림 5.22과 같은 창이 나타난다.

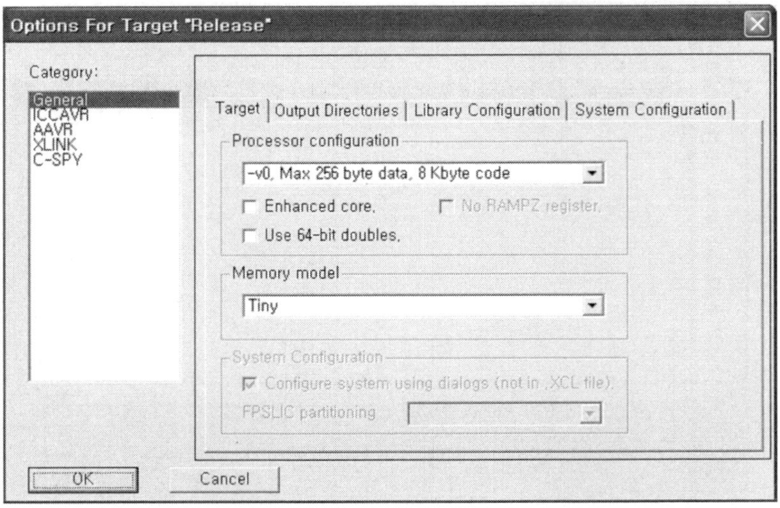

그림 5.22 ◎ 옵션 실행 창

그림 5.22을 보면, 좌측의 Category: 영역에서 General이 선택되어져 있고, 우측 상단 부분에 여러 개의 Tab 중에 Target이 선택되어져 있다. 만일 그림과 다르게 나타난 경우라면, Category: 영역에서 General을 선택하고, 우측 상단 부분에 여러 개의 Tab 중에 Target을 선택하여 위 그림 5.22와 같은 형태로 만든다.

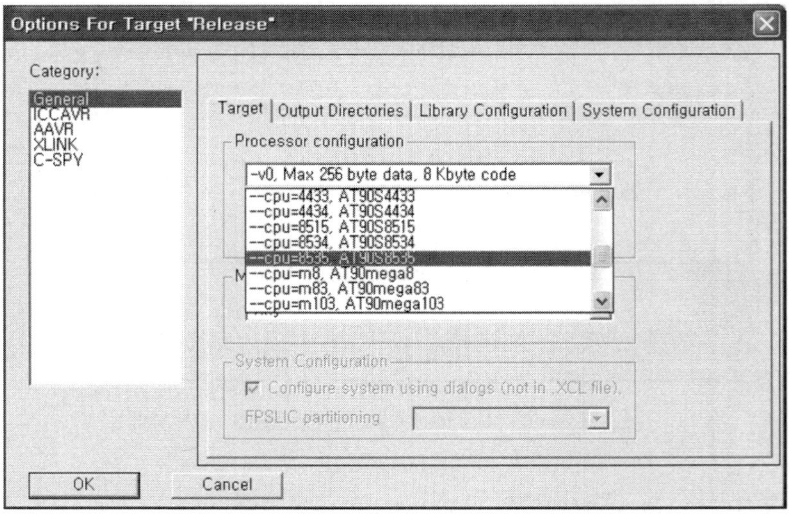

그림 5.23 ◎ CPU 선택하기

그림 5.22에서, Processor configuration의 스크롤 버튼 ▼을 눌러, 스크롤 바를 움직이면서 --cpu = 8535, AT90S8535를 선택한다. (만일, ATmega8535가 존재하면, 그것을 선택한다.) 참고로, 진행 화면은 그림 5.23과 같다.

다시, 그림 5.22에서, 이번에는 Memory 모델의 스크롤 버튼 ▼을 눌러 Small을 선택한다.

결과 화면은 그림 5.24와 같다.

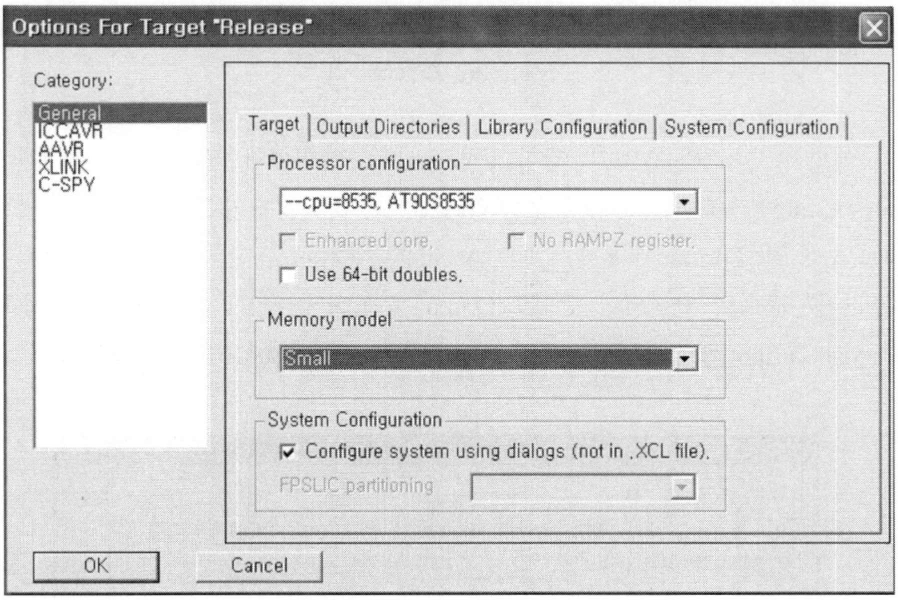

그림 5.24 ◎ 메모리 모델 설정

그림 5.25과 같이 Category: 영역의 ICCAVR을 선택한 후, Language tab에서 'char' is 'signed char'을 check한다.

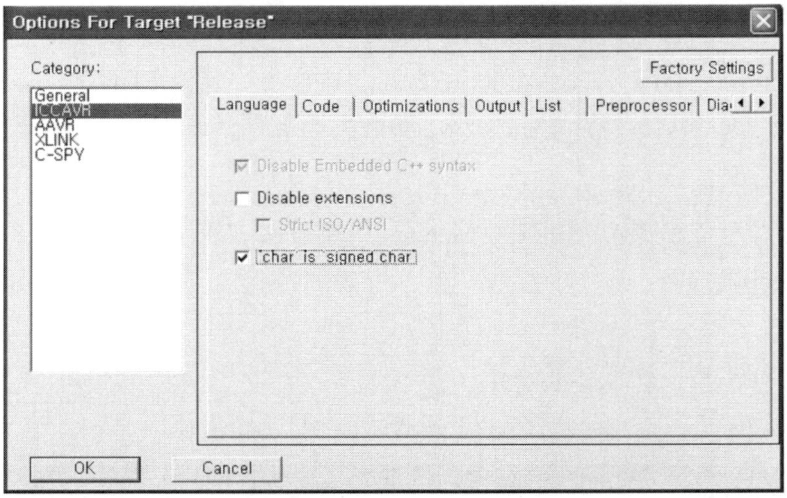

그림 5.25 ◎ char 체크

마지막으로, 그림 5.26과 같이 Category : 영역에서 XLINK를 선택한 후, Output tab에서 Override default를 check하고, 파일이름의 확장자를 hex라고 작성한다. 또한, Format 부분에서, 라디오 버튼은 Other를 선택한 후(대부분의 경우 이미 기본값으로 선택되어 있다.), Output format:을 intel-standard로 설정하고, Format variant:에 그림과 같이 End only with :00000001FF를 선택한다.

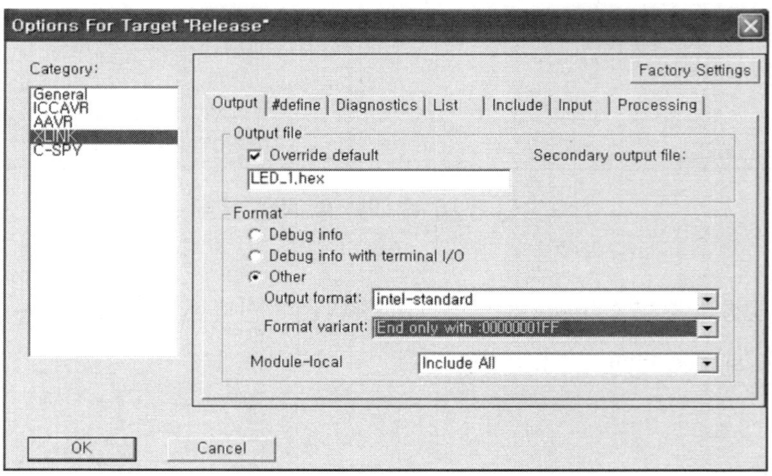

그림 5.26 ◎ HEX file 이름과 형식 설정

이제 컴파일러의 Option을 전부 설정하였으므로 OK 버튼을 눌러 컴파일러의 Option 설정을 마친다. 이번 절 에서는 컴파일러의 Option을 설정하는 방법에 관하여 알아보았다. 다음 절에서는 소스 파일 컴파일 하기에 관하여 알아보도록 하겠다.

5.6 소스파일 컴파일 하기

이제 컴파일 하기위한 기본적인 준비를 했으므로, 본격적으로 소스파일을 컴파일 해 보도록 한다. 먼저, 그림 5.27을 참조한다.

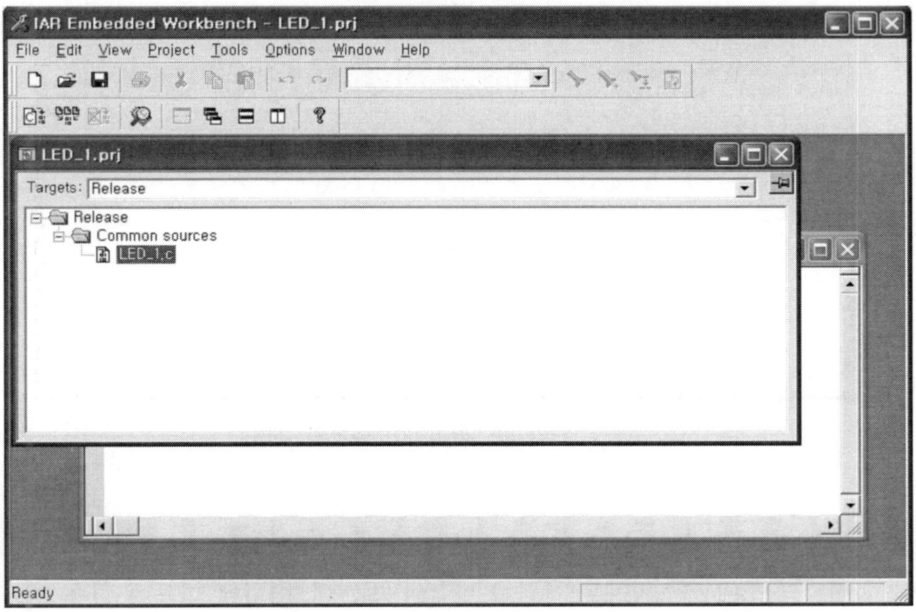

그림 5.27 ◎ 컴파일할 소스파일 선택

그림 5.27에서, LED_1.c부분에 마우스 포인터를 위치시키고, 그 상태에서 마우스의 오른쪽 버튼을 클릭하여 팝업메뉴를 불러낸다. 실행 결과 화면은 그림 5.28과 같다.

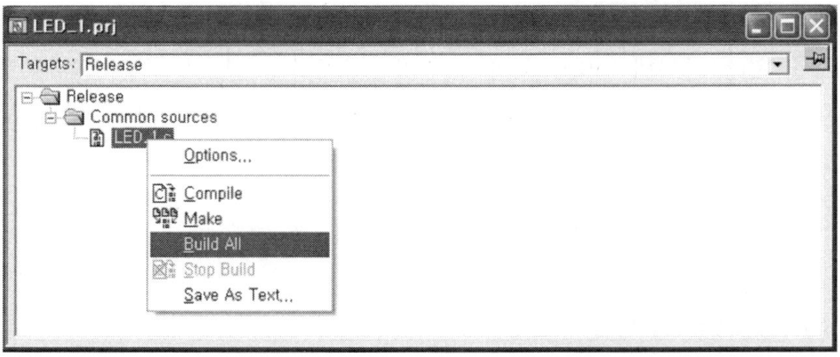

그림 5.28 ◎ 선택된 파일 컴파일 하기

그림 5.28의 팝업메뉴에서 Build All을 선택한다. 컴파일이 정상적으로 실행되면 그림 5.29와 같은 메시지 창이 나타난다.

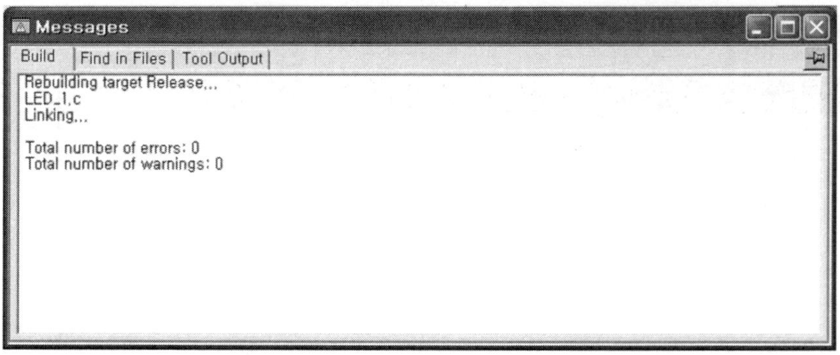

그림 5.29 ◎ 컴파일이 완료된 화면

그림 5.29의 메시지 창이 나타나면, 내용을 확인 한 후, 을 눌러 창을 닫는다.

결과적으로, LED_1.hex라는 파일이 만들어 졌는데, 어디에 만들어 졌을까? 결과 파일이 만들어지는 장소는 Option에 기본적으로 설정되어 있으며, 우리가 변경하지 않았으므로, 기본적으로 설정되어 있는 장소가 된다. 그 장소는 본 예제의 경우, C:\마이크로프로세서기초실습\LED_1 폴더 밑에 서브 폴더로 \Release\Exe 폴더가 자동으로 생기면서 그 곳에 가면 LED_1.hex라는 파일이 생성된 것을 확인할 수 있을 것이다.

이상으로 컴파일러 사용법을 익히게 되었다. 다음 절에서는 만들어진 hex파일을 다운로드하여 보드 동작을 확인해 보도록 한다.

5.7 LED 불켜기 보드 동작 확인

컴파일러에 의해 만들어진 hex파일을 다운로드하여 보드를 동작시키는 방법은 이미 4장에서 배운 바 있으나, 편의를 위해 다시 한번 실습해 보도록 한다.

먼저, 컴퓨터에서 시작버튼을 눌러 모든 프로그램 중에 디지털 제어 산업기사를 선택한다. MICOM-PROGRAMMER가 보일 것이다. 결과 화면은 그림 5.30과 같다.

그림 5.30 ◎ 프로그래머 시동

그림 5.30에서, MICOM-PROGRAMMER를 클릭하면, 프로그램이 실행되면서 그림 5.31과 같은 창이 나타난다.

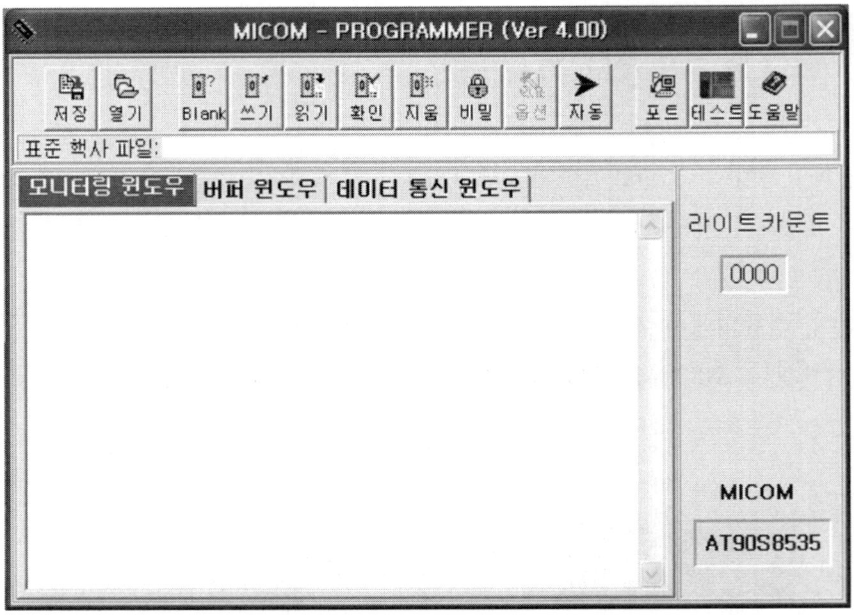

그림 5.31 ◎ 프로그래머 실행 화면

만일 "MICOM의 확인에 실패하였습니다! 전원이나 MICOM의 삽입상태를 확인하세요!" 라는 메시지 창이 뜬다면, 이는 프린터 포트에 마이컴이 연결되어 있지 않거나 전원이 인가되지 않았기 때문에 나타나는 오류 메시지이다. 따라서 프로그래머를 실행 시킬 경우 반드시 연결 케이블을 이용하여 PC와 보드를 먼저 연결한 후, 전원을 인가하고 프로그래머를 실행 시키도록 한다.

이제, 앞에서 컴파일한 LED_1.HEX라는 파일을 찾아 다운로드하는 방법을 알아보도록 한다. 먼저, 메뉴에서 열기(열기)버튼을 마우스로 클릭한다. 찾는 위치는 컴파일러에 의해 LED_1.HEX라는 파일이 존재하는 위치이다. 본 교재에서는 C:\마이크로프로세서기초실습\LED_1 폴더 밑에 서브 폴더로 \Release\Exe폴더로 설정하였다. 결과화면은 그림 5.32와 같다.

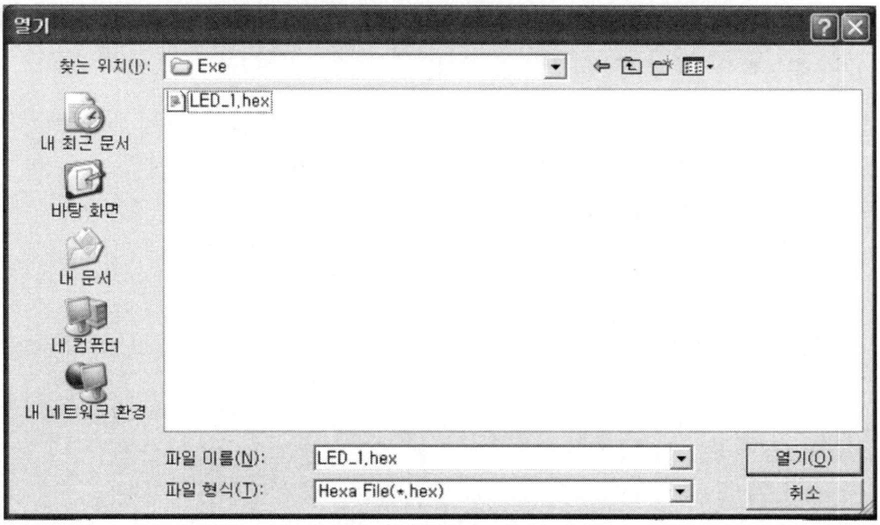

그림 5.32 ◎ HEX 파일 열기

그림 5.32에서, LED_1.hex 파일을 선택한 후, 열기 버튼을 누른다.

이제, 불러들인 LED_1.hex 파일을 기판에 다운로드 하기위해, 먼저 지움 버튼()을 누른 후 쓰기 버튼()을 누른다. 프로그래머가 다운로드를 진행한 후, 완료되면 그림 5.33과 같은 화면이 나타난다.

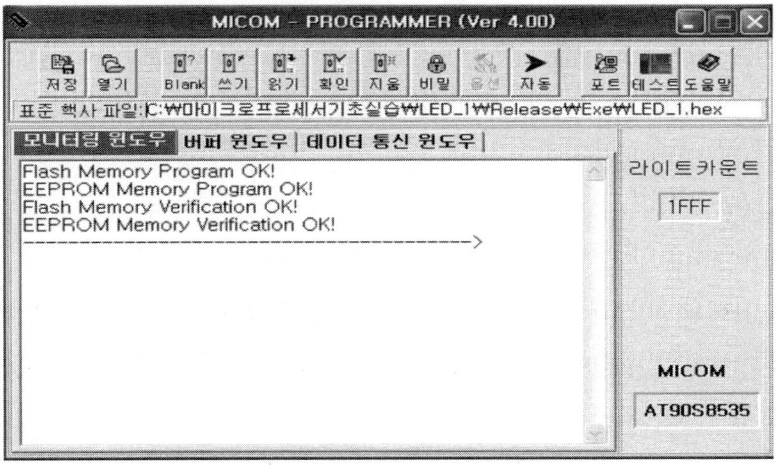

그림 5.33 ◎ 다운로드 실행화면

그림 5.33의 화면이 나타나면 다운로드가 정상적으로 이루어 진 것이며, 기판의 LED가 계속해서 켜져 있는 상태가 된다.

만일 보드 동작을 확인하고, 컴파일러를 사용하는 방법에 좀더 익숙해지기를 원한다면, 다음과 같은 프로그램으로 LED에 불이 깜빡이는 상태를 만드는 것도 실습해 보기 바란다.

```
#include <io8535.h>
void main(void)
{
  int i,j;

  DDRA = 0xff; //포트 A의 모든 핀을 출력으로 사용
  PORTA = 0xff; //포트 A의 모든 핀에 "1"을 출력

  while(1)
  {

    for(i=0; i<1000; i++)  for(j=0; j<70; j++);
      PORTA = 0x00;
    for(i=0; i<1000; i++) for(j=0; j<70; j++);
      PORTA = 0xff;

  }
}
```

이번 장에서는 컴파일러를 사용하는 방법에 초점을 두어 AVR 포트에 출력을 내보내는 방법에 관하여 알아보았다. 다음 장에서는 AVR 포트에서 정보를 입력하는 방법에 관하여 알아보기로 한다.

6 Chapter

마이크로프로세서 기초 실습

1개의 스위치 정보 입력하기

본 장에서는 마이크로프로세서가 포트로부터 디지털 정보를 입력받는 방법을 학습하도록 한다. 우선 1개의 핀으로부터 데이터를 받아들이는 실습을 해보기에 가장 간단한 방법이 스위치를 이용하는 것이므로, 누름 스위치를 이용하여 1과 0의 디지털 정보를 생성하는 회로를 고려한 후, B포트의 1개의 핀에 연결하여 동작을 확인해 보도록 하겠다.

6.1 정보 입력용 스위치 회로

ATmega8535의 외부 입출력 포트에 1개의 핀은 1 bit의 디지털 정보를 입력 받을 수 있다.

먼저, 디지털 신호 1bit는 1(High)아니면 0(Low)만을 표현한다는 것은 잘 알려진 사실이며, ATmega8535의 경우 1을 표현하기 위해서는 5 [V]를 연결하고, 0을 표현하기 위해서는 0 [V](GND)를 연결하면 된다.

예를 들어 B포트의 첫 번째 핀 (BP0)에 1을 입력하기 위한 회로는 다음 그림 6.1과 같다.

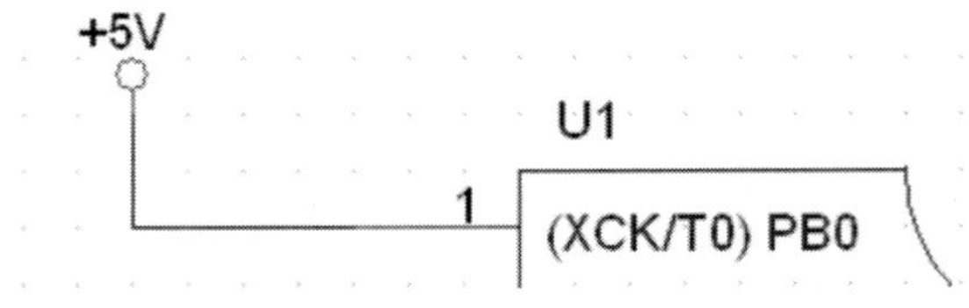

그림 6.1 입력포트 1bit에 1(HIGH)입력

아주 간단하다. 이 회로는 어떤 포트에 항상 1이라는 값을 입력시키는 경우에 사용하는 회로이다. 이제, 디지털 정보 0을 입력하기 위한 회로를 살펴보기로 한다. 앞에서 설명된 바와 같이 그림 6.1에서 5 [V]에 연결되었던 것을 0 [V](GND)로 바꾸어 연결하면 된다. 결과적으로, B포트의 첫 번째 핀 (BP0)에 0을 입력하기 위한 회로는 다음 그림 6.2와 같다.

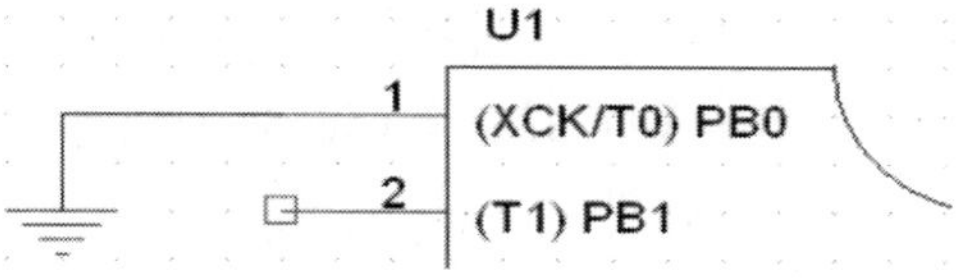

그림 6.2 ◎ 입력포트 1bit에 0(LOW)입력

그림 6.1과 6.2는 각각 항상 1과 0을 입력시키는 경우에 사용할 수 있는 회로이다. 다만, 과도한 전류를 방지하기 위해, 직렬로 저항을 연결해 주는 것이 좋다. 또한, 다음에 설명되는 이유 때문에, 반드시 저항이 필요하게 된다.

이제, 사용자의 마음에 따라 1과 0의 값을 바꾸려면 어떻게 하여야 할까? 가장 쉬운 방법이 그림 6.3과 같이 스위치를 이용하는 것이다.

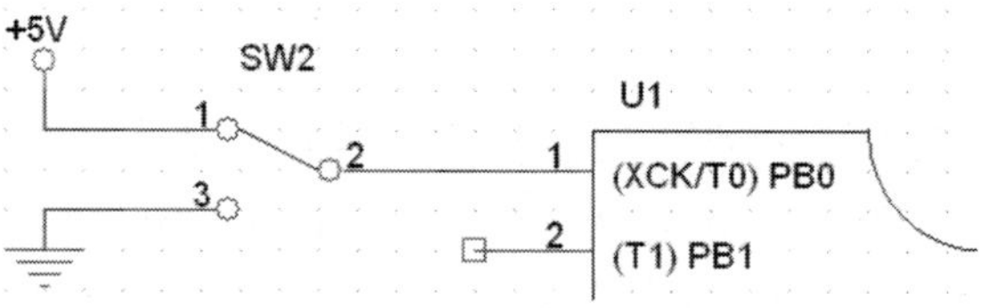

그림 6.3 ◎ 입력 포트에 1과 0입력하기

ATmega8525의 입력 포트에 디지털 1bit 정보를 입력하는 원리를 알아보았다. 기본 원리를 이해하였으므로, 그림 6.3보다 더 쉽게 1개의 접점을 갖는 누름 스위치를 이용하는 경우를 고려해 보자. 그림 6.4와 같은 형태를 고려해 볼 수 있겠다.

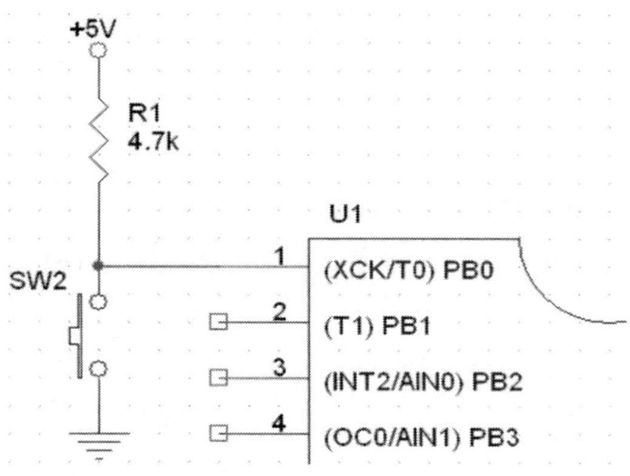

그림 6.4 ◎ 누름스위치를 이용한 포트 입력회로

그림 6.4에서, 저항이 없다면, 스위치를 누른 경우, 5[V] 단자와 접지(GND)가 단락(short)된다. 어떠한 경우에도 회로에 이러한 사태가 발생되어서는 곤란하다. 매우 과도한 전류가 흐르기 때문이다. 전원의 +단자와 −단자를 단락(short)시키면 심한 경우 과전류에 의한 화재까지도 생길 수 있다. 가끔 누전에 의한 화재를 운운하는 경우가 이러한 경우이다. 본 교재의 경우 실험실 전원 공급 장치를 이용할 경우, 자체적으로 과전류 보호가 되므로 화재 까지는 문제가 되지 않지만, 당연히 회로가 정상동작 되지 않는다. 따라서 저항은 꼭 연결해 주어야 한다.

그림 6.4를 살펴보면, 스위치가 눌려있지 않는 평상시에는 5 [V]가 연결되어 있으므로 High로 입력되고 있다. 그러다가 스위치가 눌린 경우, PB0의 핀이 있는 지점에서의 전위는 0 [V] 가 된다. 왜 0 [V]가 되는 지에 대해서는, "그림 6.4의 회로로부터 스위치가 단락된 경우, 1번 핀의 전압이 몇 V인가?" 하는 문제를 생각해 보기 바란다.

결국, 이 회로는 평상시에는 High로 입력되고 있다가 스위치가 눌린 경우 Low로 입력되는 회로이다. 참고로, 스위치 동작 시 기계적인 접점에 의한 채터링이라는 현상이 일어나게 되는 데, 순간적으로 High와 Low를 반복하는 잡음과 같은 현상이다. 이러한 현상을 다소 완화시켜주기 위해서 스위치와 병렬로 캐패시터를 연결해 주면 좋다. 결과적으로 얻어진 회로는 그림 6.5와 같다.

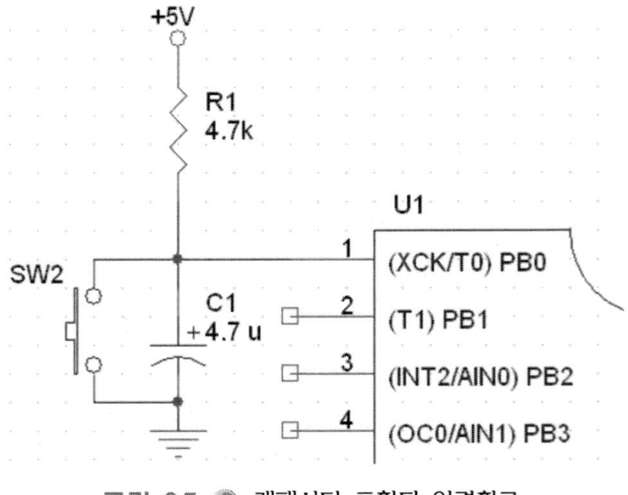

그림 6.5 캐패시터 포함된 입력회로

단, 이 캐패시터는 없어도 회로 동작에는 큰 문제가 없으므로 생략해 주어도 된다. 실제로 보드의 키매트릭스 회로에서는 캐패시터를 생략하였다.

6.2 스위치 제작 및 배선

위 그림 6.5의 스위치 회로를 제작하기 위해 필요한 부품은 다음 표 6.1과 같다.

표 6.1 입력회로에 필요한 부품

순번	명칭	규격	수량	형태	부품번호	내용
1	저항	4.7 KΩ (황,보라,적)	1		해당사항 없음	스위치 전원 전류 제한용
2	스위치	TACT-SWITCH	1		해당사항 없음	정보 입력용 누름 스위치
3	전해 콘덴서	4.7 μF, 25 V	1	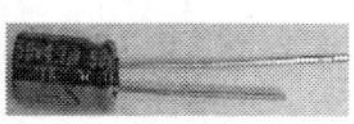	해당사항 없음	채터링 방지용
4	핀헤더 연결용 커넥터/케이블	1핀용	2	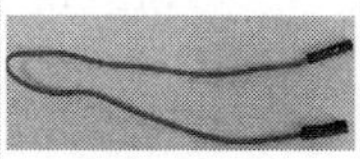	해당사항 없음	핀 헤더 연결용
5	핀헤더	1핀	2		해당사항 없음	GND 연결용

앞에서 설계된 회로도에 맞추어 다음과 같이, 스위치 회로를 제작한다.

제작 시 전해캐패시터는 극성에 유의해야한다. 또한, 누름 스위치도 접점을 확인해야 한다. 누름 스위치는 테스터(멀티메터)의 도통체크로 접점을 확인하는 것이 제일 좋으며, 본 교재에서 사용하는 누름 스위치의 경우, 접점을 확인해 보면, 스위치 내부가 그림6.7과 같이 구성되어 있다는 것을 알 수 있다. (각자 테스터로 도통체크를 하여 아래 그림의 의미를 이해하기 바란다.)

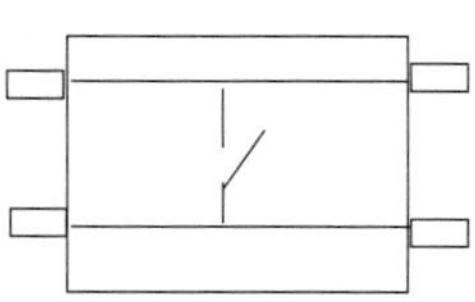

그림 6.7 스위치

위의 설명을 이해하기 어려운 사람은 그냥 대각선으로 연결한다고 생각하면 쉽다. (어떤 방향으로 연결하든 대각선으로 만 연결하면 스위치로서 동작에 아무 문제가 없다.)

제작을 하기 위해 먼저, 1핀 헤더 연결용 케이블 2개를 각각 반으로 자르고 피복을 벗겨 잘라진 선 4개중 3개를 이용한다. 결과 모습은 다음 그림6.8과 같다.

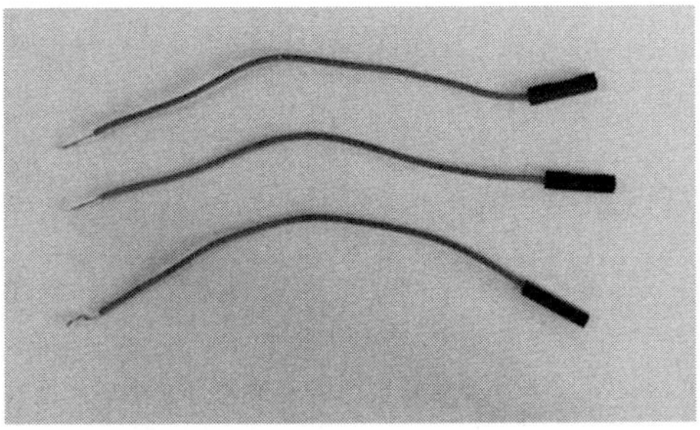

그림 6.8 ◎ 연결용 케이블

그림 6.5의 회로를 참고로, 저항, 스위치, 전해캐패시터 및 케이블을 다음 그림 6.9와 같이 제작한다. GND 단자에는 유성펜으로 표시하고, +5V 단자에는 적절히 구분할 수 있도록 해 주는 것이 좋다.

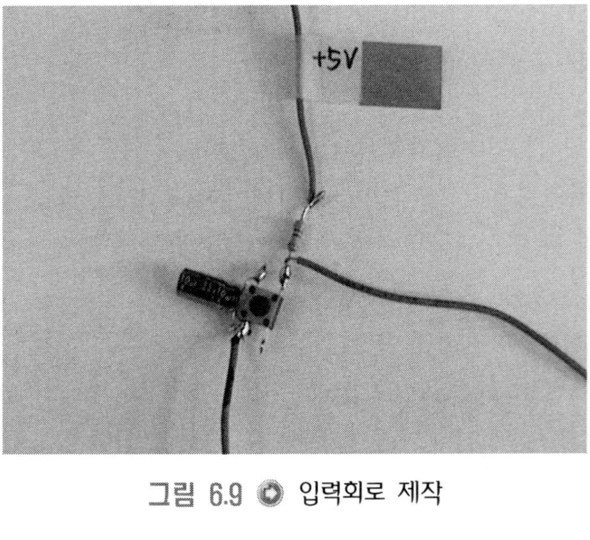

그림 6.9 ◎ 입력회로 제작

그림 6.5의 회로도에 따라 보드에 배선해 주기 위해, 핀 헤더에 케이블을 연결해 주면되는데, +5V와 GND에 연결한 후 정보를 PB0로 보내주어야 한다. 이를 위해, +5V와 GND 연결용 핀헤더를 그림 6.10과 같이 납땜한다.

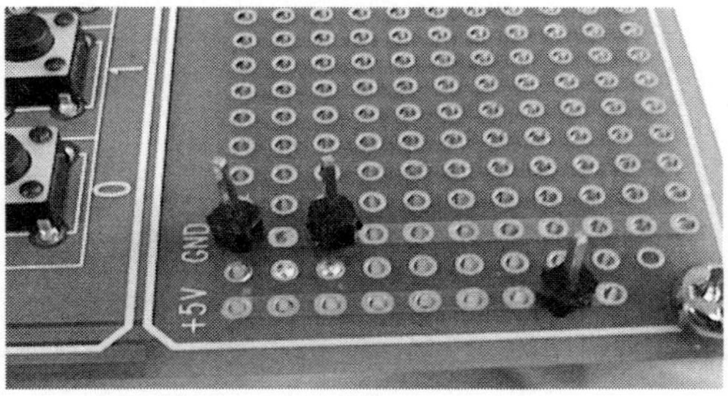

그림 6.10 ◎ 전원 연결용 핀 헤더 제작

본 실습을 위해 보드에 연결해 주어야 할 포트 번호를 정리하면 표 6.2와 같다.

표 6.2 ◎ 스위치와 LED

내용	스위치	LED
AVR	PB0	PA0

표 6.2를 참고로 보드 포트에 나와 있는 핀 헤더에 케이블을 연결해 준 배선 결과는 그림 6.11과 같다.

그림 6.11 ◎ 스위치 입력 배선도

이번 절에서는 스위치 입력을 위한 하드웨어에 관하여 알아보았다. 한 개의 스위치 입력을 위한 준비가 다 되었으므로 다음 절에서 프로그램을 작성하여 보드를 동작 시켜 보도록 한다.

6.3 1개 스위치 입력 프로그래밍

하드웨어 준비가 다 된 상태에서, 스위치 정보를 입력 받기 위한 프로그래밍을 살펴보도록 하겠다. 컴파일러의 사용 및 다운로드 방법은 5장을 참고로 한다.

스위치 정보를 입력 받기위한 프로그램을 다음과 같이 작성한다.

```
#include <io8535.h>
void main(void)
{
   //변수 선언
   unsigned char  key=0;

   //--------------------------------------
   // B포트를 입력으로 설정
   //--------------------------------------
   DDRB=0x00;
   //--------------------

      key = PINB;

}
```

DDRB=0x00; 이라는 문장은 B포트의 8개의 비트를 전부 입력으로 설정한다는 뜻이며, key=PINB;라는 문장이 B 포트 값을 읽어 들인다는 것을 의미한다.

위 프로그램은 key라는 변수에 B포트의 내용을 읽어 들이는 것이다. 그런데, 마이크로프로세서 내부 기억장치에 보관되므로 키입력이 어떻게 읽어 들여졌는지 알 수 있는 방법이 없다. 이 문제를 해결하기 위해서 5장에서 배운 내용을 이용하여, 스위치가 눌려진 경우에 LED가 켜지고, 스위치를 누르지 않은 평소에는 LED를 끄는 프로그램으로 수정하기로 한다. 수정된 프로그램은 다음과 같다.

```
#include <io8535.h>
void main(void)
{
   //변수 선언
   unsigned char  key=0;



   //--------------------------------------
   // A포트를 출력, B포트를 입력으로 설정
   //--------------------------------------
   DDRA=0xff;
   DDRB=0x00;
   //-------------------


      key = PINB;
      PORTA=~key;

}
```

여기서, ~표시는 각 비트를 반전(NOT)시키는 연산자이다. 이렇게 해준 이유는 key가 눌렸을 때가 0이고 눌리지 않았을 때가 1이다. LED는 1일 때 불이 켜지고

0일 때 불이 꺼진다. 따라서 key가 눌렸을 때 LED 불이 켜지게 하기 위해서 반전시킨 것이다.

그런데, 위 프로그램을 실행시키면 아무 일도 일어나지 않는다. 왜 그럴까? 프로세서가 동작하면서 프로그램을 순간적으로 실행 시키고는 프로그램이 끝나버리기 때문이다. 따라서 스위치가 입력 될 때 마다 프로세서가 이를 인식하기 위해서는 프로그램이 멈추지 말고 계속 key값을 읽어 들이고 있어야 한다. 결국 전원을 끌 때까지 무한 반복하도록 프로그램을 수정해 주어야 우리가 바라는 동작을 수행하게 된다. 결과적인 프로그램은 다음과 같다.

```
#include <io8535.h>
void main(void)
{
   //변수 선언
   unsigned char  key=0;



   //------------------------------------
   // A포트를 출력, B포트를 입력으로 설정
   //------------------------------------
   DDRA=0xff;
   DDRB=0x00;
   //-------------------

   // 무한루프 입력 받기
   while(1)
   {
      key = PINB;
      PORTA=~key;
   }
}
```

여기서, while이라는 문장은 괄호()안의 내용이 참(0이 아닌 값)인 경우에 그 아래 중괄호{}로 묶여있는 문장들을 반복하는 문장이다. 프로그램에서는 그 조건을 항상 참(1)으로 고정하였기 때문에, 전원이 꺼질 때 까지 무한 반복하게 된다.

5장을 참고로 하여, 이 프로그램을 실습해 보기 바란다. 스위치가 눌렸을 때, LED가 켜지는 것을 확인 해 볼 수 있을 것이다.

이상으로 ATmega8535 마이크로프로세서가 외부 포트로부터 디지털 정보를 입력받는 방법에 관하여 학습하였다. 이제 마이크로프로세서에서 외부 포트를 이용하여 디지털 정보를 입출력하는 기초적인 내용을 익혔다. 다음 장에서는 LED 불 켜기를 확장한 7-segment 표시하기에 관하여 알아보도록 한다.

Chapter 7

FND(7-Segment)

7.1 FND(7-Segment) 개요

7-Segment는 숫자를 직접 눈으로 볼 수 있도록 LED를 숫자 형태로 배열하고 원하는 LED만을 점등하여 숫자를 표시하도록 한 소자이다. 세븐 세그먼트라고 읽으며, 다른 말로 FND라고도 부른다. 7개의 막대 형태의 LED가 그림 7.1과 같이 배열되어 있으며, 그 하나하나에 a부터 g까지의 이름을 붙이고, 도트가 하나 더 있는데, 보통 DP 혹은 줄여서 p라고 이름 붙여서 사용하게 된다.

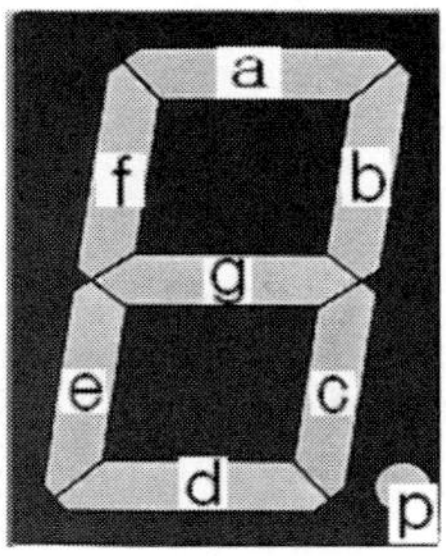

그림 7.1 FND

그림 7.1에서, 2라는 숫자를 표시하기 위해서는 a, b, g, e, d에 전류를 흘려 불을 켜면 된다.

7-Segment는 내부에 총 8개의 LED가 존재하며, LED 각각의 한 쪽 끝은 a부터 g까지이고, 나머지 다른 쪽 끝은 공통으로 사용한다. LED의 Cathod를 공통으로 사용하는 경우를 커먼 캐소드(Common Cathod)라고 부르며, Anode를 공통으로 사용하는 것을 커먼 애노드(Common Anode)라고 부른다. 디지털 제어 산업 기사 실습시험에서는 커먼 애노드 형태를 사용한다. 커먼 애노드의 내부 구성은 그림 7.2와 같다.

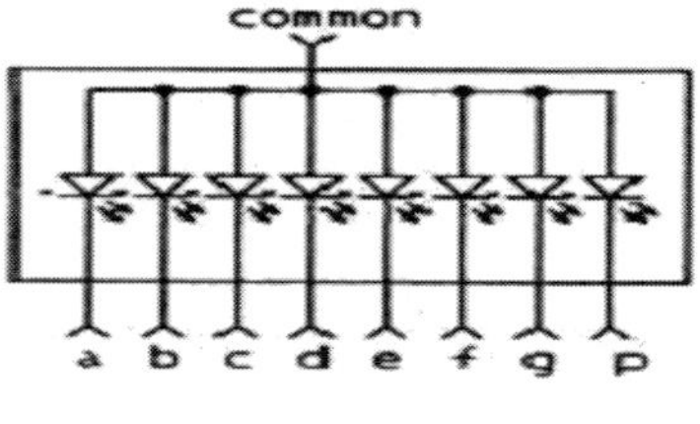

그림 7.2 FND 내부 구성

숫자를 표시하는 경우에 있어서, 일반적으로 7-Segment를 2개나 4개로 사용하는 경우가 대부분이고, 디지털 제어 산업기사 실습의 경우 7-Segment 2개가 하나의 소자로 제공되는 부품을 사용하므로, 본 교재에서도 그림 7.3과 같은 부품을 사용하기로 한다.

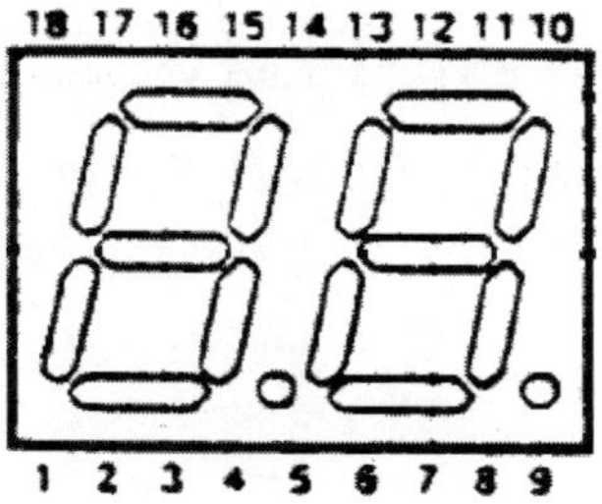

그림 7.3 Dual FND

그림 7.3에서, 왼쪽(1번 핀에 가까운 쪽)이 No.1 Digit이고 오른쪽(9번 핀에 가까운 쪽)이 No.2 Digit이다. 각 핀에 대한 내용은 표 7.1과 같다.

표 7.1 FND 핀 번호 및 내용

핀번호	내용	표시	핀번호	내용	표시
1	e No.1	e1	10	b No.2	b2
2	d No.1	d1	11	a No.2	a2
3	c No.1	c1	12	f No. 2	f2
4	p No.1	p1	13	common No.2	com2
5	e No.2	e2	14	common No.1	com1
6	d No.2	d2	15	b No.1	b1
7	g No.2	g2	16	a No.1	a1
8	c No.2	c2	17	g No.1	g1
9	p No.2	p2	18	f No.1	f1

본 절에서는 7-Segment가 무엇인지에 관하여 알아보았다. 다음 절에서는 Static 방식으로 7-Segment를 구동하는 방법에 관하여 알아보도록 하겠다.

7.2 FND의 Static 구동

2개의 7-Segment를 ATmega8535를 이용하여 Static 방식으로 구동하기 위한 회로는 다음 그림 7.4와 같다.

5장에서 배운 LED 불켜기의 원리를 살펴보면 쉽게 이해할 수 있을 것이다. 다만, 이 경우는 애노드를 공통으로 하고 캐소드에 마이크로프로세서 출력포트가 연결 되므로, 마이크로프로세서 출력포트의 출력이 1일 때 불이 꺼지고, 출력이 0일 때 불이 켜지게 된다.

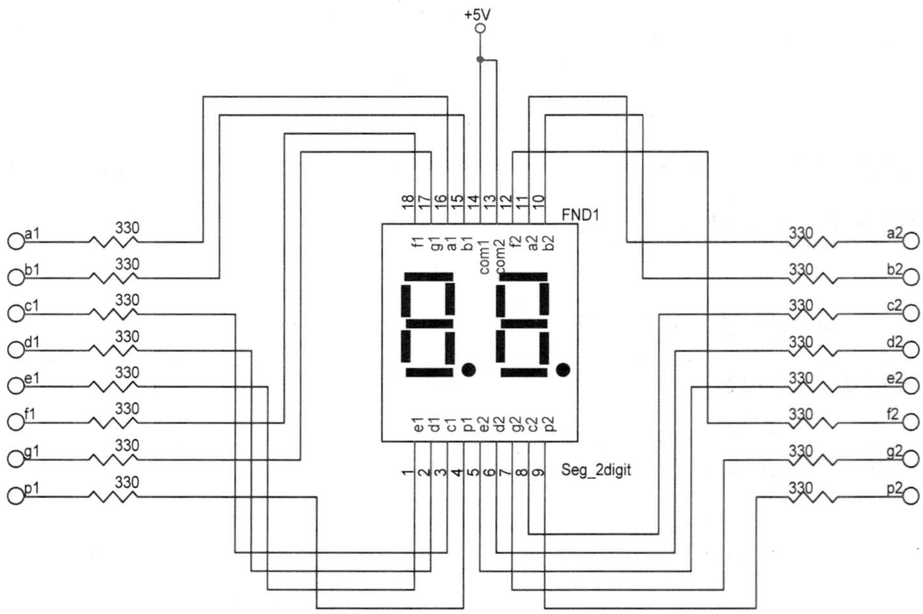

그림 7.4 FND Static 구동 회로

그림 7.4의 회로에서, 2라는 숫자를 표시하기 위해서는 a, b, g, e, d에 0(Low)이 되게 해주고, 나머지는 전부 1(high)이 되도록 해주면 된다. 이렇게 a에서 p까지의 data 값만 넣어주면 항상 불이 켜지는 방식이 Static 방식이다. 2개의 숫자가 동시에 항상 켜져 있을 수 있고, 프로그램하기 쉽다는 장점이 있다.

7.3 FND의 Dynamic 구동 개요

7.4와 같은 회로가 하나 더 필요한 경우, 즉 4개의 숫자를 표시해야 하는 경우를 고려해 보자. 항상 불이 켜져 있어야 하므로 전력소모가 많고, 각각의 숫자를 다르게 표시하기 위해서, 데이터 선이 8x4=32개가 필요하다. 이는 ATmega8535의 모든 출력포트를 전부 숫자 표시하는데 할당해야 한다는 것을 의미한다. 결국, Static 방식은 전력소모가 많고 data선을 너무 많이 사용한다는 단점이 있다. 따라서 대부분의 실용회로에서 Static 방식은 거의 사용하지 않는다.

그러면, 4개의 숫자를 표시하고 싶을 경우에, 어떻게 하면 이 문제를 해결할 수 있을까? 바로 사람의 눈의 착시현상을 이용하는 것이다. 우선 각각의 7-Segment에 대한 data선(a부터 p까지)을 서로 공통으로 연결해 준다. 그러면, 4개의 7-Segment에는 전부 같은 숫자가 표시된다. 이때, com1을 제외한 다른 com단자에 대해, 스위치를 이용하여 5 [V] 공급선을 끊어준다. 그러면 1개의 7-Segment만 숫자가 표시될 것이다. 이 방법을 사람의 눈이 알아차리기 전에 매우 빠른 속도로 번갈아 가면서 한 순간에 1개씩 숫자를 표시하면, 눈의 착시에 의해 마치 서로 다른 4개의 숫자가 동시에 켜져 있는 것처럼 보이는 것이다. 기본적으로는 우리가 보고 있는 TV도 이러한 원리를 이용한다. 이 방식은 항상 켜져 있는 것이 아니라 순간적으로 계속 켜졌다 꺼졌다 하므로 Dynamic 구동 방식이라고 부른다.

Dynamic 구동 방식은 Static 방식에 비해 전력소모가 적고, data선을 최소로 줄일 수 있다는 장점이 있는 반면 프로그램이 다소 어렵다는 단점을 가지고 있다.

이 절에서는 Dynamic 구동이 어떤 것인지에 관하여 알아보았다. 다음 절에서는 이러한 원리를 구현할 수 있는 회로에 관하여 알아보도록 한다.

7.4 FND의 Dynamic 구동 회로

앞 절에서 설명된 내용에 따라 회로를 그려보면, 그림 7.5와 같다.

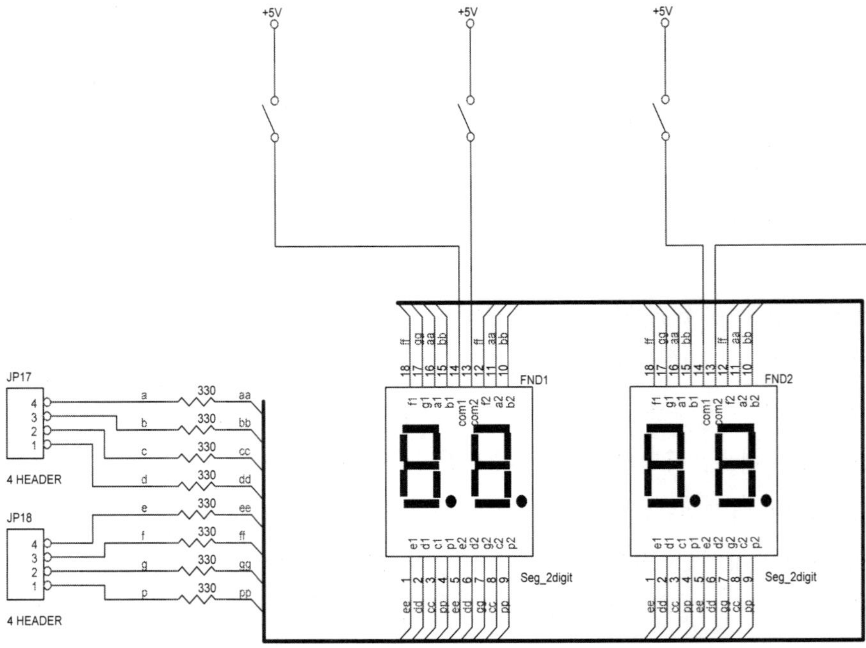

그림 7.5 FND Dynamic 구동 원리 회로

a에서 g까지는 서로 같은 선으로 묶어주고, com 단자는 따로 스위치로 제어해 준다는 원리로 간단히 회로를 설계할 수 있다. 회로에서 사용된 저항값의 의미는 4장의 "1개의 LED 불켜보기"를 참조하기 바란다. 이제, 그림 7.5에서, 눈에서 인식할 수 없을 정도로 빠르게 스위치를 개폐시키려면, 스위치를 어떻게 구현할 것인가? 바로 전자 스위치를 사용하면 된다. 이때 고려해야 할 것이 com단자에 흐르는 전류이다. 8개의 LED가 전부 켜지는 경우 각각 10mA의 전류가 흐른다면 총 80 mA 이상의 전류를 흘려 줄 수 있어야 한다. 전자 스위치로서 충분한 전류를 흘려줄 수 있는 가장 간단한 방법은 트랜지스터를 이용하는 것이다. 트랜지스터를 이용한 전자 스위치 회로는 그림 7.6과 같다.

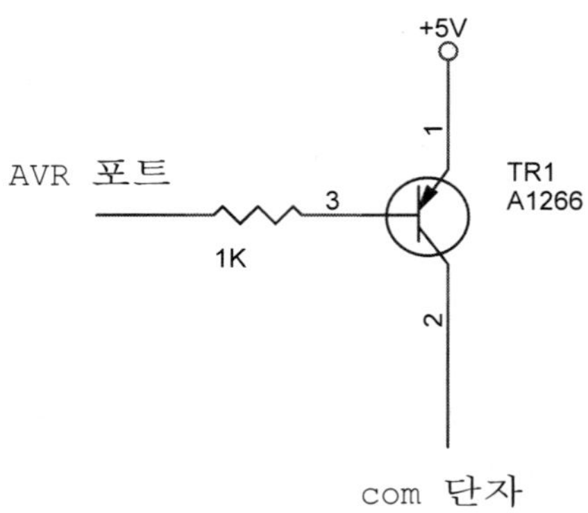

그림 7.6에서의 트랜지스터는 PNP형 이다. 따라서 베이스에 5 [V]가 걸리면, 에미터 5 [V]와 함께 이미터 베이스간 순방향 바이어스가 아니다. 다시 말해서 베이스 전류가 흐르지 않는다. 이는 전자 스위치가 차단된 형태로 작동한다. 이 경우는 컬렉터 전압과 상관없이 컬렉터에 전류가 흐르지 않는다. 이제, 베이스에 0 [V]를 인가시켜 보자. 이제는 에미터 베이스간 순방향 바이어스가 걸린다. 스위치가 닫혀진 상태가 된다고 보면 될 것이다. 이때, 컬렉터 전압을 0 [V]로 해주면, 에미터의 5 [V]로부터 컬렉터 0[V]로 전류가 흐르게 된다. 이때 트랜지스터는 포화영역에 있게 되고, 컬렉터 이미터간 전압은 약 0.2 [V] 정도가 되며, 흐를 수 있는 전류 값이 일반적으로 100 mA이상이 되므로 80 mA 이상의 전류를 흘려 주어야 한다는 조건을 만족하게 되는 것이다. 자세한 내용은 전자회로관련 책자를 참조하기 바란다.

결과적으로 얻어진 회로는 그림 7.7과 같다.

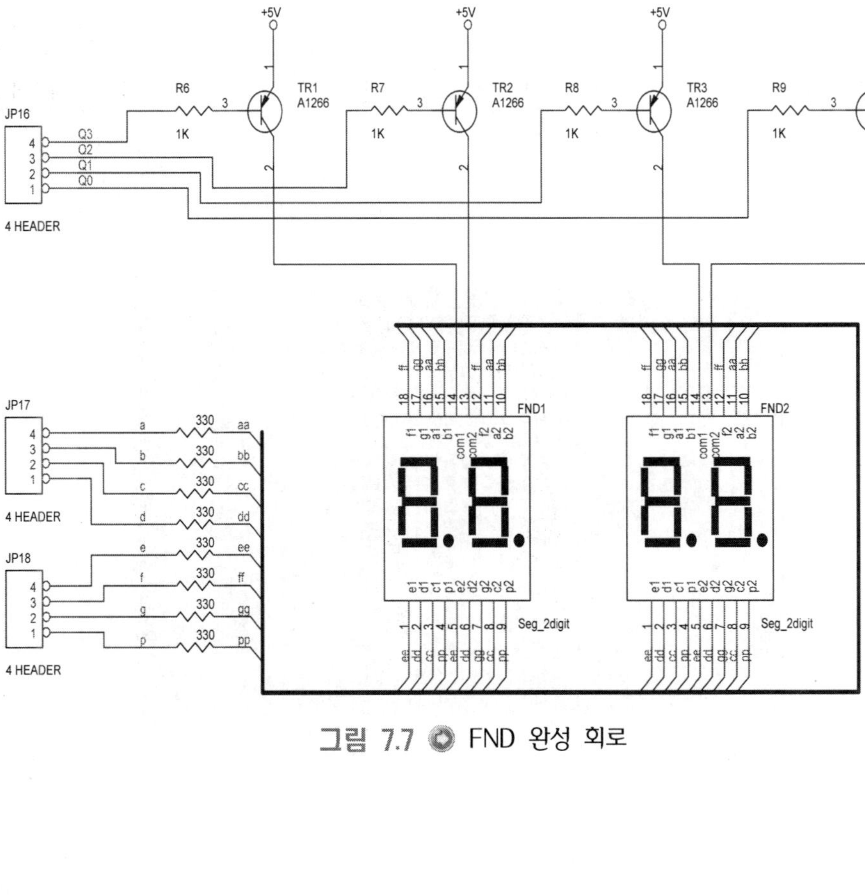

그림 7.7 FND 완성 회로

7.5 FND 조립 및 배선

디지털제어 산업기사 실습시험을 위한 회로기판에는 그림 7.7의 회로가 제공되며, 본 교재에서 제공되는 PCB의 모습과 똑같다. 디지털제어 산업기사 실습시험을 해 제공되는 기판에는 부품이 전부 납땜되어 있는 완성품으로 제공되나, 본 교재에서는 책자에 첨부된 PCB에 부품을 구입하여 직접 납땜하는 것을 원칙으로 한다. 이미 3장 "보드 제작하기"에서 회로 제작이 완성되었으므로, 제작에 관련된 내용은 생략하기로 하고, 배선에 관해 알아보도록 한다.

CPU와의 연결을 위해, 다음 표 7.2와 같이 핀헤더 연결용 커넥터 케이블을 이용하여 배선해 준다.

표 7.2 FND 배선표

FND부	a	b	c	d	e	f	g	p	Q0	Q1	Q2	Q3
CPU부	PA0	PA1	PA2	PA3	PA4	PA5	PA6	PA7	PC0	PC1	PC2	PC3

위의 표를 배선하는 방법을 그림으로 나타내면 그림 7.8과 같다.

그림 7.8 FND 배선 개념도

위 그림 7.8의 배선 개념도는 표로 나타낸 배선을 하는 방법을 도시한 것이다. 기본 원리를 알면 다른 배선도 유사한 방법으로 사용할 수 있으므로 이후에는 배선 개념도를 나타내지 않을 것이다. 본 장에서 배선 방법을 잘 숙지하기 바란다.

표 7.1의 배선표와 그림 7.8의 배선 개념도을 이용하여 커넥터로 연결된 결과는 그림 7.9와 같다.

그림 7.9 FND 배선도

이제 FND에 숫자를 표시하기위한 모든 하드웨어 준비가 완료되었다. 다음 절에서는 완성된 보드를 동작시키기 위한 프로그램에 관하여 알아보도록 하겠다.

7.6 FND의 Dynamic 구동 프로그램

7.6.1 첫 번째 FND에 숫자 1 표시하기

앞에서 FND에 숫자를 표시하기 위해서는, a에서 g 그리고 p에 적절히 불을 켜면 된다는 것을 알았다. 이때, 불을 켜기 위해 출력해야 할 디지털 값은 LOW(0)이다. 또한 첫 번째 FND를 선택하기 위해서는 첫 번째 전자스위치만 연결하고 나머지는 끊어놔야 하는데, 이는 Q0에 보내는 신호를 LOW(0)로 하고 나머지는

HIGH(1)로 하여야 한다는 것도 배웠다. 따라서 첫 번째 FND에 숫자 1을 표시하기 위해서는 출력포트에 표7.2와 같은 정보를 출력해야 한다. (여기서 첫 번째란 첫 번째 digit 즉 위에서 보았을 때 맨 오른쪽을 의미한다.)

표 7.3 첫 번째 FND에 숫자 1을 표시하기위한 포트 출력 값

FND부	p	g	f	e	d	c	b	a	Q3	Q2	Q1	Q0
CPU부	PA7	PA6	PA5	PA4	PA3	PA2	PA1	PA0	PC3	PC2	PC1	PC0
출력값	1	1	1	1	1	0	0	1	1	1	1	0

표 7.2와 같은 정보를 출력하기 위한 프로그램 다음과 같다.

```
#include <io8535.h>
void main(void)
{
   DDRA = 0xff; //포트 A의 모든 핀을 출력으로 사용
   DDRC = 0xff; //포트 C의 모든 핀을 출력으로 사용

   PORTA = 0xf9; //포트 A에 "1111 1001"을 출력
   PORTC = 0xfe; //포트 C에 "1111 1110"을 출력
}
```

위 프로그램을 컴파일러로 컴파일하고, 프로그래머로 다운로드하여, 기판을 동작시켜보기 바란다. 첫 번째 7-segment에 1이라는 숫자가 나타나게 될 것이다.

7.6.2 두 번째 FND에 숫자 2 표시하기

앞에서와 마찬가지로, 두 번째 FND에 숫자 2를 표시하기 위해서는 출력포트에 표7.4와 같은 정보를 출력해야 한다.

표 7.4 ◎ 두 번째 FND에 숫자 2를 표시하기위한 포트 출력 값

FND부	p	g	f	e	d	c	b	a	Q3	Q2	Q1	Q0
CPU부	PA7	PA6	PA5	PA4	PA3	PA2	PA1	PA0	PC3	PC2	PC1	PC0
출력값	1	0	1	0	0	1	0	0	1	1	0	1

표 7.3과 같은 정보를 출력하기 위한 프로그램은 다음과 같다.

```
#include <io8535.h>
void main(void)
{
    DDRA = 0xff; //포트 A의 모든 핀을 출력으로 사용
    DDRC = 0xff; //포트 C의 모든 핀을 출력으로 사용

    PORTA = 0xa4; //포트 A에 “1010 0100”을 출력
    PORTC = 0xfd; //포트 C에 “1111 1101”을 출력
}
```

위 프로그램을 컴파일러로 컴파일하고, 프로그래머로 다운로드하여, 기판을 동작시켜보기 바란다. 두 번째 7-segment에 2라는 숫자가 나타나게 될 것이다.

세 번째 혹은 네 번째 7-segment 하나에 숫자를 나타나게 하는 프로그램은 독자들이 실습해 보기 바란다. 이 상으로 하나의 7-segment에 임의의 숫자를 나타내는 방법에 관하여 알아보았다. 실험을 하면서 “1”이라는 숫자를 나타내기 위해서는 0xf9라는 값을 출력해야하며, “2”라는 숫자를 나타내기 위해서는 0xa4라는 값을 출력해야 한다는 것을 알았다. 어떤 숫자를 표현할 때 어떤 값을 출력해야하는가에 대한 이론적 원리는 7.1절의 FND 개요와 그 이후의 회로 설계 부분을 참고하기 바란다. 다만, 불을 켜야 할 각각의 위치를 참조할 수 있도록 편의를 위해 7.1절의 그림 7.1을 다음 그림 7.10으로 다시 한번 표시한다.

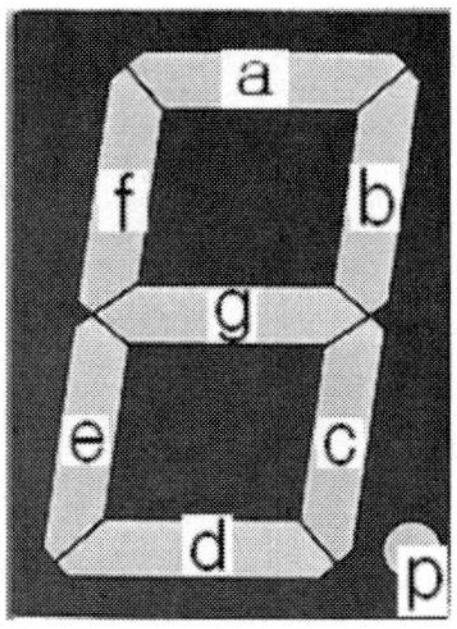

그림 7.10 FND

이러한 원리를 바탕으로, 그림 7.10를 참고로 하여, 각각의 숫자들에 대해 포트에서 출력해야 할 값들을 정리하면, 표 7.5와 같다.

표 7.5 FND에 숫자를 표시하기 위한 포트 출력 값

FND부	p	g	f	e	d	c	b	a	포트에서 출력할
CPU부	PA7	PA6	PA5	PA4	PA3	PA2	PA1	PA0	값(16진수)
0	1	1	0	0	0	0	0	0	0xc0
1	1	1	1	1	1	0	0	1	0xf9
2	1	0	1	0	0	1	0	0	0xa4
3	1	0	1	1	0	0	0	0	0xb0
4	1	0	0	1	1	0	0	1	0x99
5	1	0	0	1	0	0	1	0	0x92
6	1	0	0	0	0	0	1	0	0x82
7	1	1	1	1	1	0	0	0	0xf8
8	1	0	0	0	0	0	0	0	0x80
9	1	0	0	1	0	0	0	0	0x90
A	1	0	0	0	1	0	0	0	0x88
b	1	0	0	0	0	0	1	1	0x83
C	1	1	0	0	0	1	1	0	0xc6
d	1	0	1	0	0	0	0	1	0xa1
E	1	0	0	0	1	1	0	0	0x86
F	1	0	0	0	1	1	1	0	0x8e

표 7.5를 참고로 프로그램을 작성할 때 다음과 같은 폰트를 FLASH ROM에 저장시켜 놓으면 7-segment의 숫자를 표시할 때 매우 큰 도움을 얻을 수 있다.

```
const char Font[16] ={  0xc0, 0xf9, 0xa4, 0xb0, 0x99, 0x92,  //0, 1, 2, 3, 4, 5
                        0x82, 0xf8, 0x80, 0x90, 0x88,        //6, 7, 8, 9, A
                        0x83, 0xc6, 0xa1, 0x86, 0x8e }       //b, C, d, E, F
```

여기서, const는 constant의 줄임말로 프로그램이 시작해서 끝날 때까지 변하지 않는 상수를 의미하며, 이렇게 선언해 놓으면, 프로그램이 다운로드 되면서 이 부분은 FLASH ROM에 저장되게 된다.

지금까지의 설명을 바탕으로 첫 번째 7-segment에 0에서부터 F 까지 계속 바뀌면서 표시되는 프로그램을 작성해 보면, 다음과 같다.

```
#include <io8535.h>

const char Font[16] ={0xc0, 0xf9, 0xa4, 0xb0, 0x99, 0x92,  //0, 1, 2, 3, 4, 5
                      0x82, 0xf8, 0x80, 0x90, 0x88,        //6, 7, 8, 9, A
                      0x83, 0xc6, 0xa1, 0x86, 0x8e };      //b, C, d, E, F

void delay(void)
{
        int i,j;
        for(i=0; i<1000; i++)
            for(j=0; j<300; j++);
}

void main(void)
{
```

```
    int i;

    DDRA = 0xff; //포트 A의 모든 핀을 출력으로 사용
    DDRC = 0xff; //포트 C의 모든 핀을 출력으로 사용

        PORTA= 0xff; //초기 값은 FND가 전부 꺼져있게 만든다.
    PORTC = 0xfe; //포트 C에 "1111 1110"을 출력  - 첫 번째 FND 선택


      while(1)
     {
          for(i=0; i<16; i++)
          {
           PORTA=Font[i];
           delay();
          }
     }

}
```

이 프로그램에서, for 문은 반복횟수를 알고 있는 경우, 그 횟수만큼을 반복하는 문장이다. delay라는 함수에서 아무것도 하지 않고 계속 반복에 반복을 거듭하고 있는데, 그 횟수에 해당하는 시간만큼 시간만 지나가게 된다. 결국 숫자가 바뀌는 중간에 충분한 시간을 주어 눈으로 확인할 수 있게 해주는 것이다. 실습을 통해 결과를 확인해 보기 바란다.

이제, 남은 것은 각각의 FND를 차례대로 빠르게 켜면서(한 순간에 1개의 FND만을 켠다) 반복하여, 4개의 FND가 동시에 켜져 있는 것처럼 보이게 하는 일만 남았다. 다음과 같은 단계를 고려하면 이해가 빠를 것이다.

[단계 1] 각각에 표시될 숫자를 표시할 변수를 선언한다. (예:unsigned char digit0, digit1, digit2, digit 3;)

[단계 2] 표시하고 싶은 숫자를 기억시켜 놓는다. (예: digit0=Font[0]; digit1=Font[0]; digit2=Font[0]; digit 3= Font[0];)

[단계 3] 첫 번째 FND를 선택한다. (예: PORTC=0xfe;)

[단계 4] 선택된 FND에 해당하는 숫자를 출력한다. (예 : PORTA=digit0;)

[단계 5] 잠시 동안 숫자가 표시되도록 지연시간을 준다. (예: for(int i=0; i<20; i++);)

[단계 6] 그 다음 FND를 선택한 후 [단계 4]부터 계속 반복한다.

이러한 단계가 실행되도록 하는 프로그램의 방법은 여러 가지가 있을 수 있으며, 먼저 가장 쉬운 프로그램부터 소개한다. 이 프로그램은 계속 4321라는 숫자가 표시되도록 하는 것이다.

```
#include <io8535.h>

const char Font[16] ={0xc0, 0xf9, 0xa4, 0xb0, 0x99, 0x92,  //0, 1, 2, 3, 4, 5
                      0x82, 0xf8, 0x80, 0x90, 0x88,        //6, 7, 8, 9, A
                      0x83, 0xc6, 0xa1, 0x86, 0x8e } ;     //b, C, d, E, F

void main(void)
{
    unsigned char digit0, digit1, digit2, digit3;
    unsigned int i;

    DDRA = 0xff; //포트 A의 모든 핀을 출력으로 사용
    DDRC = 0xff; //포트 C의 모든 핀을 출력으로 사용

    PORTA= 0xff; //초기 값은 FND가 전부 꺼져있게 만든다.
```

```
    digit0=Font[1];
    digit1=Font[2];
    digit2=Font[3];
    digit3=Font[4];

  while(1)
    {

    PORTC = 0xfe; //첫 번째 FND 선택 // [단계 3]
        PORTA = digit0; // [단계 4]
        for(i=0; i<20; i++);

         //이하 다른 FND 선택 후 반복
        PORTC = 0xfd; //두 번째 FND 선택
        PORTA = digit1;
        for(i=0; i<20; i++);

        PORTC = 0xfb; //세 번째 FND 선택
        PORTA = digit2;
        for(i=0; i<20; i++);

        PORTC = 0xf7; //네 번째 FND 선택
        PORTA = digit3; // [단계 4]
        for(i=0; i<20; i++);

        //----------    반복 ------------//
        for(i=0; i<3; i++); //반복 전에 잠깐 쉼
   }

}
```

위의 프로그램을 참고로 하여, FND_Display()라는 함수를 다음과 같이 정의하여 사용하면 매우 편리하게 사용할 수 있을 것이다.

```
void FND_Display(unsigned char digit0, unsigned char digit1, unsigned char digit2,
unsigned char digit3)
{
    unsigned int i;

            PORTC = 0xfe; //첫 번째 FND 선택 // [단계 3]
            PORTA = digit0; // [단계 4]
            for(i=0; i<20; i++);

             //이하 다른 FND 선택 후 반복
            PORTC = 0xfd; //두 번째 FND 선택
            PORTA = digit1;
            for(i=0; i<20; i++);

            PORTC = 0xfb; //세 번째 FND 선택
            PORTA = digit2;
            for(i=0; i<20; i++);

            PORTC = 0xf7; //네 번째 FND 선택
            PORTA = digit3; // [단계 4]
            for(i=0; i<20; i++);
}
```

마지막으로, 위의 함수를 이용하여, 0000에서 9999까지 1씩 증가하면서 표시하는 프로그램을 실습해 보기로 한다. 프로그램 코드는 다음과 같다.

```
#include <io8535.h>

const char Font[16] ={0xc0, 0xf9, 0xa4, 0xb0, 0x99, 0x92,  //0, 1, 2, 3, 4, 5
                       0x82, 0xf8, 0x80, 0x90, 0x88,        //6, 7, 8, 9, A
                       0x83, 0xc6, 0xa1, 0x86, 0x8e } ;     //b, C, d, E, F
```

```
void FND_Display(unsigned char digit0, unsigned char digit1, unsigned char digit2,
unsigned char digit3)
{
   unsigned int i;

            PORTC = 0xfe; //첫 번째 FND 선택 // [단계 3]
            PORTA = digit0; // [단계 4]
            for(i=0; i<20; i++);

             //이하 다른 FND 선택 후 반복
            PORTC = 0xfd; //두 번째 FND 선택
            PORTA = digit1;
            for(i=0; i<20; i++);

            PORTC = 0xfb; //세 번째 FND 선택
            PORTA = digit2;
            for(i=0; i<20; i++);

            PORTC = 0xf7; //네 번째 FND 선택
            PORTA = digit3; // [단계 4]
            for(i=0; i<20; i++);
}

void main(void)
{
      unsigned char digit0, digit1, digit2, digit3;
      unsigned int count=0, temp=0, i;

   DDRA = 0xff; //포트 A의 모든 핀을 출력으로 사용
   DDRC = 0xff; //포트 C의 모든 핀을 출력으로 사용

       PORTA= 0xff; //초기 값은 FND가 전부 꺼져있게 만든다.
```

```
    while(1)
        {
            digit3= count/1000;      // 카운트 값을 1000으로 나눈 몫
                                     // 즉 1000의 자리 숫자가 된다
         temp = count % 1000;        //카운트 값을 1000으로 나눈 나머지
                                     // 즉 1000의 자리를 뺀 100단위 숫자
            digit2 = temp /100;      //100의 자리 수
            temp = temp %100;
        digit1 = temp/10;            // 10의 자리 수
        digit0= temp % 10;           // 1의 자리 수

        digit0=Font[digit0];
        digit1=Font[digit1];
        digit2=Font[digit2];
        digit3=Font[digit3];

        for(i=0; i<100; i++) FND_Display(digit0, digit1, digit2, digit3);
        //카운트 대기하는 시간을 조절한다.

        count++;
        if(count>9999) count=0;
          }

}
```

지금까지 충분한 설명이 있었으며, 실습을 해보면서 동작을 잘 관찰하면, 위 프로그램을 충분히 분석할 수 있을 것이라고 믿고, 자세한 분석은 독자에게 맡긴다. 이상으로 FND에 숫자를 표시하기위한 하드웨어 설계와 프로그래밍에 관하여 알아보았다. 다음 장에서는 키보드 입력에 관하여 알아보도록 하겠다.

8 Chapter

여러 개의 스위치 정보 입력하기

본 장에서는 마이크로프로세서가 간단한 키보드 정보를 입력하는 방법을 학습하도록 한다. 16개의 누름 스위치를 이용하여 1과 0의 디지털 정보를 생성하는 회로를 고려한 후, 프로그램에 의해 키보드 정보를 입력받는 방법을 실습한다.

8.1 키보드 회로

6장에서 1개의 스위치를 입력하는 방법에 관하여 학습하였었다. 8장에서는 16개의 스위치를 입력받는 방법에 관하여 살펴보기로 하겠다. 먼저 1개를 입력 받는 방법을 그대로 사용하는 것에 관하여 고려해 보자. Atmega8535의 포트가 32개 있으므로 16개의 포트를 이용하여 하나씩 연결해 주면 그만이다. 그런데, 스위치 개수가 32개 이상으로 늘어나면 어떻게 할 것인가? 7장에서 Dynamic 방식을 이용했던 상황과 유사한 상황이 발생하게 된다. 이 문제를 해결해 줄 수 있는 방식이 바로 키 매트릭스라고 불리는 것이다. 이 방식은 스위치를 행(Row)과 열(Column)을 갖는 행렬(Matrix)형태로 배열하고, 한 개의 열마다 스캔하면서 그때마다 행(혹은 Line)값을 읽어 들이면 되는 것이다. 예를 들어 행이 4이고 열이 4인 경우, 4x4=16개의 스위치 값을 입력 받을 수 있다. 4x4 키 매트릭스 회로는 그림 8.1과 같다.

그림 8.1을 살펴보자. 먼저 각 열(C0부터 C3까지)을 출력 포트에 연결하고, 각 행(L0부터 L3까지)를 입력포트에 연결 하였다고 가정한다. 이때, 첫 번째 스캔에서, 각 열(C0부터 C3까지)에 대해서, C0만 0을 출력하고 나머지는 전부 1을 출력한다. 그 순간에 L0에서 L3까지 연결된 입력 포트의 값을 읽어 들인다. 스위치가 눌린 곳은 0으로 읽어 지고 그렇지 않으면 1값이 입력될 것이다. 이런 방법으로 C3까지 스캔 하면서 계속 값을 읽으면 되는 것이다. 이 방법은 100개가 넘는 스위치(컴퓨터의 키보드)의 정보를 입력 받는 경우에도 그 원리를 그대로 적용할 수 있다.

앞에서 회로의 원리를 살펴보았다. 다음 절에는 SC-05 보드와 연결하는 결선 방법을 알아보도록 하겠다.

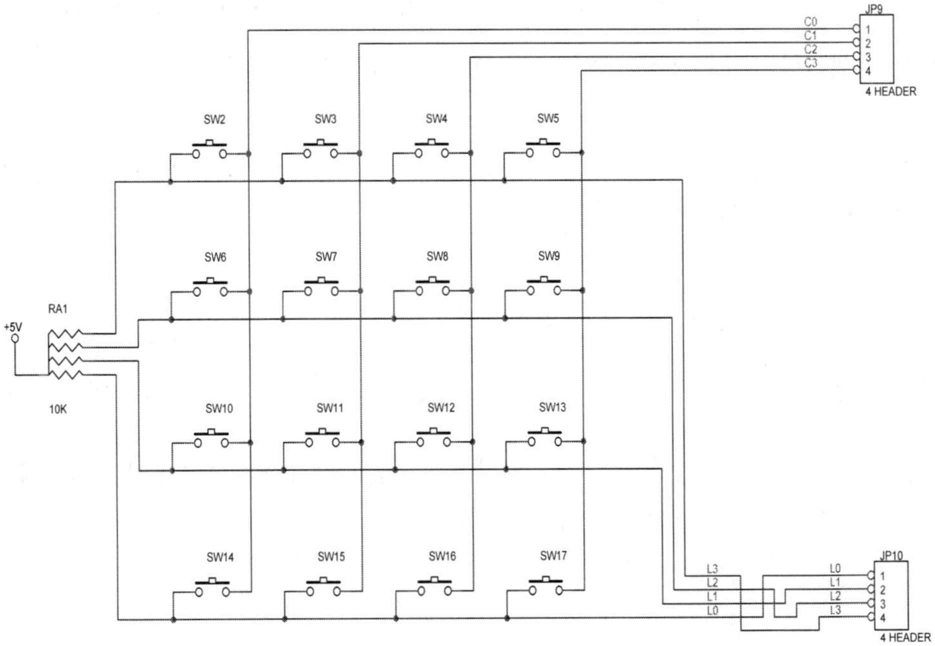

8.2 키 매트릭스 회로 제작과 결선

키 매트릭스의 회로제작은 매우 간단하다. 제 3장에서 제작을 완료한 상황이므로, 키 매트릭스 실습을 위해 CPU와 연결시켜 주기만 하면 된다.

키 매트릭스와 마이크로프로세서의 연결은 다음 표 8.1과 같이 결선해 준다.

표 8.1 Key Matrix 배선

KEY	C0	C1	C2	C3	L0	L1	L2	L3
AVR	PC4	PC5	PC6	PC7	PB0	PB1	PB2	PB3

표 8.1에 의한 배선 방법은 7장에서 배운 방법과 유사하므로 쉽게 배선할 수 있을 것이다.

이제 키 매트릭스의 정보를 받아들일 하드웨어가 완성되었다. 다음 절에서는 이 정보를 받아들이는 마이크로프로세서 프로그래밍에 대하여 알아보도록 하겠다.

8.3 키보드 입력 프로그램

키 입력을 받아들이기만 하는 경우 사용자가 그 정보를 확인 할 수 있는 방법이 없으므로, 입력된 키보드의 정보를 7-segment에 표시하는 프로그램을 작성해 보도록 한다.

4x4=16개의 스위치를 누른 것에 따라 7-segment에 0에서부터 F까지(16진수) 표시되도록 하는 프로그램은 다음과 같다.

```
//---------------------------------------------------
// Key Matrix Program
//---------------------------------------------------


#include <io8535.h>

const char Font[16] ={0xc0, 0xf9, 0xa4, 0xb0, 0x99, 0x92,  //0, 1, 2, 3, 4, 5
                      0x82, 0xf8, 0x80, 0x90, 0x88,        //6, 7, 8, 9, A
                      0x83, 0xc6, 0xa1, 0x86, 0x8e } ;     //b, C, d, E, F

unsigned char column=0; //전역변수 선언

void FND_Display(unsigned char digit0, unsigned char digit1, unsigned char digit2,
unsigned char digit3)
{
  int i;
```

```
  PORTC = 0xfe; //첫 번째 FND 선택 // [단계 3]
            PORTA = Font[digit0]; // [단계 4]
            for(i=0; i<20; i++);

             //이하 다른 FND 선택 후 반복
            PORTC = 0xfd; //두 번째 FND 선택
            PORTA = Font[digit1];
            for(i=0; i<20; i++);

            PORTC = 0xfb; //세 번째 FND 선택
            PORTA = Font[digit2];
            for(i=0; i<20; i++);

            PORTC = 0xf7; //네 번째 FND 선택
            PORTA = Font[digit3]; // [단계 4]
            for(i=0; i<20; i++);
}


unsigned char Key_Scan(void)
{
  unsigned char i;
  unsigned char ColCtrl;
  unsigned char TempKey, ReturnValue;

  ColCtrl = PORTC;
  ColCtrl |= 0xf0;

    switch(column)
    {
```

```
    case 0:
      ColCtrl &=0xef;
      break;
    case 1:
      ColCtrl &= 0xdf;
      break;
    case 2:
      ColCtrl &= 0xbf;
      break;
    case 3:
      ColCtrl &= 0x7f;
      break;
    default:
      ColCtrl |= 0xf0;
  }

  PORTC = ColCtrl;
  for(i=0; i<5; i++); //출력후 읽어들이기전 안정화 시간 필요


  TempKey = PINB & 0x0f;

  //한 순간에 1개의 키만 눌려졌다고 가정한다.
  switch(TempKey)
  {
    case 0x0e: // 1110 -> Line 0
      ReturnValue=column;
      break;

    case 0x0d: // 1101 -> Line 1
      ReturnValue=column+4;
      break;
```

```
        case 0x0b: // 1011 -> Line 2
          ReturnValue=column+8;
          break;

        case 0x07: //0111 -> Line 3
          ReturnValue=column+12;
          break;

        default :
          ReturnValue=0x10 ; //아무런 키도 눌리지 않은 경우
        }

    column++;
    if(column>3) column=0;

    return(ReturnValue);
}


void main(void)
{
        unsigned char digit0, digit1, digit2, digit3;
        unsigned int  i;
        unsigned char KeyValue;

    DDRA = 0xff; //포트 A의 모든 핀을 출력으로 사용
    DDRC = 0xff; //포트 C의 모든 핀을 출력으로 사용

        PORTA= 0xff; //초기 값은 FND가 전부 꺼져있게 만든다.

    while(1)
        {
```

```
            KeyValue=Key_Scan();
            if(KeyValue !=0x10)  //어떤 키가 눌려진 상태라면
            digit0=digit1=digit2=digit3=KeyValue;

        for(i=0; i<100; i++) FND_Display(digit0, digit1, digit2, digit3);
      }

   }
```

앞의 프로그램을 좀더 확장시켜, 스위치를 누를 때마다 한자리씩 왼쪽으로 이동하면서 최근에 누른 4개의 숫자가 표시되도록 하는 프로그램을 작성해 보도록 하자.

프로그램을 작성하기 전에 Key Scan 방식에서 각각의 키가 눌려 졌는지 아닌지를 고려하는 코드를 생각해 보기로 한다. 왜냐하면 한 번 눌릴 때 마다 자리 수가 틀리게 표시해야 하기 때문이다. 이전 순간에 아무 키도 누려져 있지 않던 값에서 키가 눌려진 상태로 바뀐 것을 검출해 내면 키가 눌려진 순간을 알 수 있는데, 이를 프로그램 코드로 나타내면 다음과 같다.

```
   KeyBuf[column]=Key_Scan();

      if((KeyBuf[column] != 0x10) && (PastKey[column] == 0x10)) //Detect Key Pressed
   at Rising Edge
      {
       KeyPressed=TRUE;
       KeyValue=KeyBuf[column];
      }
      PastKey[column]=KeyBuf[column];
    }
```

여기서, 0x10은 아무런 키도 눌려져 있지 않은 상태를 의미한다. PastKey는 이전에 읽어 들였던 키 값을 의미한다. 따라서, 위의 코드를 해석하면, 이전에 Key Scan에서 읽은 상태가 아무런 키도 눌려져 있지 않은 경우에, 지금 읽은 값이 무언가 key를 누른 상태라면 Key가 눌려진 것으로 인식한다는 의미이다. 따라서, 긴 시간 동안 키를 누르고 있어도 누르는 순간 한번만을 검출하는데 사용된다. 우리가 아무리 짧은 시간동안 키를 누른다 하여도 마이크로프로세서 입장에서는 매우 긴 시간이라고 볼 수 있다.

아무튼 이러한 원리에 의해 스위치를 누를 때마다 한자리씩 왼쪽으로 이동하면서 최근에 누른 4개의 숫자가 표시되도록 하는 프로그램은 다음과 같다.

```
//-------------------------------------------
// Key Matrix Program
//-------------------------------------------

#include <io8535.h>

#define TRUE 1
#define FALSE 0

const char Font[17] ={0xc0, 0xf9, 0xa4, 0xb0, 0x99, 0x92,  //0, 1, 2, 3, 4, 5
                     0x82, 0xf8, 0x80, 0x90, 0x88,         //6, 7, 8, 9, A
                     0x83, 0xc6, 0xa1, 0x86, 0x8e, 0xff }; //b, C, d, E, F, NULL

unsigned char column=0; //전역변수 선언

void FND_Display(unsigned char digit0, unsigned char digit1, unsigned char digit2,
unsigned char digit3)

{
  int i;
```

```
 PORTC = 0xfe; //첫 번째 FND 선택 // [단계 3]
          PORTA = Font[digit0]; // [단계 4]
          for(i=0; i<20; i++);

           //이하 다른 FND 선택 후 반복
          PORTC = 0xfd; //두 번째 FND 선택
          PORTA = Font[digit1];
          for(i=0; i<20; i++);

          PORTC = 0xfb; //세 번째 FND 선택
          PORTA = Font[digit2];
          for(i=0; i<20; i++);

          PORTC = 0xf7; //네 번째 FND 선택
          PORTA = Font[digit3]; // [단계 4]
          for(i=0; i<20; i++);
}


unsigned char Key_Scan(void)
{
  unsigned char i;
  unsigned char ColCtrl;
  unsigned char TempKey, ReturnValue;

  ColCtrl = PORTC;
  ColCtrl |= 0xf0;

    switch(column)
    {
      case 0:
```

```
        ColCtrl &=0xef;
        break;
    case 1:
        ColCtrl &= 0xdf;
        break;
    case 2:
        ColCtrl &= 0xbf;
        break;
    case 3:
        ColCtrl &= 0x7f;
        break;
    default:
        ColCtrl |= 0xf0;
}

PORTC = ColCtrl;
for(i=0; i<5; i++); //출력후 읽어들이기전 안정화 시간 필요

TempKey = PINB & 0x0f;

//한 순간에 1개의 키만 눌려졌다고 가정한다.
switch(TempKey)
{
    case 0x0e: // 1110 -> Line 0
        ReturnValue=column;
        break;

    case 0x0d: // 1101 -> Line 1
        ReturnValue=column+4;
        break;
```

```
        case 0x0b: // 1011 -> Line 2
          ReturnValue=column+8;
          break;

        case 0x07: //0111 -> Line 3
          ReturnValue=column+12;
          break;

        default :
          ReturnValue=0x10 ; //아무런 키도 눌리지 않은 경우
       }

     column++;
     if(column>3) column=0;

     return(ReturnValue);
}


void main(void)
{
unsigned int  i;
unsigned char digit0=0x10, digit1=0x10, digit2=0x10, digit3=0x10;
unsigned char KeyValue, KeyBuf[4], PastKey[4]={0x10, 0x10, 0x10, 0x10};
unsigned char KeyPressed=FALSE;

   DDRA = 0xff; //포트 A의 모든 핀을 출력으로 사용
   DDRC = 0xff; //포트 C의 모든 핀을 출력으로 사용

        PORTA= 0xff; //초기 값은 FND가 전부 꺼져있게 만든다.

while(1)
        {
```

```
KeyBuf[column]=Key_Scan();

   if((KeyBuf[column] != 0x10) && (PastKey[column] == 0x10)) //Detect Key Pressed
at Rising Edge
   {
    KeyPressed=TRUE;
    KeyValue=KeyBuf[column];
   }
   PastKey[column]=KeyBuf[column];
 }


 if(KeyPressed) //키가 눌려진 경우의 처리
          {
           //state update
            digit3=digit2;
            digit2=digit1;
            digit1=digit0;
            digit0=KeyValue;

           KeyPressed=FALSE; //키 눌려진 것을 처리했음

    for(i=0; i<100; i++) FND_Display(digit0, digit1, digit2, digit3);
   }

}
```

지금까지 여러 개의 스위치 정보를 입력 받는 Key Matrix에 관하여 알아보았다. 다음 장에서는 LCD에 관하여 알아보도록 하겠다.

Chapter 9

LCD에 문자표시하기

본 장에서는 마이크로프로세서를 이용하여 LCD 모듈에 문자를 표시하는 방법을 학습하도록 한다. LCD 모듈의 연결 방법과 문자를 표시하기 위한 마이크로프로세서 프로그램밍 기법을 학습한다.

9.1 LCD 모듈 회로

LCD는 Liquid Crystal Display의 약자로 액정 표시장치로도 불린다. 보통 액정으로 만들어진 표시장치와 이를 제어하기 위한 컨트롤러가 하나로 합쳐진 형태로 제공되므로 LCD 모듈이라는 이름으로 사용된다. LCD 모듈은 간편하고 손쉽게 사용할 수 있기 때문에, 산업체에서 여러 가지 장치의 정보를 문자로 표시하기 위해 가장 많이 사용되고 있다. 디지털 제어 산업 기사에 사용되는 LCD는 시중에서 구입하기 쉽고 산업체에서 널리 이용되는 16문자 2줄 형태의 LCD모듈을 사용하며. 외형은 그림 9.1과 같다.

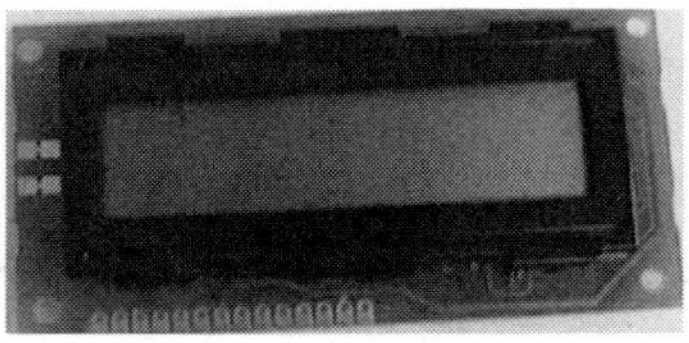

그림 9.1 LCD 외형

그림 9.1의 LCD모듈을 회로 기호로 표시하면 그림 9.2와 같다.

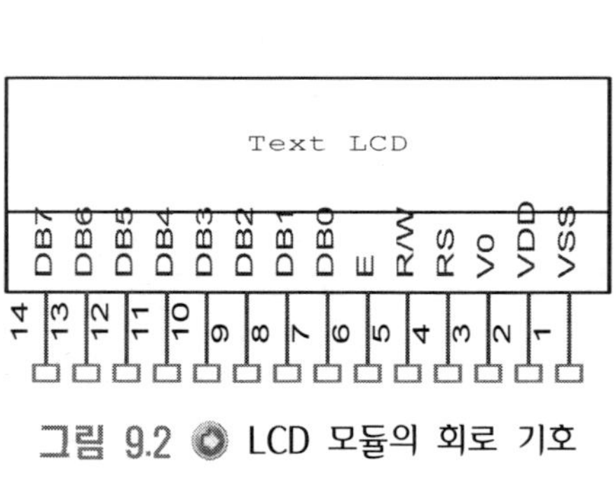

그림 9.2 LCD 모듈의 회로 기호

그림 9.2에 표시된 번호에 따른 핀의 내용은 표 9.1과 같다.

표 9.1 LCD 핀 내용

Pin No.	Symbol	Level	Function
1	Vss	0V	Ground
2	Vdd	+5V	Logic Supply Voltage
3	Vo	-	LCD Driving Voltage, Operating Voltage
4	Rs	H/L	Register Select : H = Data, L = Instruction
5	$R/\overline{W}$	H/L	H = Read(LCD → MPU), L = Write(MPU → LCD)
6	E	H, HL	Enable for read/write operation
7	DB0	H/L	Data Bit 0 (LSB)
8	DB1	H/L	Data Bit 1
9	DB2	H/L	Data Bit 2
10	DB3	H/L	Data Bit 3
11	DB4	H/L	Data Bit 4
12	DB5	H/L	Data Bit 5
13	DB6	H/L	Data Bit 6
14	DB7	H/L	Data Bit 7 (MSB)

표 9.1의 핀 내용을 참고로 만들어진 LCD 회로도는 그림 9.3과 같다.

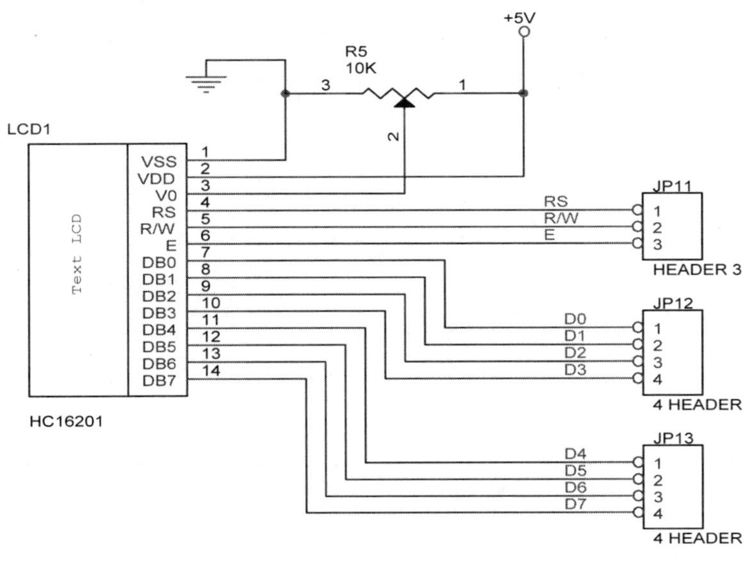

그림 9.3 LCD 회로도

이 절에서는 LCD 모듈의 기본적인 개요와 회로도에 관하여 알아보았다. 회로도라고 할 것도 없이 단순히 모듈에서 제공 되는 핀을 커넥터로 연장시킨 것에 불과하다. 다음 절에서는 이 회로에 어떤 신호를 보내어 LCD에 문자가 표시되는지 그 원리를 알아보도록 한다.

9.2 LCD에 문자를 표시하는 방법

기본적으로 마이크로프로세서가 LCD 내부 컨트롤러에게 정보를 보내면, 그 정보에 따라 내부 컨트롤러가 동작하여 문자를 표시하게 된다. 마이크로프로세서가 LCD모듈에 정보를 보내는 방법은 먼저, RW (Read/$\overline{\text{Write}}$)=0 (Write의 의미)이라는 신호를 보내고, 자료버스에 정보를 실어놓은 후에, E(Enable) 신호에 펄스를 가하게 되면, 펄스가 떨어지는 순간 (Falling Edge)에 마이크로프로세서의 정보가 LCD 모듈로 전송된다.

LCD 모듈에 보내야할 정보는 크게 명령과 자료(data)로 구분할 수 있는데, 보내진 정보가 명령인지 자료인지를 구분하는 방법은 RS (Register Select)신호에 따라 RS=1이면 그때 보내준 정보가 명령이라는 의미이고, RS=0이면 자료라는 뜻이 된다.

지금까지의 설명을 타이밍도로 나타내면 그림 9.4와 같다.

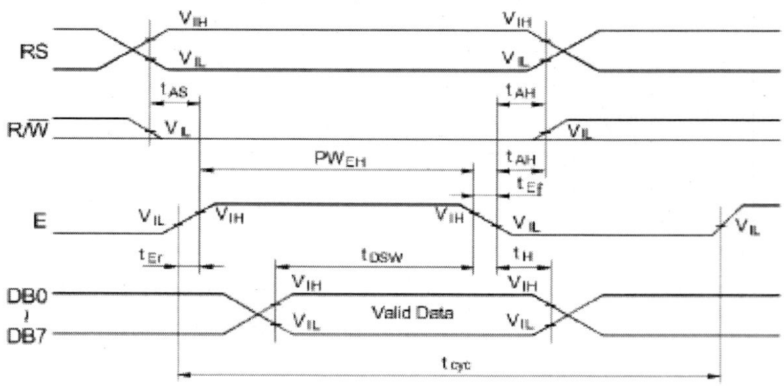

그림 9.4 ◎ 마이크로프로세서에서 LCD로 정보를 보낼 때의 타이밍도

그림 9.4에서, RS신호와 $R/\overline{W}$신호는 E의 펄스가 올라가기 전에 설정되어 올라갔다가 내려오는 동안 까지 변하면 안된다는 것을 보여주며, 정보도 최소한 내려오기 전에 안정되게 자료버스에 출력되어 있어야 함을 의미한다. E의 펄스가 올라갔다가 내려오는 동안까지의 시간은 t_{Er}과 t_{Ef} 및 PW_{EH}로 표시되어 있으며, 각각 최소 25 [ns], 25 [ns] 및 230 [ns]로 전체 소요 시간은 280 [ns] 이다. 3.6864MHz의 클럭으로 동작되는 AVR 마이크로프로세서의 1개 명령어 사이클이 그 이상 되므로 별도의 시간지연 없이 포트 입출력 명령에 의해 E 신호를 만들 수 있다. 즉 다음과 같은 프로그램 명령어에 의해 Enable 신호의 펄스를 만들어 낼 수 있는 것이다.

```
#define LCD_CTRL PORTC

void EnablePulse(void)
{
 unsigned int i;
  //-----------------------------------------
  // 펄스 만들기
  //----------------------------------------------
    LCD_CTRL = LCD_CTRL & 0xfb;  // 일단 E=0으로 만들었다가
    LCD_CTRL = LCD_CTRL | 0x04;  //  E=1로 만들었다가
    LCD_CTRL = LCD_CTRL & 0xfb;  // 다시 E=0으로 만든다.
                                 // 이 싯점에서 data 전송
    LCD_CTRL = LCD_CTRL | 0x04;  // 다음 번을 위해 평상시 E=1로 만들어
                                    둔다.
  //-------------------------------------------

  // data 전송에 의해 LCD 모듈 내부 명령어가 실행되는 동안 충분히 기다린다.
  for(i=0; i<500; i++);
}
```

이 프로그램에서, E 신호는 PORTC의 3번째 비트(PC2)에 연결되어 있다고 가정한다. 또한 펄스가 떨어지는 시점에 명령어나 자료가 전송되는데, 그 이후로 모듈 내에서 명령어를 해석하거나 하는 데 시간이 걸리므로 바로 다른 정보를 전송하기 전에 어느 정도의 시간 지연이 필요하다.

이제 전송될 명령어에는 어떠한 것이 있는지 알아본다. LCD 모듈이 인식할 수 있는 명령어는 다음 표 9.2와 같다.

표 9.2 LCD 모듈 명령어

Instruction	Signal		Code								Exec. Time (Max.)
	Rs	R/W	DB7	DB6	DB5	DB4	DB3	DB2	DB1	DB0	Fosc=250kHz
Clear display	0	0	0	0	0	0	0	0	0	1	1.64 ms
Return home	0	0	0	0	0	0	0	0	1	*	1.64 ms
Entry mode set	0	0	0	0	0	0	0	1	I/D	S	40 μs
Display ON/OFF control	0	0	0	0	0	0	1	D	C	B	40 μs
Cursor or display shift	0	0	0	0	0	1	S/C	R/L	*	*	40 μs
Function set	0	0	0	0	1	DL	N	F	*	*	40 μs
Set CG RAM address	0	0	0	1	CG RAM address						40 μs
Set DD RAM address	0	0	1	DD RAM address							40 μs
Read busy flag and address	0	1	BF	Address Counter							0 μs
Data write to CG RAM or DD RAM	1	0	write data								40 μs
Data read from CG RAM or DD RAM	1	1	read data								40 μs

LCD에 문자를 표시하기 위해 먼저 명령을 내려야 하는 데, 빠뜨리지 말아야 할 중요한 명령어만 언급하도록 한다. 먼저, Function set이 있다. 그 내용을 살펴보면, RS=0이고 RW=0일 때, 즉 명령어를 전송하는 신호가 준비되어 있을 때, 그 내용(코드)을 다음과 같이 보내 주어야 한다는 것이다.

비트	DB7	DB6	DB5	DB4	DB3	DB2	DB1	DB0
내용	0	0	1	DL	N	F	*	*
값	0	0	1	1	1	0	0	0

여기서, * 표시는 무관상태(don't care)이므로 0이든 1이든 상관없다. 0으로 하

기로 하자. DL은 1일 때 8비트의 데이터를 취급하고 0일 때 4비트로 취급한다. 우리는 데이터를 8비트 단위로 전송하므로 DL=1로 고정시켜 놓으면 된다. N과 F는 서로 관련이 되어 있는데, N=0이면 LCD에 1줄만 표시되고 N=1이면 2줄이 표시된다. F는 Font를 의미하는 것으로 N=0인 경우에만 의미가 있으며, N=1이면 0이든 1이든 상관없이 무조건 5*7도트의 폰트를 갖는다. 따라서, 우리가 학습하는 시스템에서 LCD에 2줄로 표시하기 위해서는 Function set="00111000"로 고정시켜 주면된다. 이것을 프로그램 코드로 나타내면 다음과 같다.

```
LCD_DATA=0x38;
```

다음으로, Display ON/OFF control 명령에 관하여 알아보자. Function 명령과 유사한 방법으로 그 내용(코드)을 다음과 같이 보내 주면된다.

비트	DB7	DB6	DB5	DB4	DB3	DB2	DB1	DB0
내용	0	0	0	0	1	D	C	B
값	0	0	0	0	1	1	0	0

여기서, D가 1일 때 Display ON이 되어 문자가 표시된다. 당연히 D=1로 해 주어야 글자가 표시된다. C=1이면 커서가 나타나고 C=0이면 커서가 나타나지 않는다. 특별한 제제 조건이 없는 한, 본인의 취향에 따르면 되는 데, 본 교재에서는 커서를 나타나지 않도록 하겠다. 맨 끝에 있는 B는 깜박임을 의미하는 것으로 B=1이면 글자가 깜박이며, B=0이면 깜박이지 않는다. 본 교재에서는 깜박이지 않는 것으로 하겠다. 결과적으로, Display ON/OFF control ="00001100"으로 해 주기로 한다. 이 것을 프로그램 코드로 나타내면 다음과 같다.

```
LCD_DATA=0x0c;
```

LCD 초기화 명령에 필요한 것 중에 마지막으로 clear display 명령이 있다. 이 명령은 수행하지 않아도 글자는 표시되지만, 커서의 위치나 기존 내용 등이 영향을 받을 수 있으므로 깔끔하게 지우고 커서를 홈에서 시작하면 좋기 때문에 이 명령을 초기화 명령에 포함 시켰다. clear display 명령의 내용은 다음과 같다.

비트	DB7	DB6	DB5	DB4	DB3	DB2	DB1	DB0
내용	0	0	0	0	0	0	0	1
값	0	0	0	0	0	0	0	1

이 것은 코드값이 정해져 있으므로 별다른 설명이 필요 없으며, 그대로 사용하면 된다. 프로그램 코드로 나타내면 다음과 같다.

```
LCD_DATA=0x01;
```

이제, 본격적으로 LCD에 문자를 표시하는 절차를 알아보도록 하자. 필요한 절차는 다음과 같다.

1) LCD에 초기화 명령을 내린다. (Function set, Display on, Clear) 등
2) LCD에 자료를 출력한다. (표시하고 싶은 문자)

마이크로프로세서에서 어떻게 프로그래밍하면 위의 절차를 수행할 수 있을까? 먼저, 초기화를 위한 명령어 코드를 예로 들면 다음과 같이 하면 된다.

```
void InitLcd(void)
{
  unsigned int i;
  //--------------------------------------------------
  // LCD 모듈을 사용하려면 먼저 초기화 명령을 전달해 주어야 한다.
  // LCD에 명령을 전달할 때에는 RS=1, RW=0으로 놓고
  // data에 필요한 명령을 출력한 후에,
  // E에 펄스를 가해준다.
  //--------------------------------------------------
```

```
// 모듈 초기화 명령
 // 최초에  전원을 넣은 후 LCD가 준비 될 때 까지 충분히 기다린다.
  for(i=0; i<10000; i++);



  LCD_CTRL = LCD_CTRL & 0xfc;  // RS=0, RW=0 으로 만든다.
  LCD_DATA=0x38;     //function 설정 8bit data를 한번에 처리, 2Line, 5*7 dot
  EnablePulse();

  LCD_DATA=0x0c; //Display를 ON 시킨다. 이걸 안하면 글자 표시 안 됨.
  커서는 없앰.
  EnablePulse();

  LCD_DATA=0x01;     //Clear Screen
  EnablePulse();

   for(i=0; i<10000; i++);
   //Clear Screen 명령은 실행 시간이 길기 때문에 충분히 기다려야 한다.
}
```

다음으로, LCD에 A라는 문자를 표시하기 위해 자료를 출력하기 위한 명령어 코드는 다음과 같다.

```
LCD_CTRL = LCD_CTRL | 0x01;   //data를 보내기 위해 RS=1로 만든다.
LCD_DATA='A';  //data에 표시하고 싶은 문자 정보를 싣는다.
EnablePulse();  //E 펄스를 인가하여 데이터를 LCD 모듈에 전송한다.
```

이상으로 LCD에 문자를 표시하는 원리에 관하여 알아보았다. 다음 절에서는 이러한 원리에 의해 직접 실습을 통해 LCD에 문자를 표시해 보도록 하겠다.

9.3 LCD 문자표시 실습

실습을 위해, LCD 모듈에 핀헤더를 납땜한다. 핀헤더를 납땜한 결과는 다음 그림과 같다.

위의 LCD 모듈을 보드의 LCD용 소켓에 다음 그림과 같이 연결한다.

LCD장착 후, 전원을 인가하여 LCD 윗줄에 검정색 표시가 나타날 때까지 가변저항기를 돌려 맞춘다.

이제, 마이크로프로세서와 LCD모듈 간에 배선은 표 9.3과 같이 연결해 준다.

표 9.3 LCD 배선

LCD	RS	RW	E	*	D0	D1	D2	D3	D4	D5	D6	D7
AVR	PC0	PC1	PC2	PC3	PA0	PA1	PA2	PA3	PA4	PA5	PA6	PA7

(* 연결안함)

배선이 완료되면, 다운로드 케이블과 전원을 확인하고, 다음 프로그램을 실행시킨다.

```
#include <io8535.h>

#define LCD_CTRL PORTC
#define LCD_DATA PORTA

void EnablePulse(void)
{
  unsigned int i;
//-----------------------------------------
// 펄스 만들기
//-----------------------------------------
  LCD_CTRL = LCD_CTRL & 0xfb;  // 일단 E=0으로 만들었다가
  LCD_CTRL = LCD_CTRL | 0x04;  //  E=1로 만들었다가
  LCD_CTRL = LCD_CTRL & 0xfb;  // 다시 E=0으로 만든다. //이 시점에서
                               // data 전송
  LCD_CTRL = LCD_CTRL | 0x04;  //  다음 번을 위해 평상시 E=1로 만들어 둔다.
 //-------------------------------------------------------

  // data 전송에 의해 LCD 모듈 내부 명령어가 실행되는 동안 충분히 기다린다.
  for(i=0; i<500; i++);

}


void main(void)
{
  unsigned int i;
```

```
//------------------------------------------
// 포트 초 기 화
//------------------------------------------
DDRA=0xff;
DDRC=0xff; // A와 C 포트를 출력으로 지정
PORTA=0xff;
PORTC=0xff; // A 와 C 포트 값의 초기값 지정
//------------------------------------------

//------------------------------------------
// LCD 모듈을 사용하려면 먼저 초기화 명령을 전달해 주어야 한다.
// LCD에 명령을 전달할 때에는 RS=1, RW=0으로 놓고
// data에 필요한 명령을 출력한 후에,
// E에 펄스를 가해준다.
//------------------------------------------

//------------------------------------------
// data -> PORTA, RS->PORTC0, RW->PORTC1, E->PORTC2에
// 연결되어 있다고 가정한한다.
//------------------------------------------


// 모듈 초기화 명령


 // 최초에  전원을 넣은 후 LCD가 준비 될 때 까지 충분히 기다린다.
for(i=0; i<10000; i++);

LCD_CTRL = LCD_CTRL & 0xfc;  // RS=0, RW=0 으로 만든다.

LCD_DATA=0x38;     //function 설정 8bit data를 한번에 처리, 2Line, 5*7 dot
EnablePulse();
```

```
    LCD_DATA=0x0c;    //Display를 ON 시킨다. 이걸 안하면 글자 표시 안됨.
    EnablePulse();


    LCD_DATA=0x01;    //Clear Screen
    EnablePulse();

    for(i=0; i<10000; i++);
//Clear Screen 명령은 실행 시간이 길기 때문에 충분히 기다려야 한다.



    //이제 명령어를 다 보냈으니까 표시할 문자 data를 보내기 위해 RS=1로 해준
다.
    //------------------------------------------------
    // 문자를 표시하기 위한 문자 data를 Write 하려면
    // RS=1, RW=0인 상태로 해 놓고, data를 출력한 후에
    // E에 펄스를 가해준다.
    //------------------------------------------------

    LCD_CTRL = LCD_CTRL | 0x01;
    LCD_DATA='A';    //A문자 데이터를 출력시킨다.

    EnablePulse();

}
```

프로그램을 컴파일 하여, 다운로드하면 LCD에 A라는 문자가 표시될 것이다. 이 프로그램은 앞 절에서 설명된 코드를 종합한 것에 불과하므로 자세한 설명은 생략하기로 하겠다.

이제, Happy 라는 문자열을 표시하는 프로그램을 작성해 보면, 다음과 같다.

```
//-------------------------------------------------
// 이 프로그램은 LCD 모듈에 HAPPY를 표시하는 것이다.
//-------------------------------------------------

#include <io8535.h>

#define LCD_CTRL PORTC
#define LCD_DATA PORTA
//-------------------------------------------------
// data -> PORTA, RS->PORTC0, RW->PORTC1, E->PORTC2에
// 연결되어 있다고 가정한한다.
//-------------------------------------------------


void EnablePulse(void)
{
  unsigned int i;
  //-------------------------------------------------
  // 펄스 만들기
  //-------------------------------------------------
    LCD_CTRL = LCD_CTRL & 0xfb;  // 일단 E=0으로 만들었다가
    LCD_CTRL = LCD_CTRL | 0x04;  //  E=1로 만들었다가
    LCD_CTRL = LCD_CTRL & 0xfb;  // 다시 E=0으로 만든다.
                                 //이 싯점에서 data 전송
    LCD_CTRL = LCD_CTRL | 0x04;  //  다음 번을 위해 평상시 E=1로 만들어 둔다.
  //-------------------------------------------------

  // data 전송에 의해 LCD 모듈 내부 명령어가 실행되는 동안 충분히 기다린다.
  for(i=0; i<500; i++);
}
```

```
void InitLcd(void)
{
  unsigned int i;
  //-----------------------------------------------
  // LCD 모듈을 사용하려면 먼저 초기화 명령을 전달해 주어야 한다.
  // LCD에 명령을 전달할 때에는 RS=1, RW=0으로 놓고
  // data에 필요한 명령을 출력한 후에,
  // E에 펄스를 가해준다.
  //-----------------------------------------------

// 모듈 초기화 명령

 // 최초에  전원을 넣은 후 LCD가 준비 될 때 까지 충분히 기다린다.
  for(i=0; i<10000; i++);

  LCD_CTRL = LCD_CTRL & 0xfc;  // RS=0, RW=0 으로 만든다.


  LCD_DATA=0x3f;     //function 설정 8bit data를 한번에 처리, 2Line, 5*7 dot
  EnablePulse();


  LCD_DATA=0x0f;     //Display를 ON 시킨다. 이걸 안하면 글자 표시 안됨.
  EnablePulse();


  LCD_DATA=0x01;     //Clear Screen
  EnablePulse();


  for(i=0; i<10000; i++);
  //Clear Screen 명령은 실행 시간이 길기 때문에 충분히 기다려야 한다.
}
```

```
void main(void)
{

  //-------------------------------------------
  // 포트 초 기 화
  //-------------------------------------------
  DDRA=0xff;
  DDRC=0xff; // A와 C 포트를 출력으로 지정
  PORTA=0xff;
  PORTC=0xff; // A 와 C 포트 값의 초기값 지정
  //-------------------------------------------

  //LCD 초기화
  InitLcd();


  //이제 명령어를 다 보냈으니까 표시할 문자 data를 보내기 위해 RS=1로 해준
다.
  //-------------------------------------------
  // 문자를 표시하기 위한 문자 data를 Write 하려면
  // RS=1, RW=0인 상태로 해 놓고, data를 출력한 후에
  // E에 펄스를 가해준다.
  //-------------------------------------------

  LCD_CTRL = LCD_CTRL | 0x01;

  LCD_DATA='H';     //H문자 데이터를 출력시킨다.
  EnablePulse();

  LCD_DATA='a';     //a문자 데이터를 출력시킨다.
  EnablePulse();
```

```
    LCD_DATA='p';     //p문자 데이터를 출력시킨다.
    EnablePulse();

    LCD_DATA='p';     //p문자 데이터를 출력시킨다.
    EnablePulse();

    LCD_DATA='y';     //y문자 데이터를 출력시킨다.
    EnablePulse();

}
```

긴 문장을 표시할 때, 위 프로그램과 같이 작성할 경우, 프로그램이 너무 길어지므로 다음과 같은 함수를 이용하는 것이 바람직하다.

```
void WriteString(char *str)
{

    LCD_CTRL = LCD_CTRL | 0x01;

    while(*str)
    {
      LCD_DATA=*str;
      EnablePulse();
      *str++;
    }
}
```

위의 함수를 이용하여 Happy Day !!라는 긴 문자열을 표시하는 프로그램은 다음과 같다.

```
//-----------------------------------------------------------
// 이 프로그램은 WriteString 함수를 이용하여
// LCD 모듈에 Happy Day를 표시하는 것이다.
//-----------------------------------------------------------

#include <io8535.h>

#define LCD_CTRL PORTC
#define LCD_DATA PORTA
//-----------------------------------------------------------
// data -> PORTA, RS->PORTC0, RW->PORTC1, E->PORTC2에
// 연결되어 있다고 가정한한다.
//-----------------------------------------------------------


void EnablePulse(void)
{
  unsigned int i;
  //-----------------------------------------------------------
  // 펄스 만들기
  //-----------------------------------------------------------
    LCD_CTRL = LCD_CTRL & 0xfb;  // 일단 E=0으로 만들었다가
    LCD_CTRL = LCD_CTRL | 0x04;  //  E=1로 만들었다가
    LCD_CTRL = LCD_CTRL & 0xfb;  // 다시 E=0으로 만든다.
                                 //이 싯점에서 data 전송
    LCD_CTRL = LCD_CTRL | 0x04;  //  다음 번을 위해 평상시 E=1로 만들어 둔다.
  //-----------------------------------------------------------

  // data 전송에 의해 LCD 모듈 내부 명령어가 실행되는 동안 충분히 기다린다.
  for(i=0; i<500; i++);
}
```

```
void InitLcd(void)
{
   unsigned int i;
   //----------------------------------------------
   // LCD 모듈을 사용하려면 먼저 초기화 명령을 전달해 주어야 한다.
   // LCD에 명령을 전달할 때에는 RS=1, RW=0으로 놓고
   // data에 필요한 명령을 출력한 후에,
   // E에 펄스를 가해준다.
   //----------------------------------------------

// 모듈 초기화 명령

 // 최초에  전원을 넣은 후 LCD가 준비 될 때 까지 충분히 기다린다.
   for(i=0; i<10000; i++);

   LCD_CTRL = LCD_CTRL & 0xfc;  // RS=0, RW=0 으로 만든다.

   LCD_DATA=0x3f;     //function 설정 8bit data를 한번에 처리, 2Line, 5*7 dot
   EnablePulse();


   LCD_DATA=0x0f;     //Display를 ON 시킨다. 이걸 안하면 글자 표시 안됨.
   EnablePulse();


   LCD_DATA=0x01;     //Clear Screen
   EnablePulse();

   for(i=0; i<10000; i++);
   //Clear Screen 명령은 실행 시간이 길기 때문에 충분히 기다려야 한다.
}
```

```
void WriteString(char *str)
{
  //이제 명령어를 다 보냈으니까 표시할 문자 data를 보내기 위해 RS=1로 해준다.
  //-----------------------------------------------
  // 문자를 표시하기 위한 문자 data를 Write 하려면
  // RS=1, RW=0인 상태로 해 놓고, data를 출력한 후에
  // E에 펄스를 가해준다.
  //-----------------------------------------------

  LCD_CTRL = LCD_CTRL | 0x01;

  while(*str)
  {
    LCD_DATA=*str;
    EnablePulse();
    *str++;
  }
}


void main(void)
{

  //-----------------------------------------------
  // 포트 초 기 화
  //-----------------------------------------------
  DDRA=0xff;
  DDRC=0xff; // A와 C 포트를 출력으로 지정
  PORTA=0xff;
  PORTC=0xff; // A 와 C 포트 값의 초기값 지정
  //-----------------------------------------------
```

```
    //LCD 초기화
    InitLcd();

    //LCD에 문자열 표시하기
    WriteString("Happy Day");

}
```

다음에는 임의의 위치에 문자를 표시하고 싶은 경우에 관하여 고려해 본다. 임의의 위치에 문자를 표시하는 것과 관련된 명령어를 고려하기 위해 표 9.2를 다시 한번 살펴보자. 표 9.2에 보면 Set DD RAM address라는 명령어가 있다. 이 명령어가 표시될 문자의 위치를 지정해 주는 역할을 하는 것인데, 그 내용은 다음과 같다.

비트	DB7	DB6	DB5	DB4	DB3	DB2	DB1	DB0
내용	1	DD RAM address						
값	1	2 Line의 경우 : 첫 line 0-0x27, 둘째 라인 0x40-0x67						

LCD에 표시되는 문자 수는 1 line에 16문자이지만, RAM에 담아 둘 수 있는 문자의 수는 0에서부터 0x27까지 총 0x28개(16*2+8=40개)이다. 그 다음 2번째 라인은 0x28부터 시작 되는 것이 아니라 DB6 비트가 1이 되는 0x40부터 다시 40개의 기억장소가 된다. 정리하면, Set DD RAM address의 내용이 '10'으로 시작되면 첫째 줄이고, '11'로 시작되면 둘째 줄이 된다. 첫째 줄의 0번 위치(첫째 열)에 문자를 위치시키고 싶다면, "10000000"로 하면 되고, 둘째 줄의 0번 위치에 문자를 위치시키고 싶다면 "11000000"으로 해주면 된다. 첫째 줄의 2번 위치(3번째 칸)에 위치시키고 싶다면 어떻게 하면 될까? 답은 "10000010"이다. 이러한 원리에 의해 x 번째 줄의 y 번째 위치에 문자를 위치시키고 싶은 경우 다음과 같은 함수를 사용하면 된다.

```
void Locate(int x, int y)
{
  //-------------------------------------------------
  // 임의 위치에 표시하기 위해 위치를 지정해 준다.
  //-------------------------------------------------

// 모듈 초기화 명령

  LCD_CTRL = LCD_CTRL & 0xfc;  // RS=0, RW=0 으로 만든다.

  if(x==0) LCD_DATA=0x80+y;  // line 1   D.D.RAM address
  else LCD_DATA=0xc0+y;         // line 2   D.D.RAM address

  EnablePulse();

}
```

위의 함수를 이용하여 첫 번째 줄에는 “Happy Day”를 표시하고, 두 번째 줄에는 “Welcome !”을 표시하는 프로그램은 다음과 같다.

```
//-------------------------------------------------
// 이 프로그램은 LCD 모듈의 임의 위치에
// 글자를 표시하는 것이다.
//-------------------------------------------------

#include <io8535.h>

#define LCD_CTRL PORTC
#define LCD_DATA PORTA
```

```
//-----------------------------------------------------------
// data -> PORTA, RS->PORTC0, RW->PORTC1, E->PORTC2에
// 연결되어 있다고 가정한한다.
//-----------------------------------------------------------

void EnablePulse(void)
{
  unsigned int i;
  //---------------------------------------------------------
  // 펄스 만들기
  //---------------------------------------------------------
    LCD_CTRL = LCD_CTRL & 0xfb;  // 일단 E=0으로 만들었다가
    LCD_CTRL = LCD_CTRL | 0x04;  //  E=1로 만들었다가
    LCD_CTRL = LCD_CTRL & 0xfb;  // 다시 E=0으로 만든다.
                                 //이 싯점에서 data 전송
    LCD_CTRL = LCD_CTRL | 0x04;  //  다음 번을 위해 평상시 E=1로 만들어 둔다.
  //---------------------------------------------------------


  // data 전송에 의해 LCD 모듈 내부 명령어가 실행되는 동안 충분히 기다린다.
  for(i=0; i<500; i++);
}


void InitLcd(void)
{
  unsigned int i;
  //---------------------------------------------------------
  // LCD 모듈을 사용하려면 먼저 초기화 명령을 전달해 주어야 한다.
  // LCD에 명령을 전달할 때에는 RS=1, RW=0으로 놓고
  // data에 필요한 명령을 출력한 후에,
```

```
  // E에 펄스를 가해준다.
  //------------------------------------------

// 모듈 초기화 명령

 // 최초에  전원을 넣은 후 LCD가 준비 될 때 까지 충분히 기다린다.
  for(i=0; i<10000; i++);

  LCD_CTRL = LCD_CTRL & 0xfc;  // RS=0, RW=0 으로 만든다.

  LCD_DATA=0x3f;     //function 설정 8bit data를 한번에 처리, 2Line, 5*7 dot
  EnablePulse();


  LCD_DATA=0x0c; //Display를 ON 시킨다. 이걸 안하면 글자 표시 안됨. 커서는
// 없앰.
  EnablePulse();


  LCD_DATA=0x01;     //Clear Screen
  EnablePulse();
  for(i=0; i<10000; i++);
  //Clear Screen 명령은 실행 시간이 길기 때문에 충분히 기다려야 한다.
}


void WriteString(char *str)
{
  //이제 명령어를 다 보냈으니까 표시할 문자 data를 보내기 위해 RS=1로 해준다.
  //------------------------------------------
  // 문자를 표시하기 위한 문자 data를 Write 하려면
```

```
    // RS=1, RW=0인 상태로 해 놓고, data를 출력한 후에
    // E에 펄스를 가해준다.
    //------------------------------------------------

    LCD_CTRL = LCD_CTRL | 0x01;

    while(*str)
    {
      LCD_DATA=*str;
      EnablePulse();
      *str++;
    }
}


void Locate(int x, int y)
{
    //------------------------------------------------
    // 임의 위치에 표시하기 위해 위치를 지정해 준다.
    //------------------------------------------------
    // 모듈 초기화 명령
    LCD_CTRL = LCD_CTRL & 0xfc;  // RS=0, RW=0 으로 만든다.

    if(x==0) LCD_DATA=0x80+y;  // line 1   D.D.RAM address
    else LCD_DATA=0xc0+y;       // line 2   D.D.RAM address

    EnablePulse();

}
```

```
void main(void)
{

  //-------------------------------------------
  // 포트 초 기 화
  //-------------------------------------------
  DDRA=0xff;
  DDRC=0xff; // A와 C 포트를 출력으로 지정
  PORTA=0xff;
  PORTC=0xff; // A 와 C 포트 값의 초기값 지정
  //--------------------------------------------

  //LCD 초기화
  InitLcd();

  //Locate(x,y) -> x rage form 0(line 1) to 1(line2),
  //                  y range form 0 to 15
  Locate(0,2);  //line 1, third column

  //LCD에 문자열 표시하기
  WriteString("Happy Day");


  //위치 재 지정
  Locate(1,5);  //line 2, 6th column

  //LCD에 문자열 표시하기
  WriteString("Welcom !");

}
```

마지막으로, LCD 한 줄에 표시할 수 있는 글자는 최대 16자이다. 하지만, 기억장치에는 40글자까지 넣어둘 수 있다. 이렇게 긴 문장을 이동하면서 보여줄 수 있는 방법이 있다. 먼저, 표 9.2에서, LCD 명령 중에 Cursor or Display shift 라는 것이 있는데, 명령어 내용이 0x1c값이면 커서와 디스플레이가 전체적으로 우측으로 이동하고, 0x18이면 좌측으로 이동하는 동작을 하게 된다. 이를 함수로 만들어 주면, 다음과 같다.

```
void Shift(char dir)
{
   LCD_CTRL = LCD_CTRL & 0xfc;

   if (dir==LEFT) LCD_DATA=0x18;
   else if(dir==RIGHT) LCD_DATA=0x1c;

  EnablePulse();
}
```

위의 Shift 함수를 이용하여, 긴 문장을 이동하면서 표시하는 프로그램은 다음과 같다.

```
//------------------------------------------------
// 이 프로그램은 shift 기능을 이용하여
// LCD 모듈에 글자를 표시하는 것이다.
//------------------------------------------------

#include <io8535.h>

#define LEFT 0
#define RIGHT 1
```

```
#define LCD_CTRL PORTC
#define LCD_DATA PORTA
//--------------------------------------------------
// data -> PORTA, RS->PORTC0, RW->PORTC1, E->PORTC2에
// 연결되어 있다고 가정한한다.
//--------------------------------------------------


void EnablePulse(void)
{
 unsigned int i;
  //--------------------------------------------------
  // 펄스 만들기
  //--------------------------------------------------
    LCD_CTRL = LCD_CTRL & 0xfb;  // 일단 E=0으로 만들었다가
    LCD_CTRL = LCD_CTRL | 0x04;  //  E=1로 만들었다가
    LCD_CTRL = LCD_CTRL & 0xfb;  // 다시 E=0으로 만든다.
                                          //이 싯점에서 data 전송
    LCD_CTRL = LCD_CTRL | 0x04;  //  다음 번을 위해 평상시 E=1로 만들어
// 둔다.
  //--------------------------------------------------



  // data 전송에 의해 LCD 모듈 내부 명령어가 실행되는 동안 충분히 기다린다.
  for(i=0; i<500; i++);
}

void InitLcd(void)
{
  unsigned int i;
  //--------------------------------------------------
```

```
  // LCD 모듈을 사용하려면 먼저 초기화 명령을 전달해 주어야 한다.
  // LCD에 명령을 전달할 때에는 RS=1, RW=0으로 놓고
  // data에 필요한 명령을 출력한 후에,
  // E에 펄스를 가해준다.
  //------------------------------------------------

// 모듈 초기화 명령

 // 최초에  전원을 넣은 후 LCD가 준비 될 때 까지 충분히 기다린다.
  for(i=0; i<10000; i++);

  LCD_CTRL = LCD_CTRL & 0xfc;  // RS=0, RW=0 으로 만든다.

  LCD_DATA=0x3f;     //function 설정 8bit data를 한번에 처리, 2Line, 5*7 dot
  EnablePulse();


  LCD_DATA=0x0c;     //Display를 ON 시킨다. 이걸 안하면 글자 표시 안됨. 커서
// 는 없앰.
  EnablePulse();


  LCD_DATA=0x01;     //Clear Screen
  EnablePulse();

  for(i=0; i<10000; i++); //Clear Screen 명령은 실행 시간이 길기 때문에 충분히 기
// 다려야 한다.
}


void WriteString(char *str)
{
```

```
    //이제 명령어를 다 보냈으니까 표시할 문자 data를 보내기 위해 RS=1로 해준다.
    //-----------------------------------------------
    // 문자를 표시하기 위한 문자 data를 Write 하려면
    // RS=1, RW=0인 상태로 해 놓고, data를 출력한 후에
    // E에 펄스를 가해준다.
    //-----------------------------------------------

    LCD_CTRL = LCD_CTRL | 0x01;

    while(*str)
    {
      LCD_DATA=*str;
      EnablePulse();
      *str++;
    }
}


void Locate(int x, int y)
{
    //-----------------------------------------------
    // 임의 위치에 표시하기 위해 위치를 지정해 준다.
    //-----------------------------------------------

// 모듈 초기화 명령

    LCD_CTRL = LCD_CTRL & 0xfc;  // RS=0, RW=0 으로 만든다.

    if(x==0) LCD_DATA=0x80+y;  // line 1  D.D.RAM address
    else LCD_DATA=0xc0+y;      // line 2  D.D.RAM address
```

```
   EnablePulse();

}



void Shift(char dir)
{
    LCD_CTRL = LCD_CTRL & 0xfc;

    if (dir==LEFT) LCD_DATA=0x18;
    else if(dir==RIGHT) LCD_DATA=0x1c;

   EnablePulse();
}

void main(void)
{



   unsigned int i,j;
   //------------------------------------------
   // 포트 초 기 화
   //------------------------------------------
   DDRA=0xff;
   DDRC=0xff; // A와 C 포트를 출력으로 지정
   PORTA=0xff;
   PORTC=0xff; // A 와 C 포트 값의 초기값 지정
   //--------------------------------------------

   //LCD 초기화
   InitLcd();
```

```
    //Locate(x,y) -> x rage form 0(line 1) to 1(line2),
    //                y range form 0 to 15
    Locate(0,2);  //line 1, third column

    //LCD에 문자열 표시하기
    WriteString("Happy Students");


    Locate(0,20);  //line 1, third column

    //LCD에 문자열 표시하기
    WriteString("Welcome to AVR World");

    //위치 재 지정
    Locate(1,5);  //line 2, 6th column

    //LCD에 문자열 표시하기
    WriteString("Nice Day");


    Locate(1,16);  //line 2, 6th column

    //LCD에 문자열 표시하기
    WriteString("Have a Good Time ! ");


    //전체 Dispaly를 Shift 하기
    while(1)
    {
      Shift(LEFT);
      for(i=0; i<1000; i++) for(j=0; j<100; j++);
    }

}
```

이상으로 LCD에 문자를 표시하는 방법에 관하여 학습해 보았다. 지금까지, AVR 마이크로프로세서 내부의 주변장치(Peripheral)인 일반 포트에 출력하는 방법(4,5,7,9장)과 입력하는 방법(6,8장)에 관한 학습을 모두 마치고, 다음 장에서는 AVR 마이크로프로세서 내부의 또 다른 부가장치인 타이머/카운터에 관하여 알아보도록 하겠다.

10 Chapter

타이머 / 카운터

본 장에서는 AVR 마이크로프로세서 내부에 존재하는 타이머/카운터에 관하여 학습하고 스위치가 눌려진 횟수를 카운트(계수)하는 실습, 일정 시간 간격의 클럭을 카운트하여 시계기능을 갖게 하는 타이머에 관한 실습을 통해 타이머/카운터를 사용하는 방법을 학습하도록 한다.

10.1 AVR 내부의 타이머/카운터

카운터/타이머는 클럭이 몇 개 입력되었는지를 계수하는 디지털 회로이다. 개수에 초점을 맞추면 카운터의 개념이며, 일정 시간 간격으로 클럭이 입력되는 경우, 시간에 초점이 맞춰지게 되므로 타이머의 개념이 되는 것이다. 따라서, 타이머와 카운터는 원리적으로 같은 개념으로 보아도 무방하겠다.

ATmega8535는 내부에 3개의 타이머/카운터를 내장하고 있다.

타이머/카운터는 3개는 ,각각 TIMER/COUNTER0 (8bit), TIMER/COUNTER1(16 bit), TIMER/COUNTER2(8bit)로 명명한다. 마이크로프로세서에서 이 내장된 장치를 제어하는 방법은 레지스터를 이용하는 것이다. 어떤 마이크로프로세서이든지 그 마이크로프로세서가 제공하는 레지스터의 종류, 값을 쓰고 읽는 방법, 그리고 그 값의 의미만 알고 있으면 마이크로프로세서에 대해 대부분을 안다고 해도 과언이 아니다. ATmega8535는 내부의 타이머/카운터와 관련된 레지스터는 표 10.1과 같다.

이 중에서 눈여겨 볼 것은 TCCR0, TCCR1A, TCCR1B, 그리고 TCCR2이다. 기본적으로 카운터/타이머라는 것은 입력되는 클럭의 개수를 세는 것이라고 했다.

이때, 그 세는 방법을 제어하는 레지스터가 바로 Timer/Counter Control Register로서 각각 TCCR0, TCCR1A, TCCR1B, 그리고 TCCR2인 것이다.

좀더 복잡한 이야기는 필요한 경우에 다시 하기로 하고, 스위치를 한번 눌렀다가 띄는 경우도 1개의 펄스가 입력되는 경우 이므로 다음 절에서 이러한 경우를 고려해 보도록 한다.

표 10.1 카운터/타이머 관련 레지스터

Address	Name	Bit 7	Bit 6	Bit 5	Bit 4	Bit 3	Bit 2	Bit 1	Bit 0
0x3C (0x5C)	OCR0	Timer/Counter0 Output Compare Register							
0x39 (0x59)	TIMSK	OCIE2	TOIE2	TICIE1	OCIE1A	OCIE1B	TOIE1	OCIE0	TOIE0
0x38 (0x58)	TIFR	OCF2	TOV2	ICF1	OCF1A	OCF1B	TOV1	OCF0	TOV0
0x33 (0x53)	TCCR0	FOC0	WGM00	COM01	COM00	WGM01	CS02	CS01	CS00
0x32 (0x52)	TCNT0	Timer/Counter0 (8 Bits)							
0x30 (0x50)	SFIOR	ADTS2	ADTS1	ADTS0	-	ACME	PUD	PSR2	PSR10
0x2F (0x4F)	TCCR1A	COM1A1	COM1A0	COM1B1	COM1B0	FOC1A	FOC1B	WGM11	WGM10
0x2E (0x4E)	TCCR1B	ICNC1	ICES1	-	WGM13	WGM12	CS12	CS11	CS10
0x2D (0x4D)	TCNT1H	Timer/Counter1 – Counter Register High Byte							
0x2C (0x4C)	TCNT1L	Timer/Counter1 – Counter Register Low Byte							
0x2B (0x4B)	OCR1AH	Timer/Counter1 – Output Compare Register A High Byte							
0x2A (0x4A)	OCR1AL	Timer/Counter1 – Output Compare Register A Low Byte							
0x29 (0x49)	OCR1BH	Timer/Counter1 – Output Compare Register B High Byte							
0x28 (0x48)	OCR1BL	Timer/Counter1 – Output Compare Register B Low Byte							
0x27 (0x47)	ICR1H	Timer/Counter1 – Input Capture Register High Byte							
0x26 (0x46)	ICR1L	Timer/Counter1 – Input Capture Register Low Byte							
0x25 (0x45)	TCCR2	FOC2	WGM20	COM21	COM20	WGM21	CS22	CS21	CS20
0x24 (0x44)	TCNT2	Timer/Counter2 (8 Bits)							
0x23 (0x43)	OCR2	Timer/Counter2 Output Compare Register							
0x22 (0x42)	ASSR	-	-	-	-	AS2	TCN2UB	OCR2UB	TCR2UB

10.2 타이머/카운터0을 이용하여 스위치로 발생되는 외부 클럭을 계수하기

외부 클럭을 받아들이기 위해서 연결해줄 핀이 필요하다. ATmega8535의 핀을 고찰해 보면 그림 10.1과 같다.

그림 10.2의 1번 핀을 살펴보면, (XCK/T0) PB0라고 되어 있다. 이 의미는 1번 핀을 범용 디지털 입/출력(PB0)으로도 사용할 수 있고, 설정하기에 따라 XCK 혹은 T0로 사용할 수 도 있다는 뜻이다. 여기서, XCK는 USART 외부 클럭 입출력 클럭 핀의 의미이며, T0는 Timer/Counter0 External Counter Input으로 우리가 사용하고자하는 용도로 쓰인다. 따라서 스위치를 1번 핀에 연결한 후에, 프로그램

에서 Timer/Counter0값을 읽어 들이면 되는 것이다. Timer/Counter0값은 TCNT0 레지스터에 보관되므로, 그 값을 읽어 들이면 된다. (예 : c_value=TCNT0;)

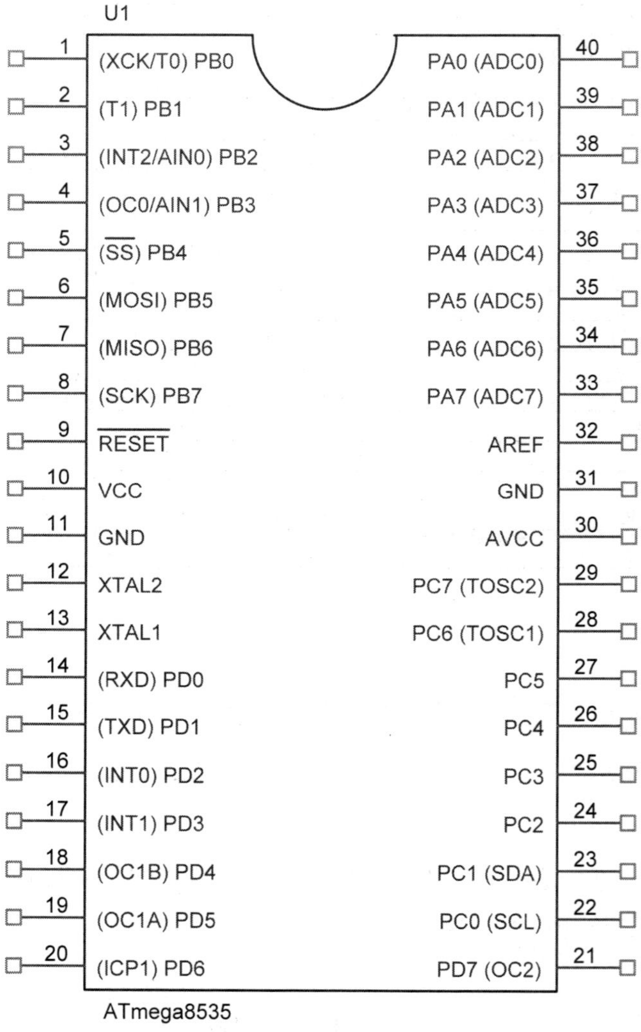

그림 10.1 ATmega8535의 핀

먼저, 앞에서 설명된 바와 같이 1번 핀에 스위치를 연결하면 되므로, 실습을 위한 회로 결선은 그림 10.2와 같다.

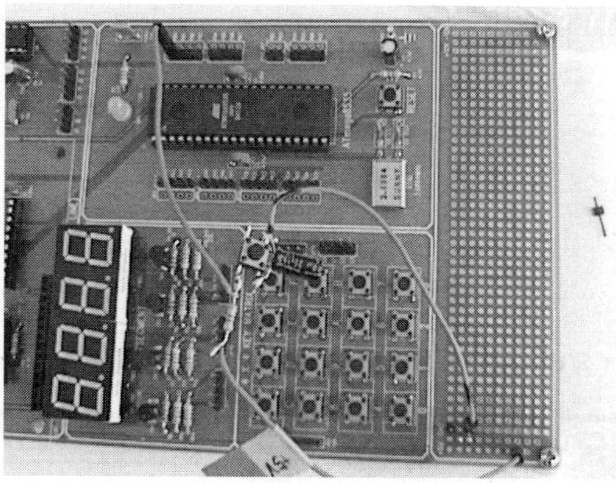

그림 10.2 ◎ 카운터(T0) 입력 배선도

그림 10.2에서 볼 수 있는 바와 같이 스위치 입력을 PB0 포트에 연결 시켜 주면된다. 이 결선은 제 6장에서 배운 "1개의 스위치 정보 입력하기"의 결선 내용과 동일하다.

이제 타이머/카운터0가 T0클럭을 받아들이는 설정 방법을 알아보도록 한다. 다음 그림 10.3을 참조한다.

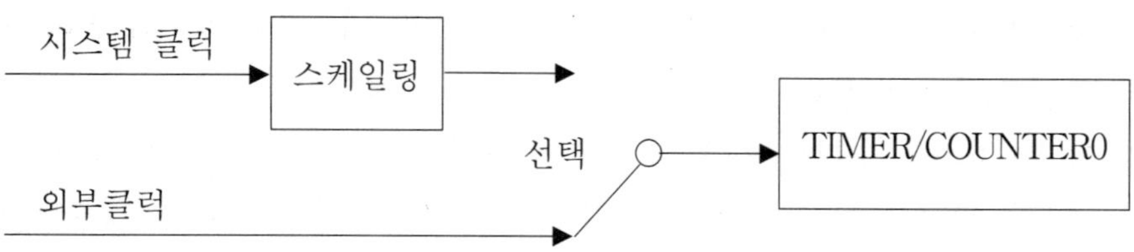

그림 10.3 ◎ 타이머/카운터0의 클럭 입력 설정

그림 10.3에서 알 수 있듯이, Timer/Counter0가 받아들일 수 있는 클럭은 시스템 클럭을 (스케일링한 후) 입력으로 받던지 혹은 외부 T0로부터 직접 받아들일 수 있으며, 어느 것을 선택할 것인가는 TCCR0 레지스터의 값에 따라 다르다. TCCR0레지스터에서, 우리가 관심 있게 보아야할 비트를 표시하면 다음 표 10.2와 같다.

표 10.2 TCCR0 레지스터 내용

0	0	0	0	0	CS02	CS01	CS00

이때, CS00, CS01, CS02값에 따른 클럭입력의 내용은 표 10.3과 같다.

표 10.3 CS00, CS01, CS02값에 따른 클럭입력의 내용

CS02	CS01	CS00	Description
0	0	0	No clock source (Timer/counter stopped).
0	0	1	$clk_{I/O}$/(No prescaling)
0	1	0	$clk_{I/O}$/8 (From prescaler)
0	1	1	$clk_{I/O}$/64 (From prescaler)
1	0	0	$clk_{I/O}$/256 (From prescaler)
1	0	1	$clk_{I/O}$/1024 (From prescaler)
1	1	0	External clock source on T0 pin. Clock on falling edge.
1	1	1	External clock source on T0 pin. Clock on rising edge.

여기서, clkI/O의 값은 내부 시스템 클럭값인 3.6864 MHz이다. 이때 주의하여야 할 점은 T0로 입력되는 클럭의 주파수가 3.6864/2.5=1.47456 MHz 보다 작아야 한다는 것이다. (우리가 스위치를 눌러서 클럭을 만드는 경우 아무리 빨리 눌러도 1.47456 MHz 보다 훨씬 작다.)

다시, 표 10.3을 고려한다. 본 절에서 실습해야 하는 경우는 T0핀을 이용하여 외부클럭을 받아들이는 경우이므로, 우리가 주목해야할 값은 CS00, CS01, CS02 값이 전부 1인 경우이다. 결과적으로 TCCR0값을 0x07로 해주면 되는 것이다. 이를 프로그램 코드로 나타내면 다음과 같다.

```
TCCR0=0x07;
```

이번 절에서는 외부 클럭을 받아들이는 원리와 하드웨어 배선에 관하여 알아보았다. 다음 절에서는 이 것을 동작시키기 위한 프로그램에 관하여 알아보도록 하겠다.

10.3 타이머/카운터0을 이용한 외부클럭 계수 프로그램

앞 절에서 설명된 원리를 프로그램으로 나타내면 다음과 같다.

```
void init_Timer0()
{
    TCCR0=0x07;  //외부 클럭 계수
}

void main(void)
{
    unsigned char c_value;
    init_Timer0();
    while(1)
    {
        c_value=TCNT0;
    }
}
```

이 프로그램은 스위치를 한번 누를 때마다 Timer/Counter0 값이 하나씩 증가하는 것을 읽어 들이는 프로그램이다. 그런데, 이 프로그램에서 c_value라는 변수값은 저장장치에 들어있으므로 사용자는 프로그램이 제대로 동작하는지 확인할 수 가 없다. 따라서 c_value 값을 7-segment에 표시하는 함수를 추가 시키면 다음과 같이 완성된 프로그램이 된다.

7-segment를 표시하는 방법과 프로그램 내용은 제 7 장 “FND(7-Segment)”를 참고하기 바란다.

```
#include <io8535.h>

const char Font[16] ={0xc0, 0xf9, 0xa4, 0xb0, 0x99, 0x92,  //0, 1, 2, 3, 4, 5
                      0x82, 0xf8, 0x80, 0x90, 0x88,        //6, 7, 8, 9, A
                      0x83, 0xc6, 0xa1, 0x86, 0x8e } ;     //b, C, d, E, F

void FND_Display(unsigned char digit0, unsigned char digit1, unsigned char digit2,
unsigned char digit3)
{
  unsigned int i;

        PORTC = 0xfe; //첫 번째 FND 선택 // [단계 3]
        PORTA = digit0; // [단계 4]
        for(i=0; i<20; i++);

         //이하 다른 FND 선택 후 반복
        PORTC = 0xfd; //두 번째 FND 선택
        PORTA = digit1;
        for(i=0; i<20; i++);

        PORTC = 0xfb; //세 번째 FND 선택
        PORTA = digit2;
        for(i=0; i<20; i++);

        PORTC = 0xf7; //네 번째 FND 선택
        PORTA = digit3; // [단계 4]
        for(i=0; i<20; i++);
}
```

```
void init_Timer0()
{
   TCCR0=0x07;  //외부 클럭 계수
}


void main(void)
{
       //변수 선언
        unsigned char digit0, digit1, digit2, digit3;
        unsigned int temp=0;
        unsigned char c_value;

       //숫자 표시를 위한 포트 설정
       DDRA = 0xff; //포트 A의 모든 핀을 출력으로 사용
       DDRC = 0xff; //포트 C의 모든 핀을 출력으로 사용
       PORTA= 0xff; //초기 값은 FND가 전부 꺼져있게 만든다.

       //카운터/타이머 초기화
       init_Timer0();


   while(1)
   {
       c_value=TCNT0; //카운터 값 읽기

       digit3= c_value/1000;              // 카운트 값을 1000으로 나눈 몫
                                       // 즉 1000의 자리 숫자가 된다
       temp = c_value % 1000;             //카운트 값을 1000으로 나눈 나머지
                                                // 즉 1000의 자리를 뺀 100단위 숫자
            digit2 = temp /100;                 //100의 자리 수
            temp = temp %100;
```

```
        digit1 = temp/10;                  // 10의 자리 수
        digit0= temp % 10;                 // 1의 자리 수
        digit0=Font[digit0];
        digit1=Font[digit1];
        digit2=Font[digit2];
        digit3=Font[digit3];

        FND_Display(digit0, digit1, digit2, digit3);
    }
}
```

지금까지 타이머/카운터0을 이용하여 외부 클럭을 계수하는 방법을 학습하였다. 그러면 내부클럭을 계수하는 방법은 어떠한가? 내부 클럭을 입력으로 받아 처리하는 방법도 원리적으로는 앞에서 배운 것과 같다. 다만, 내부 클럭이 매우 빠르기 때문에 (3.6864 MHz), 프리스케일러를 사용하여 가장 크게 분주한다고 하여도(CS00=1, CS01=0, CS02=1로 하여 1024로 분주하는 경우이며, 이때 타이머/카운터0에 입력되는 클럭의 주파수는 3.6864 MHz / 1024 = 3.6 KHz) 한 개의 클럭 주기가 1/3.6 msec 이다. 이는 8 bit 카운터로 0에서부터 255까지 세는데 약 71 msec 밖에 소요되지 않는다는 것이다. 다시 말해서 1천분에 71초만에 모든 셈이 다 끝나버리기 때문에 우리 눈으로 이것을 확인하기는 불가능하다. 이 문제를 해결하기 위해서, ATmega8535 타이머/카운터는 자기가 셀 수 있는 용량만큼(8bit의 경우 255까지) 카운트를 하고 나서 그 다음 클럭이 입력되면, 오버플로우 인터럽트라는 것을 발생시킨다. 이 것을 이용하면 타이머로 동작하면서 시계와 같은 응용에 활용할 수 있다. 타이머/카운터의 오버플로우 인터럽트에 대한 내용은 다음 장(11장)의 인터럽트를 배운 후, 그 다음 장(12장)의 디지털 시계 부분에서 자세히 다루도록 한다.

11 Chapter

ATmega8535의 인터럽트

11.1 ATmega8535의 인터럽트를 프로그램에서 처리하는 방법

마이크로프로세서에서 인터럽트의 개념은 CPU가 일상적인 프로그램을 수행하던 도중에 급한 일이 발생하여 일상적인 프로그램 수행을 일단 멈추고 요청된 인터럽트를 먼저 서비스 해준 후에 다시 일상적인 프로그램으로 되돌아오는 것을 의미한다. 우리나라 전산용어로 가로채기라고도 한다.

ATmega8535에서 제공되는 인터럽트는 표 11.1과 같다.

표 11.1 ATmega8535에서 제공되는 인터럽트

Vector No.	Program Address(2)	Source	Interrupt Definition
1	0x000(1)	RESET	External Pin, Power-on Reset, Brown-out Reset and Watchdog Reset
2	0x001	INT0	External Interrupt Request 0
3	0x002	INT1	External Interrupt Request 1
4	0x003	TIMER2 COMP	Timer/Counter2 Compare Match
5	0x004	TIMER2 OVF	Timer/Counter2 Overflow
6	0x005	TIMER1 CAPT	Timer/Counter1 Capture Event
7	0x006	TIMER1 COMPA	Timer/Counter1 Compare Match A
8	0x007	TIMER1 COMPB	Timer/Counter1 Compare Match B
9	0x008	TIMER1 OVF	Timer/Counter1 Overflow
10	0x009	TIMER0 OVF	Timer/Counter0 Overflow
11	0x00A	SPI, STC	Serial Transfer Complete
12	0x00B	USART, RXC	USART, Rx Complete
13	0x00C	USART, UDRE	USART Data Register Empty
14	0x00D	USART, TXC	USART, Tx Complete
15	0x00E	ADC	ADC Conversion Complete
16	0x00F	EE_RDY	EEPROM Ready
17	0x010	ANA_COMP	Analog Comparator
18	0x011	TWI	Two-wire Serial Interface
19	0x012	INT2	External Interrupt Request 2
20	0x013	TIMER0 COMP	Timer/Counter0 Compare Match
21	0x014	SPM_RDY	Store Program Memory Ready

예를 들어 정상적인 일반 프로그램이 실행되고 있는 상황에서, INT0(ATMega8535의 16번 핀)에 신호(펄스)가 인가된 경우를 고려해 보자. 마치 집에서 요리를 하고 있는 중에 전화가 온 경우와 같다. 하던 요리를 중단하고 전화를 받은 후에 다시 요리를 해야 할 것이다. 이를 프로그램 동작 측면에서 보면, main() 프로그램을 동작 하던 중 임의의 시점에서 인터럽트가 발생되어 INT0를 처리하는 루틴(인터럽트 서비스 루틴, Interrupt Service Routine, ISR)으로 갔다가 다시 main() 프로그램으로 되돌아오는 경우가 된다.

결국, 인터럽트에서 중요한 것은 ISR을 어떻게 처리할 것인가 하는 문제로 귀착된다. 우리가 사용하는 컴파일러에서는 인터럽트를 처리하기 위해 제일 먼저 해줄 일은 다음과 같이 인터럽트와 관련된 헤더파일을 포함시키는 것이다.

```
#inculde <ina90.h>
```

마이크로프로세서는 인터럽트가 걸리면 (예를 들어 INT0 신호가 들어오면), 그 신호에 해당하는 번지(인터럽트 벡터라고 함. 표 11.1에서 0x01)로 이동한다. 따라서 그 해당 번지에 인터럽트를 처리할 곳이 있는 함수의 번지를 알려주어야 하는 것이다.

우리가 사용하는 컴파일러에서는 io8535.h 파일에서 표 11.1을 다음과 같이 정의해 놓고 있다.

```
#define RESET_vect              (0x00)
#define INT0_vect               (0x02)
#define INT1_vect               (0x04)
#define TIMER2_COMP_vect        (0x06)
#define TIMER2_OVF_vect         (0x08)
#define TIMER1_CAPT1_vect       (0x0A)
#define TIMER1_COMPA_vect       (0x0C)
#define TIMER1_COMPB_vect       (0x0E)
#define TIMER1_OVF1_vect        (0x10)
#define TIMER0_OVF0_vect        (0x12)
```

```
#define SPI_STC_vect          (0x14)
#define UART_RX_vect          (0x16)
#define UART_UDRE_vect        (0x18)
#define UART_TX_vect          (0x1A)
#define ADC_vect              (0x1C)
#define EE_RDY_vect           (0x1E)
#define ANA_COMP_vect         (0x20)
```

여기서, 표11.1의 주소와 프로그램 헤더파일에서 정의된 주소는 2배 차이가 나는데, 이는 1개의 주소를 2개의 바이트로 나타내는 데서 발생하는 현상이다.

아무튼, 인터럽트 신호가 발생한 해당 번지에 인터럽트를 처리할 곳이 있는 함수의 번지를 알려주는 방법을 알려준 후에 인터럽트를 처리하는 프로그램은 다음과 같은 형식을 취한다.

```
#pragma vector=INT0_vect
__interrupt void INT0_interrupt(void)
{
  // ISR (인터럽트 서비스 루틴)
  //  = 인터럽트 처리 프로그램
}
```

여기서, __interrupt void INT0_interrupt(void)의 앞부분은 _와 _가 2개 겹쳐 있는 것임에 주의한다.

11.2 INT0의 실습

외부 신호를 인가하여 인터럽트를 걸리게 하는 방법으로 INT0가 있다. 이때,

신호를 받아 들이는 핀은 ATMega8535의 16번 핀이다. 따라서 16번 핀(보드에 PD2로 표시되어 있는 핀)에 신호를 인가하기 위해 아래 그림 11.1과 같이 스위치 회로를 연결해 준다.

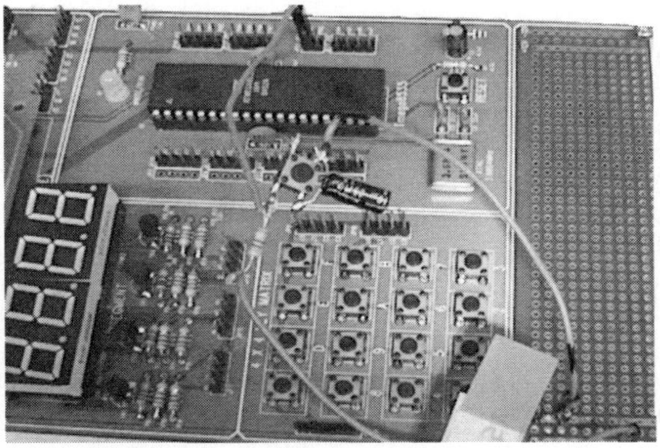

그림 11.1 ◎ 외부 인터럽트 배선도

그림 11.1에서 스위치 연결방법은 앞 장에서 배운 내용과 유사하며, 단지 포트를 PD2에 연결한다는 것만이 다를 뿐이다.

이상으로 하드웨어 준비는 다 된 것이므로 프로그램을 작성해 보도록 하겠다. 인터럽트를 위한 프로그램 절차는 다음과 같은 3단계를 거친다.

단계 1 : 앞에서 설명한 인터럽트 서비스 루틴을 준비한다.

단계 2 : 필요한 인터럽트를 허가한다. 필요한 인터럽트를 허가하기 위해서는 관련된 레지스터를 알아야 하는데, 표 11.1을 보면, 크게 RESET, 외부인터럽트, 타이머, 직렬통신, AD변환 등이 있다. 이들 각각에 관련된 레지스터들을 살펴보아야 한다. 이 들을 전부 언급하는 것은 본 교재의 범위를 벗어나므로 필요한 경우에 부분적으로 언급하기로 하며, 자세한 내용은 datasheet를 참고하기 바란다.

외부 인터럽트를 허가하는 것과 관련된 레지스터는 ATmega8535의 경우는 GICR(General Control Register)로 표기되며, 90S8535의 경우는 GIMSK(General

Interrupt Mask Register)로 표기된다. 본 교재는 CPU를 ATmega8535로 사용하고 있으나, 컴파일러가 90S8535용 이므로 90S8535로 설명하도록 하겠다. 물론 호환성이 있으므로, 90S8535로 동작되는 프로그램은 ATmega8535에서도 당연히 동작된다.

GIMSK레지스터의 내용은 다음 표 11.2와 같다.

표 11.2 GIMSK의 내용

Bit7	Bit6	Bit5	Bit4	Bit3	Bit2	Bit1	Bit0
INT1	INT0	0	0	0	0	0	0

결국, 외부 인터럽트 INT0를 허가하기 위해서, GIMSK 레지스터의 Bit6을 "1"로 해주면 된다. 이를 프로그램 코드로 나타내면 다음과 같다.

```
GIMSK=0x40;
```

단계 3: 필요한 인터럽트를 허가한 후에는 전체 인터럽트를 허가해 주어야 하며, 이것은 컴파일러에서 함수로 제공해 주고 있다. 인터럽트가 일어나도 되는 시점에서 다음과 같은 함수를 사용하면 된다.

```
_SEI(); //SET Global Interrrupt Enable의 의미를 가지고 있다.
```

이 시점부터 인터럽트 서비스 루틴이 동작하게 된다.

지금까지 설명된 원리를 바탕으로 외부 인터럽트를 실습해 보도록 하겠다. 먼저, 7장에서 배운 7-segment 프로그램이 동작하는데, 인터럽트가 걸리게 되면 증가하던 값이 방향을 바꿔 감소하게 되고, 다시 인터럽트가 걸리면 감소하던 값이 방향을 바꿔 증가하게 되는 프로그램을 작성해 보도록 한다.

단계 1에 따라 ISR프로그램을 작성하면 다음과 같다.

```
#pragma vector=INT0_vect
__interrupt void INT0_interrupt(void)
{

a=-a; //방향을 바꾼다.

}
```

이때 한 가지 유념해 두어야 할 것이 있는데, a라는 변수는 main()함수에서도 영향을 받고, ISR에서도 영향을 받으므로 전역변수(Global Variable)로 선언해 주어야 한다는 것이다. 전역변수를 선언해 주는 방법은 아주 간단하다. main()함수와 ISR 함수 보다 더 선행되는 위치에서 선언해 주면되는 것이다. 따라서 다음과 같은 순서를 따르면 된다.

```
int a=1;  //전역변수 선언

//ISR 프로그램
#pragma vector=INT0_vect
__interrupt void INT0_interrupt(void)
{

a=-a; //방향을 바꾼다.

}

//main() 프로그램
main()
{
// 주 프로그램이 온다
}
```

주 프로그램에서는 단계 2의 필요한 인터럽트 허가와 단계3의 _SEI();가 존재하면 된다. 즉, 다음과 같은 형태를 갖는다.

```
main()
{
//---
GIMSK=0x40;
//인터럽트 전에 필요한 프로그램이 있으면 작성한다.
_SEI(); //이 시점부터 인터럽트가 걸린다.

// ---
}
```

7-segment 프로그램이 동작하는데, 인터럽트가 걸리게 되면 증가하던 값이 방향을 바꿔 감소하게 되고, 다시 인터럽트가 걸리면 감소하던 값이 방향을 바꿔 증가하게 되는 프로그램을 종합 작성하면 다음과 같다. 앞에서 부분별 설명이 이루어 졌으므로 종합적인 해석을 하는데 큰 무리가 없을 것이다. 기우이겠지만 실습 전에 7장의 배선도를 다시 한번 확인해 주기 바란다. 가끔 선도 연결해 주지 않고 숫자가 표시되지 않는다고 하는 학생들이 있으므로...

```
#include <io8535.h>
#include <ina90.h>

const char Font[16] ={0xc0, 0xf9, 0xa4, 0xb0, 0x99, 0x92,  //0, 1, 2, 3, 4, 5
                      0x82, 0xf8, 0x80, 0x90, 0x88,        //6, 7, 8, 9, A
                      0x83, 0xc6, 0xa1, 0x86, 0x8e } ;     //b, C, d, E, F
```

```
int a=1; //인터럽트에서 사용되는 전역 변수 선언


//ISR 프로그램
#pragma vector=INT0_vect
__interrupt void INT0_interrupt(void)
{

a=-a; //방향을 바꾼다.

}


void FND_Display(unsigned char digit0, unsigned char digit1, unsigned char digit2,
unsigned char digit3)
{
    unsigned int i;

            PORTC = 0xfe; //첫 번째 FND 선택 // [단계 3]
            PORTA = digit0; // [단계 4]
            for(i=0; i<20; i++);

             //이하 다른 FND 선택 후 반복
            PORTC = 0xfd; //두 번째 FND 선택
            PORTA = digit1;
            for(i=0; i<20; i++);


            PORTC = 0xfb; //세 번째 FND 선택
            PORTA = digit2;
            for(i=0; i<20; i++);
```

```
        PORTC = 0xf7; //네 번째 FND 선택
        PORTA = digit3; // [단계 4]
        for(i=0; i<20; i++);
}


void main(void)
{
    unsigned char digit0, digit1, digit2, digit3;
    int count=0, temp=0, i;

  DDRA = 0xff; //포트 A의 모든 핀을 출력으로 사용
  DDRC = 0xff; //포트 C의 모든 핀을 출력으로 사용

     PORTA= 0xff; //초기 값은 FND가 전부 꺼져있게 만든다.

     GIMSK=0x40; //외부 인터럽트 INT0를 허가한다.

     _SEI(); //Global 인터럽트를 허가한다. 이 시점부터 인터럽트가 걸린다.


  while(1)
     {
        digit3= count/1000;             // 카운트 값을 1000으로 나눈 몫
                                          // 즉 1000의 자리 숫자가 된다
     temp = count % 1000;          //카운트 값을 1000으로 나눈 나머지
                                          // 즉 1000의 자리를 뺀 100단위 숫자
       digit2 = temp /100;              //100의 자리 수
       temp = temp %100;
    digit1 = temp/10;               // 10의 자리 수
    digit0= temp % 10;              // 1의 자리 수
```

```
        digit0=Font[digit0];
        digit1=Font[digit1];
        digit2=Font[digit2];
        digit3=Font[digit3];

        for(i=0; i<100; i++) FND_Display(digit0, digit1, digit2, digit3);
        //카운트 대기하는 시간을 조절한다.

        count=count+a;
        if(count>9999) count=0;
        if(count<0) count=9999;
          }

}
```

본 장에서는 인터럽트의 개념에 관하여 학습하였다. 다음 장에서는 타이머 인터럽트를 이용한 디지털시계에 관하여 학습해 보기로 한다.

Chapter 12

디지털시계

12.1 디지털시계의 동작 명세

본 장에서는 앞에서 배운 키입력(8장), LCD(9장), 카운터/타이머(10장), 그리고 인터럽트(11장)를 종합적으로 이용하여, 디지털시계를 만들어 보도록 한다.

먼저, LCD에는 첫째 줄에는 Digital Clock으로 표시되고 둘째 줄에는 오전에는 AM으로 표시되고 오후에는 PM으로 표시되며, 시분초는 00:00:00의 형태로 표시되도록 한다. (예 : AM 1:00:01) 결국 그림 12.1과 같은 화면이 되도록 한다.

그림 12.1 디지털시계 표시

시간 설정은 0번 키를 한번 누른 경우, 설정모드가 되는데, 첫째 줄이 Clock Set으로 바뀌면서 전체 화면이 깜박이게 하고, 다시 0번 키를 누르면, 정상적인 시계 모드로 바뀌게 한다.

설정모드에서, 4번 키를 누르면 시간이 하나씩 증가하고, 8번 키를 누르면 분이 하나씩 증가하며 C번 키를 누르면 초가 하나씩 증가하도록 하여 시계를 설정할 수 있도록 한다.

정상적인 시계 모드의 경우에는 타이머/카운터의 인터럽트를 이용하여 1초 단위로 시계가 동작하도록 한다.

12.2 디지털시계를 위한 배선

디지털시계를 구현하기 위해 LCD와 키보드를 다음 표 12.1과 같이 연결한다.

표 12.1.a ◎ LCD 배선

LCD	RS	RW	E	*	D0	D1	D2	D3	D4	D5	D6	D7
AVR	PC0	PC1	PC2	PC3	PA0	PA1	PA2	PA3	PA4	PA5	PA6	PA7

(* 연결안함)

표 12.1.b ◎ Key Matrix 배선

KEY	C0	C1	C2	C3	L0	L1	L2	L3
AVR	PC4	PC5	PC6	PC7	PB0	PB1	PB2	PB3

표 12.1의 배선 모습은 그림 12.2와 같다.

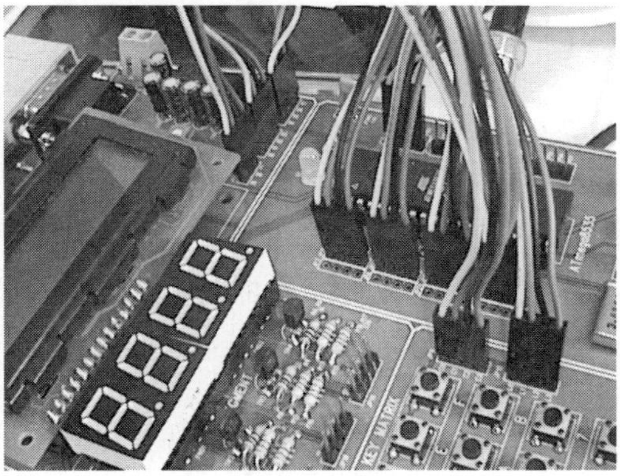

이제 디지털시계를 위한 하드웨어 준비가 끝났으므로, 프로그램에 대해서 알아보도록 한다.

12.3 키보드로부터 시계 설정 모드 입력받는 프로그램

디지털시계의 경우, 6장을 참고로 하여 입력 포트 1비트에 스위치 하나씩을 달아 주어도 되나, 하드웨어 부담을 줄이기 위해, 보드에서 제공되는 스위치를 이용하도록 한다. 따라서 디지털 제어 산업기사의 키보드 회로인 그림 12.3를 고려해 보자.

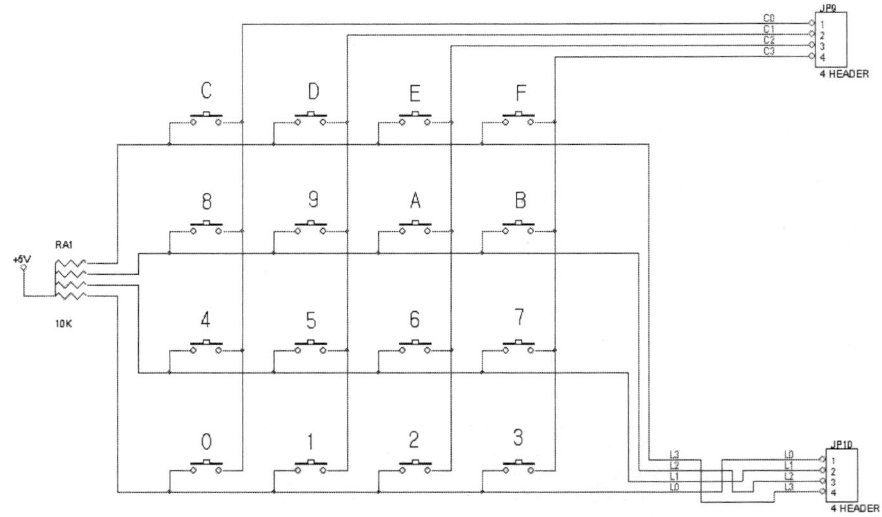

먼저, 키보드로부터 키를 입력 받기 위한 초기화를 수행한다. 즉, 키보드의 C0에서 C3까지 연결된 C 포트를 출력으로 하고 L0에서 L3에 연결된 B 포트를 입력으로 설정한다. 그 코드는 다음과 같다.

```
DDRB=0x00;
DDRC=0xff;
```

다음에, 0번키, 4번키, 8번키, C번 키에 해당하는 C0만 활성화 되도록, C포트의 5번째 bit인 PC4만 0으로 해준다. 즉, PORTC=0xef;

이제, B포트에서 입력받아 그 값이 0 번 키에 해당하는 경우, 처음 눌렀을 경우 설정모드로 하고, 두 번 눌릴 경우 정상 모드로 하며, 매번 눌릴 때 마다 모드를 토글 시킨다. 각 모드와 관련된 내용을 LCD에 표시한다. 이를 프로그램으로 나타내면 다음과 같다.

```
#include <io8535.h>

#define NORMAL 0
#define SET 1
#define TRUE 1
#define FALSE 0


#define LCD_CTRL PORTC
#define LCD_DATA PORTA
//--------------------------------------------------
// data -> PORTA, RS->PORTC0, RW->PORTC1, E->PORTC2에
// 연결되어 있다고 가정한한다.
//--------------------------------------------------

void EnablePulse(void)
{
 unsigned int i;
  //------------------------------------------------
  // 펄스 만들기
  //------------------------------------------------
    LCD_CTRL = LCD_CTRL & 0xfb;  // 일단 E=0으로 만들었다가
    LCD_CTRL = LCD_CTRL | 0x04;  //  E=1로 만들었다가
    LCD_CTRL = LCD_CTRL & 0xfb;  // 다시 E=0으로 만든다.
                                 //이 싯점에서 data 전송
    LCD_CTRL = LCD_CTRL | 0x04;  // 다음 번을 위해 평상시 E=1로 만들어 둔다.
  //------------------------------------------------

  // data 전송에 의해 LCD 모듈 내부 명령어가 실행되는 동안 충분히 기다린다.
  for(i=0; i<500; i++);
}
```

```
void InitLcd(void)
{
  unsigned int i;

  //-------------------------------------------
  // LCD 모듈을 사용하려면 먼저 초기화 명령을 전달해 주어야 한다.
  // LCD에 명령을 전달할 때에는 RS=1, RW=0으로 놓고
  // data에 필요한 명령을 출력한 후에,
  // E에 펄스를 가해준다.
  //-------------------------------------------

  // 모듈 초기화 명령
  // 최초에  전원을 넣은 LCD가 준비 될 때 까지 충분히 기다린다.
  for(i=0; i<10000; i++);

  LCD_CTRL = LCD_CTRL & 0xfc;  // RS=0, RW=0 으로 만든다.

LCD_DATA=0x38;      //function 설정 8bit data를 한번에 처리, 2Line, 5*7 dot
  EnablePulse();


  LCD_DATA=0x0c;      //Display를 ON 시킨다. 이걸 안하면 글자 표시 안됨.
                      //커서는 없앰.
  EnablePulse();


  LCD_DATA=0x01;      //Clear Screen
  EnablePulse();


  for(i=0; i<10000; i++);
//Clear Screen 명령은 실행 시간이 길기 때문에 충분히 기다려야 한다.
}
```

```
void WriteString(char *str)
{
  //이제 명령어를 다 보냈으니까 표시할 문자 data를 보내기 위해 RS=1로 해준다.
  //---------------------------------------------
  // 문자를 표시하기 위한 문자 data를 Write 하려면
  // RS=1, RW=0인 상태로 해 놓고, data를 출력한 후에
  // E에 펄스를 가해준다.
  //---------------------------------------------

  LCD_CTRL = LCD_CTRL | 0x01;

  while(*str)
  {
    LCD_DATA=*str;
    EnablePulse();
    *str++;
  }
}


void Locate(int x, int y)
{
  //---------------------------------------------
  // 임의 위치에 표시하기 위해 위치를 지정해 준다.
  //---------------------------------------------

// 모듈 초기화 명령

  LCD_CTRL = LCD_CTRL & 0xfc;  // RS=0, RW=0 으로 만든다.

   if(x==0) LCD_DATA=0x80+y;  // line 1  D.D.RAM address
  else LCD_DATA=0xc0+y;        // line 2  D.D.RAM address
```

```
    EnablePulse();

  }

  main()
  {
    unsigned char mode = NORMAL, KeyPressed=FALSE;
    unsigned char key_value, past_key=0x0f;

    //포트 방향 설정
    DDRA=0xff;
    DDRB=0x00;
    DDRC=0xff;

    //출력포트 초기값 지정
    PORTA=0xff;
    PORTC=0xff;

    PORTC=PORTC & 0xef;   //(0b1110 1111) 키매트릭스 C3(colum 3)선택
    InitLcd();  //LCD 초기화

    //LCD 초기 문자 표시
     Locate(0,1);
     WriteString("Digital Clock");


   while(1)
    {
      //키를 입력 받고 키가 눌렸는지 아닌지를 판단한다.
      key_value = PINB & 0x0f;
      //Detect Key Pressed at Rising Edge
```

```
    if((key_value != 0x0f) && (past_key == 0x0f))
    {
     KeyPressed=TRUE;
    }
    else KeyPressed=FALSE;

    past_key=key_value; //현재의 키값이 다음번 과거 키값이 된다.

    //키가 눌려진 경우에만 다음 동작을 수행한다.
    if(KeyPressed)
    {
      if (!(key_value & 0x01)) //L0가 0인 경우, 즉 0번 키가 눌린 경우
      {
        if(mode == NORMAL) mode=SET;
        else if(mode==SET) mode=NORMAL;

        if(mode==NORMAL)
        {
          Locate(0,1);
          WriteString("Digital Clock");
        }
        else
        {
          Locate(0,1);
          WriteString("Clock Set ...");
        }
      }

    }//end of if(keyPressed)
  } //end of while

}
```

위 코드를 실습해 보면, 0번 키를 누를 때 마다, “Digital Clock”이라는 글자와 “Clock Set ...”이라는 글자가 번갈아 표시될 것이다.

이제, 앞에서 작성한 코드를 확장하여 각 모드에 대한 동작을 살펴보기로 한다.
만일, SET 모드이면, 키입력을 받아 시분초에 해당하는 값을 조정한다. 이를 프로그램 개념 코드로 나타내면 다음과 같다.

```
if(mode == SET)
{

    while(mode == SET)
    {
 key_value2 = PINB & 0x0f;

 //채터링 방지및 안정화를 위한 시간지연
 for(i=0; i<30; i++);
 //이 코드는 없어도 되나,
 // 채터링에 의해 가끔 2번 눌린 것 같은 현상을
 //최소화 시킬 수 있다.

if((key_value2 != 0x0f) && (past_key2 == 0x0f))  //키입력 검출
      {
         if (!(key_value2 & 0x01)) //L0가 0인 경우, 즉 0번 키가 눌린 경우
 {
     mode=NORMAL;  //SET mode를 빠져 나간다.
     Locate(0,1);
          WriteString("Digital Clock");
       }

if (!(key_value2 & 0x02)) //L1이 0인 경우, 즉 4번 키가 눌린 경우
{
```

```
      hour++;
    if(hour==12)
    {
       if(meridiem == AM) meridiem = PM;
       else meridiem = AM;
    }
     if(hour>12) hour=1;
      }

else if (!(key_value2 & 0x04)) //L2가 0인 경우, 즉 8번 키가 눌린 경우
{
     min++;
     if(min==60) min=0;
}

else if (!(key_value2 & 0x08)) //L3가 0인 경우, 즉 C번 키가 눌린 경우
{
     sec++;
    if(sec==60) sec=0;
}
DispClock(meridiem, hour, min, sec);


      } //키입력 검출 끝
        past_key2=key_value2; //현재의 키값이 다음번 과거 키값이 된다.
     }

   }
```

위의 개념코드 들을 모아, 시계를 설정하는 프로그램을 정리하면 다음과 같다. 다음 프로그램을 실습을 통해 확인해 보기 바란다.

```
//--------------------------------------------
// 시계 설정 프로그램
//--------------------------------------------

#include <io8535.h>

#define NORMAL 0
#define SET 1

#define TRUE 1
#define FALSE 0
#define AM 0
#define PM 1


#define LCD_CTRL PORTC
#define LCD_DATA PORTA
//------------------------------------------------
// data -> PORTA, RS->PORTC0, RW->PORTC1, E->PORTC2에
// 연결되어 있다고 가정한한다.
//------------------------------------------------

void EnablePulse(void)
{
 unsigned int i;
  //------------------------------------------------
  // 펄스 만들기
  //------------------------------------------------
    LCD_CTRL = LCD_CTRL & 0xfb;  // 일단 E=0으로 만들었다가
    LCD_CTRL = LCD_CTRL | 0x04;  //  E=1로 만들었다가
    LCD_CTRL = LCD_CTRL & 0xfb;  // 다시 E=0으로 만든다.
                                       //이 싯점에서 data 전송
```

```
    LCD_CTRL = LCD_CTRL | 0x04;  //  다음 번을 위해 평상시 E=1로 만들어 둔다.
  //------------------------------------------------

  // data 전송에 의해 LCD 모듈 내부 명령어가 실행되는 동안 충분히 기다린다.
  for(i=0; i<500; i++);
}

void InitLcd(void)
{
  unsigned int i;

  //------------------------------------------------
  // LCD 모듈을 사용하려면 먼저 초기화 명령을 전달해 주어야 한다.
  // LCD에 명령을 전달할 때에는 RS=1, RW=0으로 놓고
  // data에 필요한 명령을 출력한 후에,
  // E에 펄스를 가해준다.
  //------------------------------------------------

  // 모듈 초기화 명령
  // 최초에  전원을 넣은 LCD가 준비 될 때 까지 충분히 기다린다.
  for(i=0; i<10000; i++);

  LCD_CTRL = LCD_CTRL & 0xfc;  // RS=0, RW=0 으로 만든다.

  LCD_DATA=0x38;      //function 설정 8bit data를 한번에 처리, 2Line, 5*7 dot
  EnablePulse();


  LCD_DATA=0x0c;      //Display를 ON 시킨다. 이걸 안하면 글자 표시 안됨.
                      //커서는 없앰.
  EnablePulse();
```

```
LCD_DATA=0x01;      //Clear Screen
  EnablePulse();

  for(i=0; i<10000; i++);
//Clear Screen 명령은 실행 시간이 길기 때문에 충분히 기다려야 한다.

}

void WriteString(char *str)
{
  //이제 명령어를 다 보냈으니까 표시할 문자 data를 보내기 위해 RS=1로 해준다.
  //-----------------------------------------------
  // 문자를 표시하기 위한 문자 data를 Write 하려면
  // RS=1, RW=0인 상태로 해 놓고, data를 출력한 후에
  // E에 펄스를 가해준다.
  //-----------------------------------------------

  LCD_CTRL = LCD_CTRL | 0x01;

  while(*str)
  {
    LCD_DATA=*str;
    EnablePulse();
    *str++;
  }
}

void Locate(int x, int y)
{
  //-----------------------------------------------
  // 임의 위치에 표시하기 위해 위치를 지정해 준다.
  //-----------------------------------------------
```

```
// 모듈 초기화 명령

  LCD_CTRL = LCD_CTRL & 0xfc;  // RS=0, RW=0 으로 만든다.

  if(x==0) LCD_DATA=0x80+y;  // line 1  D.D.RAM address
  else LCD_DATA=0xc0+y;        // line 2  D.D.RAM address
  EnablePulse();

}


void DispValue(unsigned char value)
{
  //이제 명령어를 다 보냈으니까 표시할 문자 data를 보내기 위해 RS=1로 해준다.
  //--------------------------------------------------------
  // 문자를 표시하기 위한 문자 data를 Write 하려면
  // RS=1, RW=0인 상태로 해 놓고, data를 출력한 후에
  // E에 펄스를 가해준다.
  //--------------------------------------------------------

  LCD_CTRL = LCD_CTRL | 0x01;

  LCD_DATA=value;
  EnablePulse();

}


void DispClock(unsigned char meridiem, unsigned hour, unsigned min, unsigned
sec)
{
```

```
unsigned char hour_10, hour_1;
unsigned char min_10, min_1;
unsigned char sec_10, sec_1;

hour_10=(int)(hour/10); //10의 자리 수
hour_1=hour % 10;  //1의 자리 수

min_10=(int)(min/10); //10의 자리 수
min_1=min % 10;  //1의 자리 수

sec_10=(int)(sec/10); //10의 자리 수
sec_1=sec % 10;  //1의 자리 수

hour_10=hour_10+0x30;
min_10=min_10+0x30;
sec_10=sec_10+0x30;

hour_1=hour_1+0x30;
min_1=min_1+0x30;
sec_1=sec_1+0x30;



Locate(1,2);
if(meridiem==AM) WriteString("AM");
else WriteString("PM");

 Locate(1,5);
 DispValue(hour_10);
 Locate(1,6);
 DispValue(hour_1);
 Locate(1,7);
 DispValue(':');
```

```
    Locate(1,8);
    DispValue(min_10);
    Locate(1,9);
    DispValue(min_1);
    Locate(1,10);
    DispValue(':');
    Locate(1,11);
    DispValue(sec_10);
    Locate(1,12);
    DispValue(sec_1);
}



main()
{
   unsigned char mode = NORMAL, KeyPressed=FALSE;
   unsigned char key_value, past_key=0x0f, key_value2,past_key2;
   unsigned char hour=1, min=0, sec=0, meridiem=AM;
   unsigned char i;

   //포트 방향 설정
   DDRA=0xff;
   DDRB=0x00;
   DDRC=0xff;

   //출력포트 초기값 지정
   PORTA=0xff;
   PORTC=0xff;
```

```
PORTC=PORTC & 0xef;   //(0b1110 1111) 키매트릭스 C3(colum 3)선택
InitLcd();  //LCD 초기화

//LCD 초기 문자 표시
Locate(0,1);
WriteString("Digital Clock");
DispClock(meridiem, hour, min, sec);


while(1)
{
  //키를 입력 받고 키가 눌렸는지 아닌지를 판단한다.
 key_value = PINB & 0x0f;

 //채터링 방지및 안정화를 위한 시간지연

 for(i=0; i<30; i++);

 //이 코드는 없어도 되나,
 // 채터링에 의해 가끔 2번 눌린 것 같은 현상을
 //최소화 시킬 수 있다.


 //Detect Key Pressed at Rising Edge
 if((key_value != 0x0f) && (past_key == 0x0f))
 {
  KeyPressed=TRUE;
 }
  else KeyPressed=FALSE;
```

```
past_key=past_key2=key_value; //현재의 키값이 다음번 과거 키값이 된다.

  //키가 눌려진 경우에만 다음 동작을 수행한다.
  if(KeyPressed)
  {
     if (!(key_value & 0x01)) //L0가 0인 경우, 즉 0번 키가 눌린 경우
    {
      if(mode == NORMAL) mode=SET;
      else if(mode==SET) mode=NORMAL;

      if(mode==NORMAL)
      {
        Locate(0,1);
        WriteString("Digital Clock");
      }
      else
      {
        Locate(0,1);
        WriteString("Clock Set ...");
      }
    }

    if(mode == SET)
    {

      while(mode == SET)
      {
   key_value2 = PINB & 0x0f;

   //채터링 방지및 안정화를 위한 시간지연
   for(i=0; i<30; i++);
   //이 코드는 없어도 되나,
```

```
    // 채터링에 의해 가끔 2번 눌린 것 같은 현상을
    //최소화 시킬 수 있다.

   if((key_value2 != 0x0f) && (past_key2 == 0x0f))
        {
          if (!(key_value2 & 0x01)) //L0가 0인 경우, 즉 0번 키가 눌린 경우
    {
      mode=NORMAL;  //SET mode를 빠져 나간다.
      Locate(0,1);
            WriteString("Digital Clock");
          }

  if (!(key_value2 & 0x02)) //L1이 0인 경우, 즉 4번 키가 눌린 경우
  {
     hour++;
   if(hour==12)
   {
      if(meridiem == AM) meridiem = PM;
      else meridiem = AM;
   }
    if(hour>12) hour=1;
  }

  else if (!(key_value2 & 0x04)) //L2가 0인 경우, 즉 8번 키가 눌린 경우
  {
     min++;
     if(min==60) min=0;
  }

  else if (!(key_value2 & 0x08)) //L3가 0인 경우, 즉 C번 키가 눌린 경우
```

```
        {
            sec++;
           if(sec==60) sec=0;
        }
        DispClock(meridiem, hour, min, sec);


            }



              past_key2=key_value2; //현재의 키값이 다음번 과거 키값이 된다.
           }


          }


         }



     } //end of while(1)

}
```

이번 절에서 모드를 정하고, 설정모드일 때, 시간을 설정하는 방법에 관하여 알아보았다. 다음 절에서는 LCD에 시계 형태의 숫자를 표시하는 방법에 관하여 알아보도록 한다.

12.3 LCD에 숫자표시하기

먼저, 다음과 같은 프로그램 코드를 알아보기로 한다.

```
unsigned char hour;

hour=0;

Locate(1,1);
WriteString(hour);
```

LCD에 hour변수가 갖고 있는 숫자를 표시하고 싶어서 이렇게 해준 것이다. 불행하게도 컴파일러는 단번에 오류를 낸다. 왜 문자형 변수(1글자)를 문자열 변수(여러 글자) 쓰는 자리에 썼냐는 것이다. 그 이유는 WriteString 함수를 포인터 인수로 받도록 만들었기 때문이다. 따라서, 한 글자로 받는 함수를 따로 만들면 해결된다. LCD에 문자를 표시하는 기본 원리를 알고 있으므로 다음과 같이 숫자를 표시하는 함수도 쉽게 만들 수 있다.

```
void DispValue(unsigned char value)
{
  //이제 명령어를 다 보냈으니까 표시할 문자 data를 보내기 위해 RS=1로 해준다.
  //-----------------------------------------------
  // 문자를 표시하기 위한 문자 data를 Write 하려면
  // RS=1, RW=0인 상태로 해 놓고, data를 출력한 후에
  // E에 펄스를 가해준다.
  //-----------------------------------------------

  LCD_CTRL = LCD_CTRL | 0x01;

  LCD_DATA=value;
  EnablePulse();

}
```

이제, 함수를 만들었으므로, 다음과 같이 바뀌진 코드를 고려해 보자.

```
unsigned char hour;

  hour=0;

  Locate(1,1);
  DispValue(hour);
```

오류는 안 나는데 이상한 문자가 표시될 것이다. 왜 그럴까? 문자 '0'과 숫자 0이 다르기 때문이다. 컴퓨터에서는 문자도 결국 코드(숫자)로 나타나기 때문에, char형과 int형이 서로 호환되기는 하나 그 의미가 다르다. LCD 모듈은 문자코드를 받아 표시하기 때문에, 0에 해당하는 문자코드로 바꾸어 보내주어야 한다는 것이다. 0에서 9까지의 문자 코드는 0x30부터 하나씩 증가한다. 따라서, 다음과 같이 프로그램을 바꾸어 주어야 한다.

```
unsigned char hour;

  hour=0;

  hour=hour+0x30;
  Locate(1,1);
  DispValue(hour);
```

이제 LCD에 0이라는 값이 제대로 표시될 것이다. 그런데, 또 하나의 문제점이 있다. 우리가 만든 DispValue()라는 함수는 1개의 글자만을 표시하는 기능을 가지고 있는데, 시계는 시, 분, 초가 전부 2자리 숫자라는 것이다. 이것을 어떻게 해결하면 좋을까? 제 7장의 FND 프로그램을 습득한 사람은 힌트를 얻을 수 있을 것인데, 다음 프로그램과 같이 두 개로 쪼개어 나타내면 된다.

```
hour_10=(int)(hour / 10);  //hour의 10의 자리 수
hour_1=hour % 10;          //hour의 1의 자리 수

   hour_10=hour_10+0x30;
   Locate(1,1);
   DispValue(hour_10);

   hour_1=hour_1+0x30;
   Locate(1,2);
   DispValue(hour_1);
```

지금까지의 설명을 바탕으로 LCD에 AM 00:00:00의 형태로 표시하는 기능을 갖는 함수를 만들면 다음과 같다.

```
void DispClock(unsigned char meridiem, unsigned hour, unsigned min, unsigned
sec)
{
  unsigned char hour_10, hour_1;
  unsigned char min_10, min_1;
  unsigned char sec_10, sec_1;

  hour_10=(int)(hour/10); //10의 자리 수
  hour_1=hour % 10;  //1의 자리 수

  min_10=(int)(min/10); //10의 자리 수
  min_1=min % 10;  //1의 자리 수

  sec_10=(int)(sec/10); //10의 자리 수
  sec_1=sec % 10;  //1의 자리 수
```

```
    hour_10=hour_10+0x30;
    min_10=min_10+0x30;
    sec_10=sec_10+0x30;

    hour_1=hour_1+0x30;
    min_1=min_1+0x30;
    sec_1=sec_1+0x30;

    Locate(1,2);
    if(meridiem==AM) WriteString("AM");
    else WriteString("PM");

     Locate(1,5);
     DispValue(hour_10);
     Locate(1,6);
     DispValue(hour_1);
     Locate(1,7);
     DispValue(':');

     Locate(1,8);
     DispValue(min_10);
     Locate(1,9);
     DispValue(min_1);
     Locate(1,10);
     DispValue(':');

     Locate(1,11);
     DispValue(sec_10);
     Locate(1,12);
     DispValue(sec_1);
}
```

다음 프로그램을 실습해 보기 바란다. 앞에서의 설명을 쉽게 체감할 수 있을 것이다.

```
//----------------------------------------------------------
// 디지털 시계기능을 갖기위해
// LCD에 AM 01:05:09를 표시하는 프로그램
//----------------------------------------------------------

#include <io8535.h>

#define AM 0
#define PM 1

#define LCD_CTRL PORTC
#define LCD_DATA PORTA
//---------------------------------------------------------
// data -> PORTA, RS->PORTC0, RW->PORTC1, E->PORTC2에
// 연결되어 있다고 가정한한다.
//--------------------------------------------------------

void EnablePulse(void)
{
 unsigned int i;
  //---------------------------------------------------------
  // 펄스 만들기
  //---------------------------------------------------------
    LCD_CTRL = LCD_CTRL & 0xfb;  // 일단 E=0으로 만들었다가
    LCD_CTRL = LCD_CTRL | 0x04;  //  E=1로 만들었다가
    LCD_CTRL = LCD_CTRL & 0xfb;  // 다시 E=0으로 만든다.
                                 //이 싯점에서 data 전송
    LCD_CTRL = LCD_CTRL | 0x04;  //  다음 번을 위해 평상시 E=1로 만들어 둔다.
  //-------------------------------------------------------
```

```
  // data 전송에 의해 LCD 모듈 내부 명령어가 실행되는 동안 충분히 기다린다.
  for(i=0; i<500; i++);
}


void InitLcd(void)
{
  unsigned int i;
  //------------------------------------------
  // LCD 모듈을 사용하려면 먼저 초기화 명령을 전달해 주어야 한다.
  // LCD에 명령을 전달할 때에는 RS=1, RW=0으로 놓고
  // data에 필요한 명령을 출력한 후에,
  // E에 펄스를 가해준다.
  //------------------------------------------

  // 모듈 초기화 명령
  // 최초에  전원을 넣은 LCD가 준비 될 때 까지 충분히 기다린다.
  for(i=0; i<10000; i++);

  LCD_CTRL = LCD_CTRL & 0xfc;  // RS=0, RW=0 으로 만든다.

  LCD_DATA=0x38;     //function 설정 8bit data를 한번에 처리, 2Line, 5*7 dot
  EnablePulse();



  LCD_DATA=0x0c;     //Display를 ON 시킨다. 이걸 안하면 글자 표시 안됨. 커서
는 없앰.
  EnablePulse();

  LCD_DATA=0x01;     //Clear Screen
  EnablePulse();
```

```
  for(i=0; i<10000; i++); //Clear Screen 명령은 실행 시간이 길기 때문에 충분히 기
다려야 한다.

}

void WriteString(char *str)
{
  //이제 명령어를 다 보냈으니까 표시할 문자 data를 보내기 위해 RS=1로 해준다.
  //-----------------------------------------------
  // 문자를 표시하기 위한 문자 data를 Write 하려면
  // RS=1, RW=0인 상태로 해 놓고, data를 출력한 후에
  // E에 펄스를 가해준다.
  //-----------------------------------------------

  LCD_CTRL = LCD_CTRL | 0x01;

  while(*str)
  {
    LCD_DATA=*str;
    EnablePulse();
    *str++;
  }
}


void DispValue(unsigned char value)
{
  //이제 명령어를 다 보냈으니까 표시할 문자 data를 보내기 위해 RS=1로 해준다.
  //-----------------------------------------------
  // 문자를 표시하기 위한 문자 data를 Write 하려면
```

```
    // RS=1, RW=0인 상태로 해 놓고, data를 출력한 후에
    // E에 펄스를 가해준다.
    //-------------------------------------------

    LCD_CTRL = LCD_CTRL | 0x01;
    LCD_DATA=value;
    EnablePulse();

}


void Locate(int x, int y)
{
    //-------------------------------------------------
    // 임의 위치에 표시하기 위해 위치를 지정해 준다.
    //--------------------------------------------

// 모듈 초기화 명령

    LCD_CTRL = LCD_CTRL & 0xfc;  // RS=0, RW=0 으로 만든다.

    if(x==0) LCD_DATA=0x80+y;  // line 1  D.D.RAM address
    else LCD_DATA=0xc0+y;        // line 2  D.D.RAM address

    EnablePulse();

}

void DispClock(unsigned char meridiem, unsigned hour, unsigned min, unsigned
sec)
{
    unsigned char hour_10, hour_1;
    unsigned char min_10, min_1;
```

```
unsigned char sec_10, sec_1;

hour_10=(int)(hour/10); //10의 자리 수
hour_1=hour % 10;  //1의 자리 수

min_10=(int)(min/10); //10의 자리 수
min_1=min % 10;  //1의 자리 수

sec_10=(int)(sec/10); //10의 자리 수
sec_1=sec % 10;  //1의 자리 수

hour_10=hour_10+0x30;
min_10=min_10+0x30;
sec_10=sec_10+0x30;

hour_1=hour_1+0x30;
min_1=min_1+0x30;
sec_1=sec_1+0x30;

Locate(1,2);
if(meridiem==AM) WriteString("AM");
else WriteString("PM");

 Locate(1,5);
 DispValue(hour_10);
 Locate(1,6);
 DispValue(hour_1);
 Locate(1,7);
 DispValue(':');
 Locate(1,8);
 DispValue(min_10);
 Locate(1,9);
 DispValue(min_1);
```

```
    Locate(1,10);
    DispValue(':');
    Locate(1,11);
    DispValue(sec_10);
    Locate(1,12);
    DispValue(sec_1);
}


main()
{

   unsigned char  meridiem, hour, min, sec;

   //포트 방향 설정
   DDRA=0xff;
   DDRC=0xff;

   //출력포트 초기값 지정
   PORTA=0xff;
   PORTC=0xff;


   meridiem=AM;
   hour=1;
   min=5;
   sec=9;

   InitLcd();  //LCD 초기화

   DispClock(meridiem, hour, min, sec);
}
```

이상으로 LCD에 시계를 표시할 수 있는 기능에 관하여 학습하였다. 다음 절에서는 본격적으로 시계를 동작시켜 보기로 한다.

12.4 타이머/카운터 인터럽트

10장에서 학습했던 바와 같이, ATmega8535는 내부에 각각 TIMER/COUNTER0 (8bit), TIMER/COUNTER1(16 bit), TIMER/COUNTER2(8bit)로 불리는 3개의 타이머/카운터를 내장하고 있다. 이 중 TIMER/COUNTER0 (8bit)를 제어하는 레지스터가 TCCR0이라고 배웠으며, 그 내용을 다시 나타내면, 표 12.2와 같다.

표 12.2 TCCR0의 내용

Bit7	Bit6	Bit5	Bit4	Bit3	Bit2	Bit1	Bit0
0	0	0	0	0	CS02	CS01	CS00

이때, CS00, CS01, CS02값에 따른 클럭입력의 내용은 표 12.3과 같다.

표 12.3 CS00, CS01, CS02값에 따른 클럭입력의 내용

CS02	CS01	CS00	Description
0	0	0	No clock source (Timer/counter stopped).
0	0	1	$clk_{I/O}$/(No prescaling)
0	1	0	$clk_{I/O}$/8 (From prescaler)
0	1	1	$clk_{I/O}$/64 (From prescaler)
1	0	0	$clk_{I/O}$/256 (From prescaler)
1	0	1	$clk_{I/O}$/1024 (From prescaler)
1	1	0	External clock source on T0 pin. Clock on falling edge.
1	1	1	External clock source on T0 pin. Clock on rising edge.

여기서, clkI/O의 값은 내부 시스템 클럭값인 3.6864 MHz이다. 시계를 동작시키기 위해서 (CS02, CS01, CS00)=101인 경우를 고려해 보자. 이를 프로그램 코드

로 나타내면 다음과 같다.

TCCR0=0x05;

카운터가 이렇게 동작한다는 것은, 3.6864 MHz/1024 = 3.6 KHz 의 주파수를 갖는 클럭을 하나씩 세어 나간다는 뜻이다. 다시 말해서, 3600개의 펄스를 세면 1초가 된다. 그런데, 8bit 카운터로 셀 수 있는 최대 개수는 255개이므로 0.05초 동안 셀 수 있는 펄스의 개수를 고려해 보자. 180개의 펄스를 세면 0.05초가 된다는 것을 알 수 있다. 따라서, 180개의 펄스를 세었을 때, TIMER/COUNTER0의 오버플로우 인터럽트인 TIMER0_OVF0가 발생하도록 해주면 된다. 카운터의 오버플로우란 최대 255개를 다 세고 256개째를 세었을 때 발생하는 것인데, 어떻게 180개를 세었을 때 오버플로우를 만들어 낼 수 있는가? 답은 간단하다. 미리 256-180=76이란 값을 카운터에 저장시켜 놓고 나서 그 다음부터 펄스를 세어나가면 되는 것이다.

이를 프로그램으로 나타내면 다음과 같다.

TCNT0=76;

타이머/카운터를 동작시키는 코드에 대해서 알아보았다. 이제, 타이머/카운터가 오버플로우 인터럽트를 발생시킨 경우, 이를 ATmega8535가 어떻게 처리해야 하는가에 대하여 알아보도록 하겠다. 인터럽트 처리는 11장에서 학습한 바와 같이, TIMSK 레지스터 값에 의해 인터럽트를 허가해 주고 나서, 인터럽트 벡터 테이블이 위치한 곳에 ISR 함수를 제공해 줌으로써 인터럽트를 처리하게 된다.

TIMSK 레지스터의 내용은 표 12.4와 같다.

표 12.4 TIMSK의 내용

Bit7	Bit6	Bit5	Bit4	Bit3	Bit2	Bit1	Bit0
OCIE2	TOIE2	TICIE1	OCIE1A	OCIE1B	TOIE1	-	TOIE0

여기서, 타이머0의 오버플로우 인터럽트를 허가해 주는 비트는 Bit0의 TOIE0이다. 이 비트를 '1'로 해주면 인터럽트가 허가되고, '0'으로 해주면 인터럽트가 허가되지 않는다. 우리는 이 인터럽트를 사용할 것이므로 프로그램 코드를 다음과 같이 해주면 된다.

TIMSK=0x01;

지금까지 설명을 종합하여 타이머/카운터 처리 함수를 프로그램 코드로 나타내면 다음과 같다.

```
void Init_Timer(void)
{
  TCCR0=0x05;   //3.6864MHz를 1024분주
  TCNT0=76;   //256-180=76

  TIMSK=0x01;   //Timer0 Interrupt Enable Mask
}
```

이렇게 해주면, 0.05초마다 한번씩 TIMER0_OVF0의 위치로 인터럽트가 처리되게 되는 것이다. 이제, TIMER0_OVF0의 경우에 인터럽트 벡터 테이블이 위치한 곳에 ISR 함수를 제공해 주는 방법을 프로그램 코드로 나타내면 다음과 같다. (11장에서 배운 바 있음.)

```
#pragma vect=TIMER0_OVF0_vect
__interrupt void TIMER0_OVF0_interrupt(void)
{
  // ISR (인터럽트 서비스 루틴)
  // = 인터럽트 처리 프로그램
}
```

이제, ISR을 어떻게 프로그래밍 할 것인가? 이 함수는 0.05초마다 한번씩 호출된다. 따라서, 한번 호출될 때마다 변수를 하나씩 증가하다가 그 값이 20이 되면 1초 증가 시키면서 다시 그 값을 0으로 해주면 된다. 물론, 같은 방법으로, 60초가 되면 1분을 증가 시키고, 60분이 되면 1시간을 증가 시키면 되는 것이다. 이것이 바로 시계의 원리이다.

ISR에서 한가지 더 고려해 주어야 할 것이 있는데, 내부 클럭에 의해 오버플로우가 발생한 후에 TCNT0의 내용은 0이 되어 버린다. 앞에서 0부터 계수(count)하면 안 되고 76부터 계수해야 된다고 했으므로, ISR함수에 반드시 TCNT0=76; 라는 코드를 넣어주어야 한다. 지금까지 설명된 ISR 프로그램은 다음과 같다.

```
#pragma vector=TIMER0_OVF0_vect
__interrupt void TIMER0_OVF0_interrupt(void)
{
   TCNT0=76;

   count++; //인터럽트가 걸릴 때 마다 1씩 증가 시킨다.
}
```

다음에 main() 프로그램에 다음과 같은 프로그램을 추가한다.

```
while(1)
{
   if(count==20) //0.05초 x 20 =1초
   {
      sec++; //1초 증가
      count=0; //카운트 값 reset

   //1초에 1번씩 LCD 표시 값을 Update한다.
      DispClock(meridiem, hour, min, sec);
   }
```

```
    if(sec==60)
    {
      min++; //1 분 증가
      sec=0;
    }

    if(min==60)
    {
      hour++; //1시간 증가
     if(hour==12)
     {
        if(meridiem == AM) meridiem = PM;
        else meridiem = AM;
     }
      if(hour>12) hour=1;
      min=0;
    }

}
```

12.5 디지털시계 프로그램 (종합)

지금까지 설명된 개념 프로그램을 종합 정리하고 필요한 코드를 부가하면 최종적인 시계 프로그램은 다음과 같다.

```
//-----------------------------------------
// 시계 종합 프로그램
//-----------------------------------------
```

```
#include <io8535.h>
#include <ina90.h>

#define NORMAL 0
#define SET 1
#define TRUE 1
#define FALSE 0
#define AM 0
#define PM 1


#define LCD_CTRL PORTC
#define LCD_DATA PORTA
//-----------------------------------------------
// data -> PORTA, RS->PORTC0, RW->PORTC1, E->PORTC2에
// 연결되어 있다고 가정한한다.
//-----------------------------------------------


//전역 변수 선언
unsigned char count=0;


void EnablePulse(void)
{
 unsigned int i;
  //---------------------------------------------
  // 펄스 만들기
  //---------------------------------------------
    LCD_CTRL = LCD_CTRL & 0xfb;  // 일단 E=0으로 만들었다가
```

```
    LCD_CTRL = LCD_CTRL | 0x04;   //  E=1로 만들었다가
     LCD_CTRL = LCD_CTRL & 0xfb;  // 다시 E=0으로 만든다.
                                  //이 싯점에서 data 전송
    LCD_CTRL = LCD_CTRL | 0x04;  //  다음 번을 위해 평상시 E=1로 만들어 둔다.
  //-----------------------------------------------

  // data 전송에 의해 LCD 모듈 내부 명령어가 실행되는 동안 충분히 기다린다.
  for(i=0; i<500; i++);
}


void InitLcd(void)
{
  unsigned int i;

  //-----------------------------------------------
  // LCD 모듈을 사용하려면 먼저 초기화 명령을 전달해 주어야 한다.
  // LCD에 명령을 전달할 때에는 RS=1, RW=0으로 놓고
  // data에 필요한 명령을 출력한 후에,
  // E에 펄스를 가해준다.
  //-----------------------------------------------

  // 모듈 초기화 명령
  // 최초에  전원을 넣은 LCD가 준비 될 때 까지 충분히 기다린다.
  for(i=0; i<10000; i++);

  LCD_CTRL = LCD_CTRL & 0xfc;  // RS=0, RW=0 으로 만든다.

  LCD_DATA=0x38;     //function 설정 8bit data를 한번에 처리, 2Line, 5*7 dot
  EnablePulse();
```

```
    LCD_DATA=0x0c;      //Display를 ON 시킨다. 이걸 안하면 글자 표시 안됨.
                        //커서는 없앰.
    EnablePulse();


    LCD_DATA=0x01;      //Clear Screen
    EnablePulse();

    for(i=0; i<10000; i++);
//Clear Screen 명령은 실행 시간이 길기 때문에 충분히 기다려야 한다.

}


void WriteString(char *str)
{
    //이제 명령어를 다 보냈으니까 표시할 문자 data를 보내기 위해 RS=1로 해준
다.
    //-----------------------------------------------
    // 문자를 표시하기 위한 문자 data를 Write 하려면
    // RS=1, RW=0인 상태로 해 놓고, data를 출력한 후에
    // E에 펄스를 가해준다.
    //-----------------------------------------------

    LCD_CTRL = LCD_CTRL | 0x01;

    while(*str)
    {
      LCD_DATA=*str;
      EnablePulse();
      *str++;
    }
}
```

```
void Locate(int x, int y)
{
  //------------------------------------------------
  // 임의 위치에 표시하기 위해 위치를 지정해 준다.
  //------------------------------------------------

// 모듈 초기화 명령

  LCD_CTRL = LCD_CTRL & 0xfc;  // RS=0, RW=0 으로 만든다.

  if(x==0) LCD_DATA=0x80+y;  // line 1   D.D.RAM address
  else LCD_DATA=0xc0+y;          // line 2   D.D.RAM address

  EnablePulse();

}


void DispValue(unsigned char value)
{
  //이제 명령어를 다 보냈으니까 표시할 문자 data를 보내기 위해 RS=1로 해준다.
  //------------------------------------------------
  // 문자를 표시하기 위한 문자 data를 Write 하려면
  // RS=1, RW=0인 상태로 해 놓고, data를 출력한 후에
  // E에 펄스를 가해준다.
  //------------------------------------------------

  LCD_CTRL = LCD_CTRL | 0x01;

  LCD_DATA=value;
  EnablePulse();

}
```

```
void DispClock(unsigned char meridiem, unsigned hour, unsigned min, unsigned
sec)
{
  unsigned char hour_10, hour_1;
  unsigned char min_10, min_1;
  unsigned char sec_10, sec_1;

  hour_10=(int)(hour/10); //10의 자리 수
  hour_1=hour % 10;  //1의 자리 수

  min_10=(int)(min/10); //10의 자리 수
  min_1=min % 10;  //1의 자리 수

  sec_10=(int)(sec/10); //10의 자리 수
  sec_1=sec % 10;  //1의 자리 수

  hour_10=hour_10+0x30;
  min_10=min_10+0x30;
  sec_10=sec_10+0x30;

  hour_1=hour_1+0x30;
  min_1=min_1+0x30;
  sec_1=sec_1+0x30;

  Locate(1,2);
  if(meridiem==AM) WriteString("AM");
  else WriteString("PM");

   Locate(1,5);
   DispValue(hour_10);
   Locate(1,6);
```

```
    DispValue(hour_1);
    Locate(1,7);
    DispValue(':');

    Locate(1,8);
    DispValue(min_10);
    Locate(1,9);
    DispValue(min_1);
    Locate(1,10);
    DispValue(':');

    Locate(1,11);
    DispValue(sec_10);
    Locate(1,12);
    DispValue(sec_1);
}


//카운터/타이머 초기화 함수
void Init_Timer(void)
{
  TCCR0=0x05;   //3.6864MHz를 1024분주
  TCNT0=76;   //256-180=76

  TIMSK=0x01;  //Timer0 Interrupt Enable Mask
}


// ISR (인터럽트 서비스 루틴 )
#pragma vector=TIMER0_OVF0_vect
__interrupt void TIMER0_OVF0_interrupt(void)
{
  TCNT0=76;
```

```
    count++; //인터럽트가 걸릴 때 마다 1씩 증가 시킨다.
}


main()
{
   unsigned char mode = NORMAL, KeyPressed=FALSE;
   unsigned char key_value, past_key=0x0f, key_value2,past_key2;
   unsigned char hour=0, min=0, sec=0, meridiem=AM;
   unsigned char i;

   //포트 방향 설정
   DDRA=0xff;
   DDRB=0x00;
   DDRC=0xff;

   //출력포트 초기값 지정
   PORTA=0xff;
   PORTC=0xff;

   PORTC=PORTC & 0xef;   //(0b1110 1111) 키매트릭스 C3(colum 3)선택
   InitLcd();  //LCD 초기화

   //LCD 초기 문자 표시
   Locate(0,1);
   WriteString("Digital Clock");

    DispClock(meridiem, hour, min, sec);


    Init_Timer(); //타이머 카운터를 동작시킨다.
```

```
_SEI(); //인터럽트 시작

while(1)
{
  //키를 입력 받고 키가 눌렸는지 아닌지를 판단한다.
  key_value = PINB & 0x0f;

  //채터링 방지및 안정화를 위한 시간지연
  for(i=0; i<30; i++);
  //이 코드는 없어도 되나,
  // 채터링에 의해 가끔 2번 눌린 것 같은 현상을
  //최소화 시킬 수 있다.



  //Detect Key Pressed at Rising Edge
  if((key_value != 0x0f) && (past_key == 0x0f))
  {
   KeyPressed=TRUE;
  }
   else KeyPressed=FALSE;

   past_key=past_key2=key_value; //현재의 키값이 다음번 과거 키값이 된다.

   //키가 눌려진 경우에만 다음 동작을 수행한다.
   if(KeyPressed)
   {
      if (!(key_value & 0x01)) //L0가 0인 경우, 즉 0번 키가 눌린 경우
      {
        if(mode == NORMAL) mode=SET;
        else if(mode==SET) mode=NORMAL;
```

```
    if(mode==NORMAL)
    {
      Locate(0,1);
      WriteString("Digital Clock");
    }
    else
    {
      Locate(0,1);
      WriteString("Clock Set ...");
    }
  }

  if(mode == SET)
  {

    //set 모드일때 인터럽트를 잠시 중단한다.
    _CLI(); //clear interrupt enable

    while(mode == SET)
    {
key_value2 = PINB & 0x0f;

//채터링 방지및 안정화를 위한 시간지연
for(i=0; i<30; i++);
//이 코드는 없어도 되나,
// 채터링에 의해 가끔 2번 눌린 것 같은 현상을
//최소화 시킬 수 있다.

if((key_value2 != 0x0f) && (past_key2 == 0x0f))
      {
        if (!(key_value2 & 0x01)) //L0가 0인 경우, 즉 0번 키가 눌린 경우
```

```
   {
     mode=NORMAL;  //SET mode를 빠져 나간다.
     Locate(0,1);
          WriteString("Digital Clock");
        }

if (!(key_value2 & 0x02)) //L1이 0인 경우, 즉 4번 키가 눌린 경우
{
    hour++;
  if(hour==12)
  {
     if(meridiem == AM) meridiem = PM;
     else meridiem = AM;
  }
   if(hour>12) hour=1;
}

else if (!(key_value2 & 0x04)) //L2가 0인 경우, 즉 8번 키가 눌린 경우
{
    min++;
    if(min==60) min=0;
}

else if (!(key_value2 & 0x08)) //L3가 0인 경우, 즉 C번 키가 눌린 경우
{
    sec++;
   if(sec==60) sec=0;
}
DispClock(meridiem, hour, min, sec);

    }
```

```
        past_key2=key_value2; //현재의 키값이 다음번 과거 키값이 된다.
    }


   }
   //set 모드를 끝내면서 인터럽트를 다시 재개한다.
    _SEI(); //인터럽트 다시 시작

 }//end of mode set



   if(mode == NORMAL)
   {
      if(count==20) //0.05초 x 20 =1초
{
   sec++; //1초 증가
   count=0; //카운트 값 reset

//1초에 1번씩 LCD 표시 값을 Update한다.
   DispClock(meridiem, hour, min, sec);
}

if(sec==60)
{
   min++; //1 분 증가
   sec=0;
}

if(min==60)
{
   hour++; //1시간 증가
  if(hour==12)
  {
```

```
            if(meridiem == AM) meridiem = PM;
            else meridiem = AM;
        }
        if(hour>12) hour=1;
        min=0;
    }

        }


    } //end of while(1)


}
```

12.6 FND로 표시되는 디지털시계 프로그램

LCD 대신 FND에 시계를 표시하는 방법에 관하여 알아보도록 한다. 맨 왼쪽의 한 개의 분절이 위에 있으면 PM을 의미하고, 밑에 있으면 AM을 의미한다. 시와 분만 표시되고 초는 가운데 점이 깜박이는 것으로 한다. 0번 키를 눌러서 설정모드와 정상모드를 바꾸는 것은 동일하나, 시와 분만 설정할 수 있으며, 초는 설정할 수 없다(즉, C키는 눌러도 동작하지 않는다.) 0번을 눌러서 설정모드로 들어간 경우는 전체 숫자가 깜빡이면서 설정 모드임을 알려준다. 나머지, 기본적인 원리는 앞에서 다루었으므로, 자세한 설명은 생략한다. 직접 실습해보고 코드 하나씩 직접 해석해 보는 것이 무엇보다 중요하다는 것을 명심해 주기 바란다. 앞에서 나왔던 코드와 달라진 부분이 무엇이며, 그것이 무었을 의미하는지 음미해 보면 프로그래밍 향상에 매우 큰 도움을 줄 것이다.

FND로 표시되는 디지털시계 프로그램은 다음과 같다.

```
//-----------------------------------------
//     FND 시계 프로그램
//-----------------------------------------
#include <io8535.h>
#include <ina90.h>

#define NORMAL 0
#define SET 1
#define TRUE 1
#define FALSE 0
#define AM 0
#define PM 1
#define SPACE 16

//전역 변수 선언
unsigned char count=0;


const char Font[17] ={0xc0, 0xf9, 0xa4, 0xb0, 0x99, 0x92,  //0, 1, 2, 3, 4, 5
                      0x82, 0xf8, 0x80, 0x90, 0x88,        //6, 7, 8, 9, A
                      0x83, 0xc6, 0xa1, 0x86, 0x8e, 0xff } ; //b, C, d, E, F, SPACE

void FND_Display(unsigned char digit0, unsigned char digit1, unsigned char digit2,
unsigned char digit3)
{
   unsigned int i;

          PORTC |= 0x0f;  // Key Matrix와 PORTC를 공유하므로 이런 조작이
                             필요함.
```

```
        PORTC &= 0xfe; //첫 번째 FND 선택 // [단계 3]
        PORTA = digit0; // [단계 4]
        for(i=0; i<20; i++);


        PORTC |= 0x0f;
         //이하 다른 FND 선택 후 반복
        PORTC &= 0xfd; //두 번째 FND 선택
        PORTA = digit1;
        for(i=0; i<20; i++);

        PORTC |= 0x0f;
        PORTC &= 0xfb; //세 번째 FND 선택
        PORTA = digit2;
        for(i=0; i<20; i++);

        PORTC |= 0x0f;
        PORTC &= 0xf7; //네 번째 FND 선택
        PORTA = digit3; // [단계 4]
        for(i=0; i<20; i++);
}


void FndDispClock(unsigned char meridiem, unsigned char hour, unsigned char
min, unsigned char sec)
{
  unsigned char hour_10, hour_1, min_10, min_1;
  unsigned char digit3, digit2, digit1, digit0;

  hour_10 = hour/10;
  hour_1 = hour % 10;
```

```
    min_10 = min/10;
    min_1 = min % 10;

    if(hour_10==0) hour_10=SPACE; //10단위 시간이 0이면 표시하지 않음.

    if(meridiem==AM) digit3=Font[hour_10] & 0xef;
    else   digit3=Font[hour_10] & 0xdf;

    if(sec % 2) digit2=Font[hour_1] & 0x7f;
    else digit2=Font[hour_1];

    digit1=Font[min_10];
    digit0=Font[min_1];

    FND_Display(digit0, digit1, digit2, digit3);

}


//카운터/타이머 초기화 함수
void Init_Timer(void)
{
    TCCR0=0x05;    //3.6864MHz를 1024분주
    TCNT0=76;    //256-180=76

    TIMSK=0x01;  //Timer0 Interrupt Enable Mask
}

// ISR (인터럽트 서비스 루틴 )
#pragma vector=TIMER0_OVF0_vect
__interrupt void TIMER0_OVF0_interrupt(void)
```

```
{
  TCNT0=76;
   count++; //인터럽트가 걸릴 때 마다 1씩 증가 시킨다.
}


main()
{
  unsigned char mode = NORMAL, KeyPressed=FALSE;
  unsigned char key_value, past_key=0x0f, key_value2,past_key2;
  unsigned char hour=1, min=0, sec=0, meridiem=AM;
  unsigned char i;
  double twinkle=0;

  //포트 방향 설정
  DDRA=0xff;
  DDRB=0x00;
  DDRC=0xff;

  //출력포트 초기값 지정
  PORTA=0xff;
  PORTC=0xff;

  PORTC=PORTC & 0xef;    //(0b1110 1111) 키매트릭스 C3(colum 3)선택

   Init_Timer(); //타이머 카운터를 동작시킨다.


  _SEI(); //인터럽트 시작

  while(1)
  {
```

```
  //키를 입력 받고 키가 눌렸는지 아닌지를 판단한다.
  key_value = PINB & 0x0f;

  //채터링 방지및 안정화를 위한 시간지연
  for(i=0; i<30; i++);
  //이 코드는 없어도 되나,
  // 채터링에 의해 가끔 2번 눌린 것 같은 현상을
  //최소화 시킬 수 있다.


   //Detect Key Pressed at Rising Edge
  if((key_value != 0x0f) && (past_key == 0x0f))
  {
   KeyPressed=TRUE;
  }
   else KeyPressed=FALSE;


   past_key=past_key2=key_value; //현재의 키값이 다음번 과거 키값이 된다.

   //키가 눌려진 경우에만 다음 동작을 수행한다.
if(KeyPressed)
{
      if (!(key_value & 0x01)) //L0가 0인 경우, 즉 0번 키가 눌린 경우
     {
       if(mode == NORMAL) mode=SET;
       else if(mode==SET) mode=NORMAL;
      }

     if(mode == SET)
     {
```

```
//set 모드일때 인터럽트를 잠시 중단한다.
_CLI(); //clear interrupt enable

    while(mode == SET)
    {
key_value2 = PINB & 0x0f;

//채터링 방지및 안정화를 위한 시간지연 겸 FND 깜빡이기
twinkle++;
if(twinkle<50)
{
    for(i=0; i<10; i++) FndDispClock(meridiem, hour, min, sec);
}
     else for(i=0; i<10; i++) FND_Display(Font[SPACE], Font[SPACE],
     Font[SPACE], Font[SPACE]);

if(twinkle>100) twinkle=0;

if((key_value2 != 0x0f) && (past_key2 == 0x0f))
      {
          if (!(key_value2 & 0x01)) //L0가 0인 경우, 즉 0번 키가 눌린 경우
    {
       mode=NORMAL;  //SET mode를 빠져 나간다.

          }

     if (!(key_value2 & 0x02)) //L1이 0인 경우, 즉 4번 키가 눌린 경우
     {
        hour++;
        if(hour==12)
        {
```

```
        if(meridiem == AM) meridiem = PM;
        else meridiem = AM;
    }

    if(hour>12) hour=1;
}

else if (!(key_value2 & 0x04)) //L2가 0인 경우, 즉 8번 키가 눌린 경우
{
    min++;
    if(min==60) min=0;
}

FndDispClock(meridiem, hour, min, sec);

    }
     past_key2=key_value2; //현재의 키값이 다음번 과거 키값이 된다.
 }

 //set 모드를 끝내면서 인터럽트를 다시 재개한다.
   _SEI(); //인터럽트 다시 시작
        }//end of mode set

  }//end of Key Pressed


    if(mode == NORMAL)
    {
        if(count==20) //0.05초 x 20 =1초
{
     sec++; //1초 증가
     count=0; //카운트 값 reset
```

```
            //1초에 1번씩 LCD 표시 값을 Update한다.
        }

        if(sec==60)
        {
            min++; //1 분 증가
            sec=0;
        }

        if(min==60)
        {
            hour++; //1시간 증가
            if(hour==12)
           {
              if(meridiem == AM) meridiem = PM;
              else meridiem = AM;
           }
            if(hour>12) hour=1;
           min=0;
        }

        }//end of normal mode

         FndDispClock(meridiem, hour, min, sec);
     } //end of while(1)

}
```

이상으로 디지털시계에 관하여 알아보았다. 다음 장에서는 키보드 스캔에 관하여 알아보도록 하겠다.

Chapter 13

키보드 스캔

13.1 키보드 스캔 개요

본 장에서는 앞에서 배운 키입력(8장)을 다른 방법으로 구현한다. 만일 8장에서 배운 방법을 사용하여 키입력을 받아들이는 경우, CPU는 키가 입력되었는지 아닌지를 검사하기위해 많은 시간을 빼앗기게 된다. 다시 말해서, 무한 루프를 계속 돌면서 CPU가 매번 키입력 포트를 읽어내야 한다는 것이다. 이것은 마치 초인종이 없는 집 대문에 누가 왔는지 계속 문을 열어 보아야 하는 상황과 똑 같다. 결국 정보를 입력하는 일에 많은 시간을 빼앗겨 CPU 본래의 임무인 정보처리를 제대로 할 수 없는 상황이 될 수도 있다는 것이다.

어떻게 하면 이러한 문제를 해결할 수 있을까? 여러 가지 해결 방법이 있을 수 있겠으나, CPU는 본래의 임무인 정보처리를 정상적으로 처리하다가 일정하게 주어진 시간에만 인터럽트를 걸어 키입력을 처리하는 방법을 생각해 볼 수 있겠다. 일정한 시간이란 CPU입장에서는 부담되지 않도록 한참 있다가 인터럽트가 걸리는 것이 좋다. 그렇다고, 사람이 키를 누르는 속도보다도 느리면 키가 눌렸다 떨어지는 순간을 잡아 내지 못할 수도 있으므로 적절한 시간을 정해주어야 한다. 관련서적에 의해 알려진 적절한 시간은 대략 30 ms 정도이다. SC-05 보드에서 제공되는 Key Matrix는 4개의 열(Column)과 4개의 줄(Line)로 구성되어 총 16개의 키를 가지고 있으며, 순서대로 1개의 열에 신호를 출력한 후 4개의 줄을 입력 받도록 구성되어 있으므로, 16개의 키 상태를 확인하기 위해서는 각 열을 순서대로 출력하여 입력하는 과정을 총 4번 거쳐야 1 스캔이 된다. 따라서, 1 스캔이 30 msec이려면, 각 열에 대해 출력 후 입력 받는 과정은 30/4 = 7.5 msec가 된다.

본 장에서는 7.5 ms에 한번씩 타이머/카운터 인터럽트가 걸리게 하여 키보드를 처리하는 것에 관하여 학습해 보기로 한다.

13.2 키보드 스캔을 위한 배선

키보드 스캔을 위한 배선도는 8장과 같다. 편의를 위해, 표 13.1에 다시 한번 내용을 표시한다.

표 13.1 Key Matrix 배선

KEY	C0	C1	C2	C3	L0	L1	L2	L3
AVR	PC4	PC5	PC6	PC7	PB0	PB1	PB2	PB3

또한, 키입력의 내용을 FND로 확인하기 위해 표 13.2의 배선을 병행한다.

표 13.2 FND 배선

FND부	a	b	c	d	e	f	g	p	Q0	Q1	Q2	Q3
CPU부	PA0	PA1	PA2	PA3	PA4	PA5	PA6	PA7	PC0	PC1	PC2	PC3

하드웨어 배선은 간단하므로 실습 준비에는 별 어려움이 없을 것이다.

13.3 키보드 스캔 프로그램

7.5 ms에 한번씩 타이머/카운터 인터럽트가 걸리게 하여 키보드를 처리하는 프로그램을 작성해 보기로 한다. 키가 처리된 것을 표시해주기 위해 FND가 사용되었다.

원리 설명은 앞에서 다 나왔으므로 자세한 설명은 생략하기로 한다. 독자들이 프로그램 한줄 한줄 분석하면서 앞에서 배운 원리를 자기 것으로 만들기 바란다. 분석을 통해, 타이머/카운터 인터럽트가 키보드 스캔과 함께 FND의 Dynamic 방식에서도 위력을 나타냄을 알아내기 바란다.

```
#include <io8535.h>
#include <ina90.h>

//Global 변수 선언
```

```
unsigned char digit0=0x10, digit1=0x10, digit2=0x10, digit3=0x10;
unsigned int count=0;
unsigned char column=0;
unsigned char keyValue=0x10;

const char Font[17] ={0xc0, 0xf9, 0xa4, 0xb0, 0x99, 0x92,  //0, 1, 2, 3, 4, 5
                     0x82, 0xf8, 0x80, 0x90, 0x88,        //6, 7, 8, 9, A
                     0x83, 0xc6, 0xa1, 0x86, 0x8e, 0xff } ; //b, C, d, E, F, NULL

void Int_FND_Disp(void)
{
  PORTC ¦ = 0xof : // 초기값 clear
  switch(count % 4)
  {
    case 0 :
         PORTC &= 0xfe; //첫 번째 FND 선택 // [단계 3]
         PORTA = Font[digit0]; // [단계 4]
         break;

    case 1 :
         PORTC &= 0xfd; //두 번째 FND 선택
         PORTA = Font[digit1];
         break;

    case 2 :
         PORTC &= 0xfb; //세 번째 FND 선택
         PORTA = Font[digit2];
         break;

    case 3 :
         PORTC &= 0xf7; //네 번째 FND 선택
         PORTA = Font[digit3]; // [단계 4]
         break;
```

```
default :
            PORTC |= 0x0f; //아무것도 선택 안함.
            PORTA = 0xff;  //아무것도 표시안함
   }
 }

 unsigned char Key_Scan(void)
 {
   unsigned char i;
   unsigned char ColCtrl;
   unsigned char TempKey, ReturnValue;


   ColCtrl = PORTC;
   ColCtrl |= 0xf0;

     switch(column)
     {
       case 0:
         ColCtrl &=0xef;
         break;

       case 1:
         ColCtrl &= 0xdf;
         break;

       case 2:
         ColCtrl &= 0xbf;
         break;

       case 3:
         ColCtrl &= 0x7f;
         break;
```

```
default:
      ColCtrl |= 0xf0;
   }
   PORTC = ColCtrl;
   for(i=0; i<5; i++); //출력후 읽어들이기전 안정화 시간 필요


   TempKey = PINB & 0x0f;

   //한 순간에 1개의 키만 눌려졌다고 가정한다.
   switch(TempKey)
   {
     case 0x0e: // 1110 -> Line 0
       ReturnValue=column;
       break;

     case 0x0d: // 1101 -> Line 1
       ReturnValue=column+4;
       break;

     case 0x0b: // 1011 -> Line 2
       ReturnValue=column+8;
       break;

     case 0x07: //0111 -> Line 3
       ReturnValue=column+12;
       break;

     default :
       ReturnValue=0x10 ; //아무런 키도 눌리지 않은 경우
    }
```

```
column++;
    if(column>3) column=0;

    return(ReturnValue);
}


void Init_Timer(void)
{
  TCCR0=0x03;    //3.6864MHz를 64분주 -> 57600 Hz -> 57.6count=1msec,
// 144 count=2.5 msec
  TCNT0=112;    //256-144=112

  TIMSK=0x01;  //Timer0 Interrupt Enable Mask
}



#pragma vector=TIMER0_OVF0_vect
__interrupt void TIMER0_OVF0_interrupt(void)
{


  TCNT0=112;
  count++;
  if((count % 3)==0)  //1 column 처리시간: 2.5*3=7.5 msec => 30 msec Key Scan
  KeyValue=Key_Scan();
  digit0=digit1=digit2=digit3=KeyValue;
  Int_FND_Disp();
}

void main(void)
{
```

```
    DDRA = 0xff; //포트 A의 모든 핀을 출력으로 사용
            DDRC = 0xff; //포트 C의 모든 핀을 출력으로 사용
        DDRB = 0x00; //포트 B의 모든 핀을 입력으로 사용

        PORTA = 0xff; //초기 값은 FND가 전부 꺼져있게 만든다.
        PORTC = 0xff; //C0-3은 FND control , C4-7은 키보드 스캔 control

        Init_Timer(); //타이머를 동작시킴

        _SEI(); //Global 인터럽트 허가 ->이 싯점 부터 인터럽트가 걸림

    while(1)
        {
          //main loop에서는 아무일도 안하고 인터럽트만 처리한다.
        }

}
```

Chapter 14

PWM

14.1 PWM 개요

PWM이란 Pulse Width Modulation의 약어로 펄스 폭 변조로 해석된다. 보통 펄스는 구형파라고도 불리며, High신호와 Low신호를 주기적으로 반복하는 신호로써 그림 14.1과 같다.

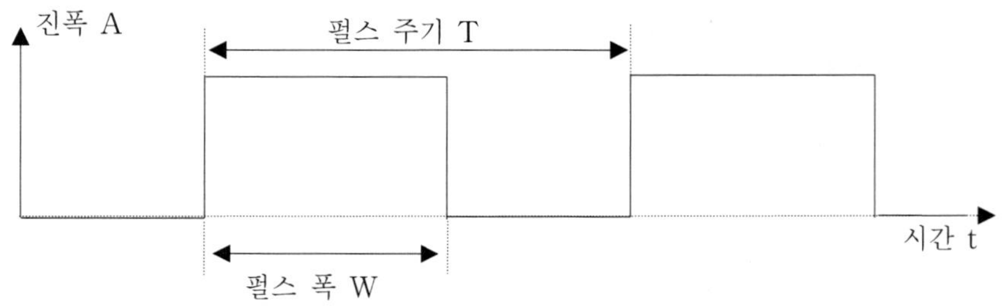

그림 14.1 ◎ 펄스의 형태

그림 14.1에서, T는 펄스의 주기이며, W는 펄스 폭이다. 펄스의 주파수(f)는 주기 T의 역수로서, 식 (14.1)과 같다.

$$f = 1/T \tag{14.1}$$

같은 주파수인 경우에, 그림에서 W로 표시되는 펄스의 폭이 달라질 수 있는데, 주기에 대한 펄스폭의 비율을 듀티비(Duty Ratio)라고 하며, 식 (14.2)와 같다.

$$D = W/T * 100 \ [\%] \tag{14.2}$$

흔히, 우리가 알고 있는 펄스는 High일 때의 시간과 Low일 때의 시간이 똑같은 경우이며, 듀티비가 50%인 경우이다. 한 주기 동안 전부 Low인 경우는 듀티비가 0%이고 전부 High인 경우는 100%인 경우이나 일반적으로 이러한 경우는 펄스라고 하지는 않는다.

아무튼, PWM은 한 주기 동안 High일 때의 시간을 바꾸어 줌으로써 듀티비를 변경시켜 주는 방식인데, 예를 들어 백열전구에 가해지는 전기를 PWM에 따라 High일 때 켜지고 Low일 때 꺼지게 한다면, 듀티비가 100%일 때 가장 밝고, 0%일 때는 백열전구가 꺼지게 된다. 또한 듀티비 50%이면 중간 밝기가 될 것이다. 결국, PWM에 의해 백열전구의 밝기를 마음대로 제어하여 점점 밝아진다던가 아니면 점점 어두어지게 만들 수도 있는 것이다.

다음 그림 14.2는 어떤 입력 값의 크기를 PWM으로 바꾸어 주는 원리를 나타내 준다.

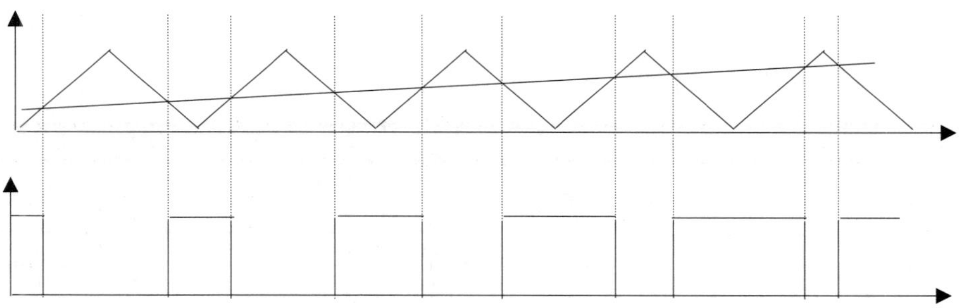

그림 14.2 PWM의 원리

그림 14.2에서 알 수 있듯이, 일정 주기의 삼각파와 입력 값을 비교하여 입력전압의 값이 크면 펄스폭이 넓고, 값이 작으면 펄스폭이 좁아지면서 입력 값에 따라 출력의 펄스 폭이 변조되는 PWM이 된다.

AVR에서는 타이머/카운터에 의해 UP 카운트하다가 DOWN 카운트 하면서 삼각파 기능을 하며, 비교레지스터에 입력 값의 크기를 비교하여 이러한 PWM 신호가 발생되도록 해준다.

14.2 ATmega8535에서의 PWM

ATmega8535에는 8비트 PWM 2채널과 10비트 PWM 2채널의 총 4채널 PWM

생성기가 있으며, 14.1절에서 배운 원리만 알면 어떤 채널을 사용하던 쉽게 PWM을 만들어 낼 수 있을 것이다. 본 교재에서는 10비트 PWM 2채널을 사용하여 PWM을 생성하는 방법에 관하여 알아보도록 한다.

10비트 PWM 생성은 타이머/카운터1과 비교 출력핀(OC1A, OC1B)으로 구현된다. OC1A 핀은 ATmega8535의 19번 핀이고, OC1B는 ATmega8535의 18번 핀이다. 이 핀에 PWM 신호를 어떻게 내보내는가? 마이크로프로세서를 동작시키려면 레지스터에 값을 넣어주면 된다고 배웠던 것을 상기하면서, 10장에서 배운 타이머/카운터 관련 레지스터를 다시 한번 살펴보기로 한다. 타이머/카운터 관련 레지스터는 표 14.1과 같다.

표 14.1 타이머/카운터 관련 레지스터

Address	Name	Bit 7	Bit 6	Bit 5	Bit 4	Bit 3	Bit 2	Bit 1	Bit 0
0x3C (0x5C)	OCR0	Timer/Counter0 Output Compare Register							
0x39 (0x59)	TIMSK	OCIE2	TOIE2	TICIE1	OCIE1A	OCIE1B	TOIE1	OCIE0	TOIE0
0x38 (0x58)	TIFR	OCF2	TOV2	ICF1	OCF1A	OCF1B	TOV1	OCF0	TOV0
0x33 (0x53)	TCCR0	FOC0	WGM00	COM01	COM00	WGM01	CS02	CS01	CS00
0x32 (0x52)	TCNT0	Timer/Counter0 (8 Bits)							
0x30 (0x50)	SFIOR	ADTS2	ADTS1	ADTS0	–	ACME	PUD	PSR2	PSR10
0x2F (0x4F)	TCCR1A	COM1A1	COM1A0	COM1B1	COM1B0	FOC1A	FOC1B	WGM11	WGM10
0x2E (0x4E)	TCCR1B	ICNC1	ICES1	–	WGM13	WGM12	CS12	CS11	CS10
0x2D (0x4D)	TCNT1H	Timer/Counter1 – Counter Register High Byte							
0x2C (0x4C)	TCNT1L	Timer/Counter1 – Counter Register Low Byte							
0x2B (0x4B)	OCR1AH	Timer/Counter1 – Output Compare Register A High Byte							
0x2A (0x4A)	OCR1AL	Timer/Counter1 – Output Compare Register A Low Byte							
0x29 (0x49)	OCR1BH	Timer/Counter1 – Output Compare Register B High Byte							
0x28 (0x48)	OCR1BL	Timer/Counter1 – Output Compare Register B Low Byte							
0x27 (0x47)	ICR1H	Timer/Counter1 – Input Capture Register High Byte							
0x26 (0x46)	ICR1L	Timer/Counter1 – Input Capture Register Low Byte							
0x25 (0x45)	TCCR2	FOC2	WGM20	COM21	COM20	WGM21	CS22	CS21	CS20
0x24 (0x44)	TCNT2	Timer/Counter2 (8 Bits)							
0x23 (0x43)	OCR2	Timer/Counter2 Output Compare Register							
0x22 (0x42)	ASSR	–	–	–	–	AS2	TCN2UB	OCR2UB	TCR2UB

여기서, 타이머/카운터1의 동작모드를 제어하는 레지스터는 TCCR1A와 TCCR1B이다. 편의를 위해, 표 14.1에서 TCCR1A와 TCCR1B 레지스터 내용만을 다시 확대해서 살펴보면 다음과 같다.

Bit	7	6	5	4	3	2	1	0	
	COM1A1	COM1A0	COM1B1	COM1B0	FOC1A	FOC1B	WGM11	WGM10	TCCR1A
Read/Write	R/W	R/W	R/W	R/W	W	W	R/W	R/W	
Initial Value	0	0	0	0	0	0	0	0	

Bit	7	6	5	4	3	2	1	0	
	ICNC1	ICES1	–	WGM13	WGM12	CS12	CS11	CS10	TCCR1B
Read/Write	R/W	R/W	R	R/W	R/W	R/W	R/W	R/W	
Initial Value	0	0	0	0	0	0	0	0	

이들 레지스터를 제어하여 PWM신호를 발생시킬 수 있는데, 그 절차는 다음과 같다.

1) PWM 모드를 설정한다.
2) PWM 주파수를 결정한다.
3) 비교 출력핀(OC1A, OC1B)의 핀 기능을 설정한다.

먼저, PWM 모드를 설정하는 방법에 관하여 알아보도록 하자. PWM 모드를 설정하기 위해 필요한 비트는 TCCR1A의 Bit 0에 있는 WGM10 과 Bit 1에 있는 WGM11, 그리고 TCCR1B의 Bit 3에 있는 WGM12와 WGM13이다.

이들 비트 값에 따른 PWM 모드는 표 14.2와 같다.

표 14.2 PWM 모드의 내용

Mode	WGM13	WGM12 (CTC1)	WGM11 (PWM11)	WGM10 (PWM10)	Timer/Counter Mode of Operation	TOP	Update of OCR1X at	TOV1 Flag Set on
0	0	0	0	0	Normal	0xFFFF	Immediate	MAX
1	0	0	0	1	PWM, Phase Correct, 8-bit	0x00FF	TOP	BOTTOM
2	0	0	1	0	PWM, Phase Correct, 9-bit	0x01FF	TOP	BOTTOM
3	0	0	1	1	PWM, Phase Correct, 10-bit	0x03FF	TOP	BOTTOM
4	0	1	0	0	CTC	OCR1A	Immediate	MAX
5	0	1	0	1	Fast PWM, 8-bit	0x00FF	TOP	TOP
6	0	1	1	0	Fast PWM, 9-bit	0x01FF	TOP	TOP
7	0	1	1	1	Fast PWM, 10-bit	0x03FF	TOP	TOP
8	1	0	0	0	PWM, Phase and Frequency Correct	ICR1	BOTTOM	BOTTOM
9	1	0	0	1	PWM, Phase and Frequency Correct	OCR1A	BOTTOM	BOTTOM
10	1	0	1	0	PWM, Phase Correct	ICR1	TOP	BOTTOM
11	1	0	1	1	PWM, Phase Correct	OCR1A	TOP	BOTTOM
12	1	1	0	0	CTC	ICR1	Immediate	MAX
13	1	1	0	1	Reserved	–	–	–
14	1	1	1	0	Fast PWM	ICR1	TOP	TOP
15	1	1	1	1	Fast PWM	OCR1A	TOP	TOP

본 교재에서는 이 모드들 중에서 3번 모드인 PWM, Phase Correct, 10 bit를 설정하기로 한다. 즉, TCCR1A와 TCR1B의 내용을 다음과 같이 해준다.

TCCR1A							
Bit 7	Bit 6	Bit 5	Bit 4	Bit 3	Bit 2	Bit 1	Bit 0
x	x	x	x	x	x	1	1

TCCR1B							
Bit 7	Bit 6	Bit 5	Bit 4	Bit 3	Bit 2	Bit 1	Bit 0
x	x	x	0	0	x	x	x

그 다음으로는 PWM 주파수를 결정한다. 주파수를 결정하는 원리는 다음과 같다.

먼저, 타이머/카운터0에 대해서는 10장의 표 10.2에서 주파수를 계산하는 방법에 관하여 알아보았다. 본 장에서 다루는 타이머/카운터1도 이와 유사하며, 타이머/카운터1의 주파수와 관련된 Bit는 각각 TCCR1B의 Bit 0, Bit 1, Bit 2에 해당하는 CS10, CS11, CS12이다. 각 값에 따른 주파수의 내용은 표 14.3과 같다.

표 14.3 CS10, CS11, CS12값에 따른 주파수의 내용

CS12	CS11	CS10	Description
0	0	0	No clock source (Timer/Counter stopped).
0	0	1	$clk_{I/O}$/1 (No prescaling)
0	1	0	$clk_{I/O}$/8 (From prescaler)
0	1	1	$clk_{I/O}$/64 (From prescaler)
1	0	0	$clk_{I/O}$/256 (From prescaler)
1	0	1	$clk_{I/O}$/1024 (From prescaler)
1	1	0	External clock source on T1 pin. Clock on falling edge.
1	1	1	External clock source on T1 pin. Clock on rising edge.

여기서, clkI/O의 값은 내부 시스템 클럭값인 3.6864 MHz이다.

PWM, Phase Correct, 10 bit 모드의 경우, 표14.3에서 설정된 주파수의 클럭을 이용하여, UP 카운트한 후 다시 DOWN 카운트 하는 것을 PWM의 한 주기로 한다. UP 카운트를 10 비트만큼 하므로, UP 카운트에 필요한 주파수는 카운터클럭/(2^10=1024)이다. 다시 DOWN카운트 하는데 까지가 PWM의 한 주기 이므로 PWM의 한 주기는 카운터클럭/2048이 된다.

예를 들어, (CS12, CS11, CS10)=(0, 0, 1)의 경우, 즉 프리스케일을 하지 않았을 때, 카운터클럭의 주파수는 내부클럭주파수와 같은 값인 3.6864 MHz가 된다. 따라서, 이때의 PWM 주파수는 3.6864 MHz / 2048 = 1.8 KHz 이다.

이 경우, TCCR1B 레지스터 값은 다음과 같이 된다.

TCCR1B							
Bit 7	Bit 6	Bit 5	Bit 4	Bit 3	Bit 2	Bit 1	Bit 0
x	x	x	0	0	0	0	1

PWM을 생성하는 마지막 절차로, 비교 출력핀(OC1A, OC1B)의 핀 기능을 설정한다. 비교 출력핀 기능은 각각 TCCR1A의 Bit 7, Bit 6, Bit 5, 그리고 Bit 4에 해당하는 COM1A1, COM1A0, COM1B1, COM1B0에 의해 설정되며, 그 기능은 다음 표 14.4와 같다.

표 14.4 ◎ 출력 핀의 기능 설명

COM1A1/ COM1B1	COM1A0/ COM1B0	Description
0	0	Normal port operation, OC1A/OC1B disconnected.
0	1	WGM13:0 = 9 or 14: Toggle OC1A on Compare Match, OC1B disconnected (normal port operation). For all other WGM1 settings, normal port operation, OC1A/OC1B disconnected.
1	0	Clear OC1A/OC1B on Compare Match when up-counting. Set OC1A/OC1B on Compare Match when down-counting.
1	1	Set OC1A/OC1B on Compare Match when up-counting. Clear OC1A/OC1B on Compare Match when down-counting.

본 교재에서는 (COM1A1, COM1A0, COM1B1, COM1B0)=(1,0,1,0)인 경우를 고려한다. 이 경우에 어떤 일이 발생하는지 그림 14.3을 참고로 하여 살펴보기로 한다.

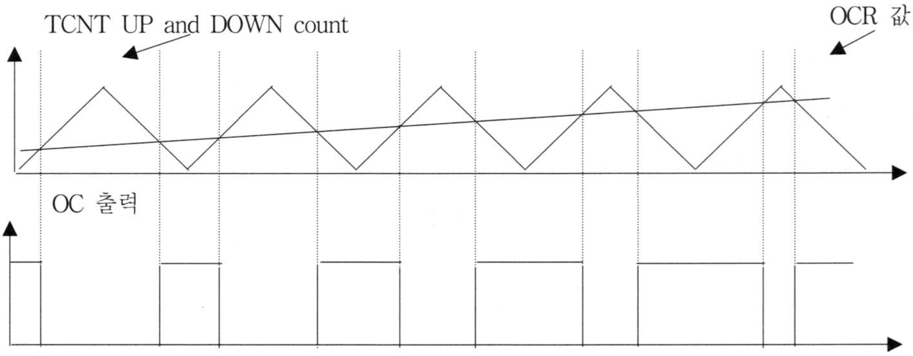

그림 14.3 PWM, Phase Correct, 10 bit 모드

그림 14.3에서, 0에서부터 카운트를 하나씩 할 때마다 값이 커지므로 밑에서부터 TOP이 될 때 까지 값이 올라가게 된다. 밑에 값에서부터 올라가다가 입력 값(비교 값)과 일치하게 되면 출력에 0을 내보내고, 다시 TOP에서부터 올라갔다가 내려오면서 입력 값(비교 값)과 일치하게 되면 출력에 1을 내보낸다. 결국, 입력 값이 큰 경우는 출력의 펄스 폭이 넓어지고 입력 값이 작은 경우는 펄스 폭이 좁아 져서 우리가 원하는 PWM을 구현 할 수 있는 것이다.

앞에서 학습한 바와 같이, (COM1A1, COM1A0, COM1B1, COM1B0)=(1,0,1,0)로 해 주어야 한다는 것을 알았으므로, TCCR1A 레지스터 값은 다음과 같이 된다.

TCCR1A							
Bit 7	Bit 6	Bit 5	Bit 4	Bit 3	Bit 2	Bit 1	Bit 0
1	0	1	0	x	x	1	1

지금까지의 내용을 종합 정리해보자. PWM, Phase Correct, 10 bit 모드로 1.8 KHz의 주파수를 갖는 PWM을 생성시키기 위해서는 TCCR1A와 TCCR1B의 값

을 다음과 같이 해주어야 한다.

TCCR1A							
Bit 7	Bit 6	Bit 5	Bit 4	Bit 3	Bit 2	Bit 1	Bit 0
1	0	1	0	x	x	1	1

TCCR1B							
Bit 7	Bit 6	Bit 5	Bit 4	Bit 3	Bit 2	Bit 1	Bit 0
x	x	x	0	0	0	0	1

x로 표시된 비트는 PWM과는 상관없는 비트이며 0으로 해주면 된다. 따라서 PWM을 발생시키기 위한 프로그램 코드는 다음과 같다.

```
TCCR1A=0xa3; // 10100011
TCCR1B=0x01; // 00000001
```

그러면, 입력 값은 어디에 어떻게 넣어주면 되는가? 카운트하면서 비교해 보는 레지스터에 그 값을 넣어주면 되며, 0에서부터 1023 사이의 숫자를 넣어주면 된다. 만일 듀티비 50%의 펄스를 생성시키고 싶다면 512라는 값을 OCR1A와 OCR1B라는 레지스터에 넣어주면 되는 것이다. 이를 프로그램 코드로 나타내면 다음과 같다.

```
OCR1A=512;
OCR1B=512;
```

지금까지 PWM의 생성 원리에 관하여 알아보았다. 다소 복잡하게 느껴지는 독자들을 위해 결론만 정리하면, 1.8 KHz의 주파수를 갖는 PWM을 생성시키기 위해서는, 먼저 TCCR1A레지스터와 TCCR1B 레지스터에 값을 각각 0xa3, 0x01을 넣어주고, 펄스폭을 제어하기 위해 OCR1A와 OCR1B 레지스터에 0에서 1023사이의 값을 넣어주면 된다.

다음 절에서는 실습을 통해 이러한 원리를 학습해 보기로 한다.

14.3 배선

PWM의 경우 빠른 펄스의 폭이 변화하는 것을 눈으로 확인하기 위해서는 오실로 스코프를 이용하여야만 하며, 표 14.5와 같이 배선한다.

표 14.2 오실로 스코프 배선

오실로 스코프	ch1 프로브	ch2 프로브	GND
프로세서 보드	PD5(OC1A)	PD4(OC1B)	GND

표 14.5의 내용으로 배선된 모습은 그림 14.4와 같다.

그림 14.4 오실로스코프 프로브 연결

그림 14.4에서, 오실로 스코프를 설정하여야 하는데, 1.8 KHz의 파형을 한 화면에 5개 정도 보기 위해서는 Time/Div를 200 [μs]로 해주고, 펄스의 전압은 5V이므로 Volts/Div를 2 [V]로 맞춰준다. 2개의 채널을 동시에 보기 위해 각 채널에 대한 수평 기준점은 그림 14.5와 같이 해준다.

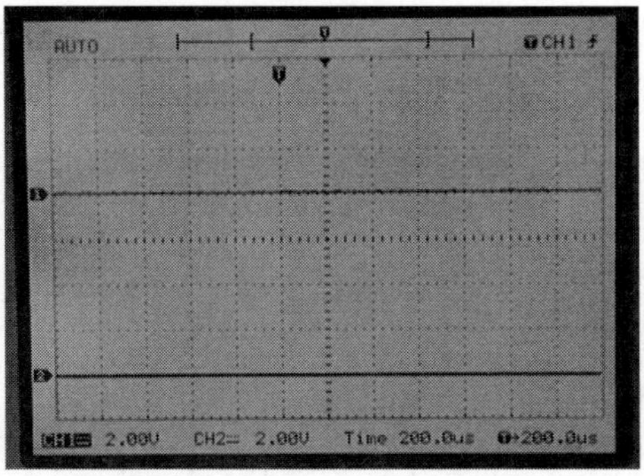

그림 14.5 스코프의 0전위 기준점

이제 PWM을 확인해 보기 위한 하드웨어 설정이 끝났으므로, PWM을 동작시키는 프로그램에 관하여 알아보도록 하겠다.

14.4 PWM 발생 프로그램

먼저, 듀티비 50%를 갖는 펄스를 만들어 내는 프로그램은 다음과 같다.

```
#include <io8535.h>

void main(void)
{
        DDRD=0xff;  //PWM이 있는 D포트를 출력으로 설정

    TCCR1A=0xa3; // 10100011 (pwm 모드 설정)
    TCCR1B=0x01; // 00000001 (pwm 주파수 설정)

    OCR1A=512;
    OCR1B=512;

    while(1); //무한 루프 실행
}
```

위의 프로그램이 실행된 오실로스코프 파형은 그림 14.6과 같다.

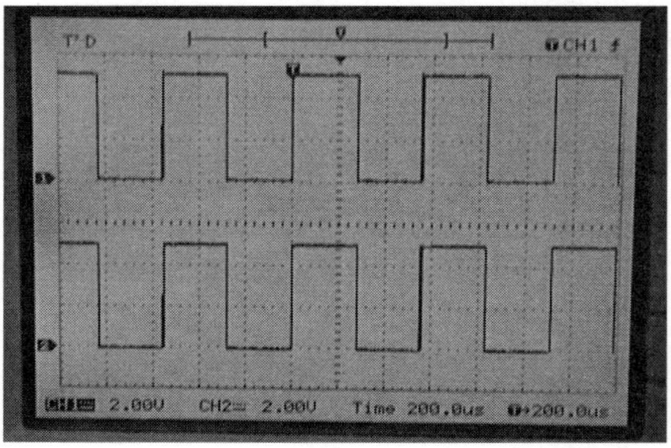

그림 14.6 ◎ 50% 듀티를 갖는 PWM 파형

위 프로그램은 펄스의 폭이 고정된 경우이다. 그러나 PWM은 상황에 따라 펄스의 폭을 변화 시켜주는 데에 그 의의가 있다. 따라서 다음 프로그램에서는 시간에 따라 펄스의 폭이 점점 변화하는 것에 관하여 학습해 보기로 한다.

백열등이 점점 밝아지다가 어두어지거나, 모터의 속도가 점점 빨라지다가 느려지는 것 등에 PWM을 응용할 경우, 펄스폭이 점점 넓어지다가 좁아지게 해야 하며, 이는 시간에 따라 입력 값을 변화시켜주면 된다. TIMER/COUNTER0을 이용하여 일정시간마다 인터럽트가 걸리게 하여 그 때마다 입력 값을 증가시켜 주다가 최대 값에 도달하면 다시 감소시켜주는 프로그램을 작성하면 된다. 설명된 내용에 관한 핵심 루틴은 다음과 같다.

```
unsigned int pwm_value=0;  //전역변수 선언

void Init_Timer(void)
{
  TCCR0=0x05;    //3.6864MHz를 1024분주 -> 3.6 KHz 주파수
  TIMSK=0x01;  //Timer0 Interrupt Enable Mask
}
```

```
 #pragma vect=TIMER0_OVF0_vect
__interrupt void TIMER0_OVF0_interrupt(void)
{
  // ISR (인터럽트 서비스 루틴)

pwm_value = pwm_value + 10; //pwm 값 증가

if(pwm_value>=1023) pwm_value=0;

  OCR1A=pwm_value;
  OCR1B=pwm_value;

}
```

위의 코드를 이용한 전체 프로그램은 다음과 같다.

```
#include <io8535.h>
#include <ina90.h>

 unsigned int pwm_value=0;  //전역변수 선언

void Init_Timer(void)
{
  //인터럽트를 위한 Timer 0 설정
  TCCR0=0x05;    //3.6864MHz를 1024분주 -> 3.6 KHz 주파수
  TIMSK=0x01;  //Timer0 Interrupt Enable Mask

  //PWM을 위한 Timer 1 설정
  TCCR1A=0xa3; // 10100011
  TCCR1B=0x01; // 00000001
}
```

```
 #pragma vector=TIMER0_OVF0_vect
__interrupt void TIMER0_OVF0_interrupt(void)
{
  // ISR (인터럽트 서비스 루틴)

pwm_value = pwm_value + 10; //pwm 값 증가

if(pwm_value>=1023) pwm_value=0;

  OCR1A=pwm_value;
  OCR1B=pwm_value;

}


void main(void)
{
        DDRD=0xff;  //PWM이 있는 D포트를 출력으로 설정

   Init_Timer();

   _SEI(); //인터럽트 시작

   while(1)
   {
      //인터럽트 동작
   }

}
```

이 프로그램의 실행 결과는 그 파형이 시간이 경과함에 따라 점점 늘어나다가

다시 처음부터 반복되는 모습을 오실로스코프로 관찰할 수 있을 것이다. 교재에서는 초기화면과 끝부분의 화면만을 보인다.

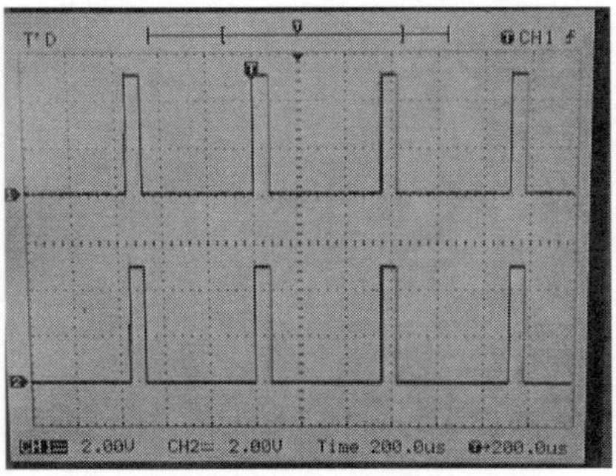

그림 14.8 ◎ pwm 초기 화면

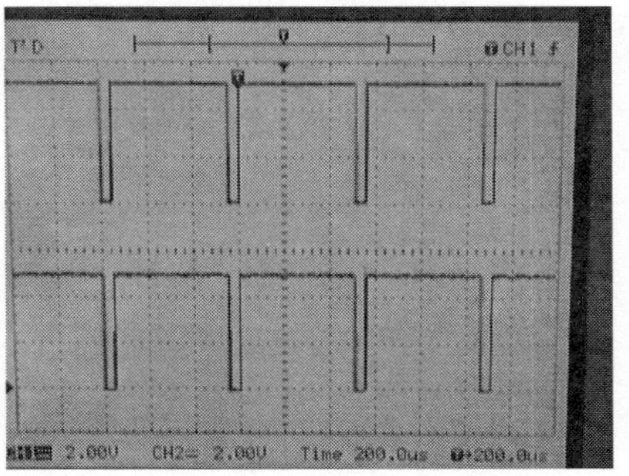

그림 14.7 ◎ pwm 끝 부분

이 장에서는 PWM에 관하여 알아보았다. 다음 장에서는 RS-232C 통신에 관하여 알아보도록 한다.

15 Chapter

마이크로프로세서 기초 실습

RS-232C를 이용한 컴퓨터와의 정보교환

15.1 RS-232C 개요

디지털 정보를 교환하기 위한 수단으로 크게 직렬통신과 병렬통신이 있다. 이 중 직렬통신이 배선이 간단하다는 이유로 많이 사용되고 있으며, 직렬통신 방식은 다시 동기방식과 비동기 방식으로 나뉘어 지는데, AVR 마이크로프로세서는 UART(Universal Asynchronous Receiver and Transmitter)를 이용한 비동기 직렬통신과 SPI(Serial peripheral Interface)를 이용한 동기 직렬통신을 모두 제공해 준다.

이중에서, UART를 이용한 비동기 직렬통신은 보통 컴퓨터와 마이크로프로세서 사이에 1대 1로 정보를 교환하는 경우를 비롯하여, 마이크로프로세서의 통신을 위해 아직까지도 산업체에서 비교적 널리 사용되고 있다.

또한, RS-232C는 EIA(Electronic Industries Association)에 의해 규정되어 졌으며 그 내용은 주로 통신 인터페이스에 대한 전기적인 인수, 컨트롤 핸드쉐이킹, 전송속도, 신호 대기시간, 임피던스 인수 등을 정의한 것으로 전송되는 데이터의 포맷과 내용은 지정되어 있지 않다. 특히, 전기적 특성을 규정한 것에 유의할 필요가 있는데, RS-232C 규격의 경우, +12 [V]를 디지털의 1로 정하고, -12 [V]를 디지털의 0으로 정하여 통신한다. 보통 컴퓨터의 뒷면에서 제공되는 Com1 포트와 Com2 포트가 이러한 RS-232C 규격으로 되어있으며, UART를 이용한 비동기 직렬통신 방식을 따른다. 이러한 이유로 (엄밀히 따지면 용어의 혼란이 있을 수 있으나) 흔히 비동기 직렬통신을 RS-232C 통신이라고 부르기도 한다.

본 장에서는 AVR 마이크로프로세서와 개인용 컴퓨터 간에 정보를 전달하는 방법을 학습한다.

15.2 RS-232C 통신을 위한 회로

개인용 컴퓨터의 Com1 포트와 마이크로프로세서 사이의 통신을 하기위한 개념도는 그림 15.1과 같다.

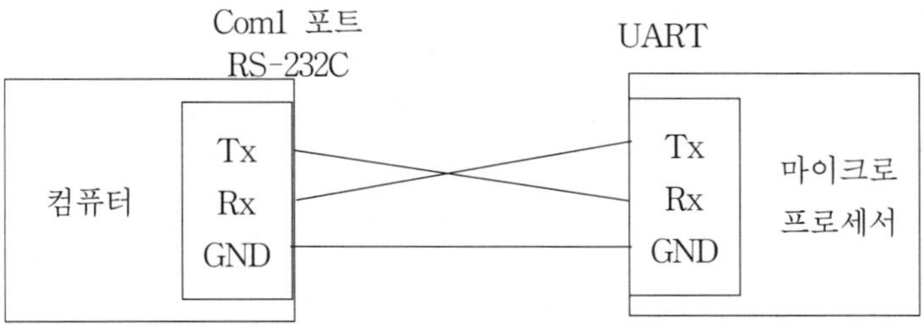

그림 15.1 RS232C 통신 개념도

다만, 그림 15.1과 같이 연결하면 통신이 이루어지지 않는데, 그 이유는 다음과 같다. 보통 마이크로프로세서는 직렬통신을 하기위한 전기신호가 TTL 레벨(디지털 1이 5 [V], 디지털 0이 0 [V])인 반면 RS-232C 통신을 하기위해서는 디지털의 1을 +12 [V]로 하고, 디지털의 0을 -12 [V]로 해 주어야 하기 때문이다.

따라서 올바른 통신이 이루어지게 하기 위해서는 레벨을 변환시켜 주어야만 한다. 이때 레벨을 편하게 변환시켜 주는 IC가 있는데 가장 많이 사용되는 IC는 MAX232C이다.

MAX232C의 외형 및 내부구조에 대해 datasheet에 소개된 내용을 살펴보면 그림 15.2와 같다.

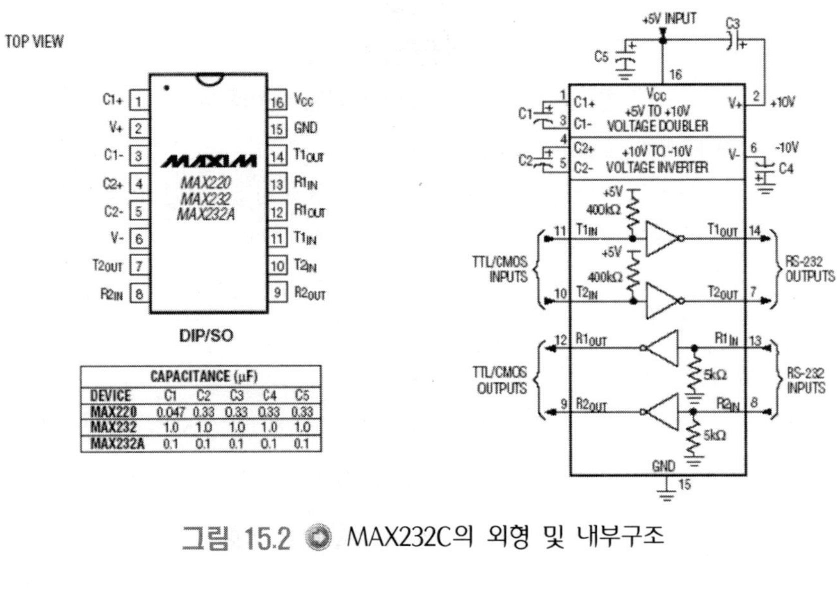

CAPACITANCE (μF)					
DEVICE	C1	C2	C3	C4	C5
MAX220	0.047	0.33	0.33	0.33	0.33
MAX232	1.0	1.0	1.0	1.0	1.0
MAX232A	0.1	0.1	0.1	0.1	0.1

그림 15.2 MAX232C의 외형 및 내부구조

그림 15.2를 참고로 그림 15.1의 잘못을 수정하여 전체 구성도를 다시 그리면 그림 15.3과 같다.

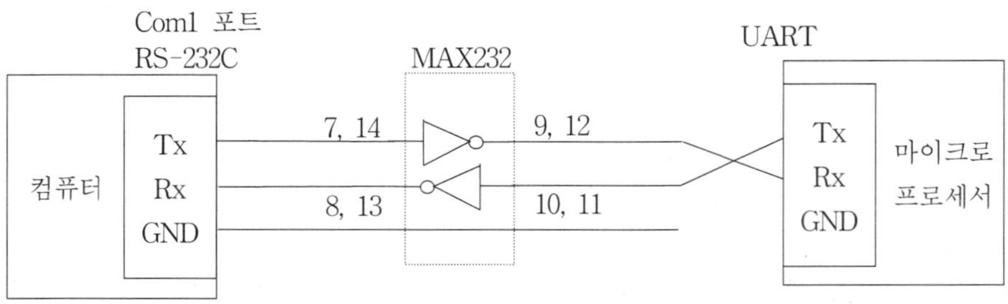

그림 15.3 RS232C 통신 구성도

이제 구성도를 회로도로 완성하기 위해 좀더 자세히 알아보도록 한다. 먼저, 컴퓨터의 커넥터에 관하여 살펴본다.

컴퓨터 뒷면에서 그림 15.4(a)와 같다.

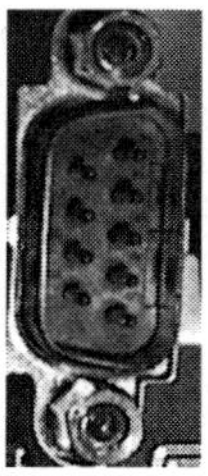

그림 15.4(a) 컴퓨터 뒷면의 Com포트

이 그림에 나타난 커넥터를 회로도 부품으로 표현하면 그림 15.4(b)와 같다.

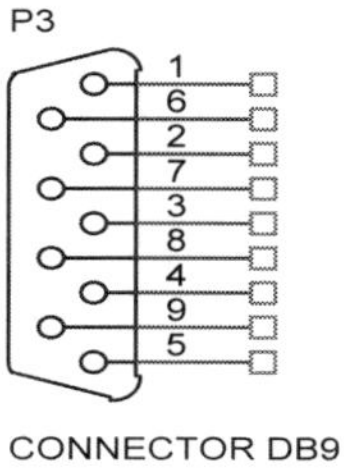

그림 15.4(b) Com포트 회로 기호

그림 15.4(b)에서 각 핀 번호에 대한 내용은 표 15.1과 같다.

표 15.1 RS232C 통신용 9핀 커넥터 핀 내용

핀 번호	신호명	내용
1	DCD (Data carrier detect)	모뎀이 컴퓨터 또는 터미널에게 자신이 송수신 가능한 상태임을 알려주는 신호선이다.
2	RX (Receive data)	외부 장치에서 들어오는 직렬통신 데이터를 입력 받는 신호선이다
3	TX (Transmit data)	비동기식 직렬통신 장치가 외부 장치로 정보를 보낼 때 데이터가 나오는 신호선이다.
4	DTR (Data terminal ready)	컴퓨터 또는 터미널이 모뎀에게 자신이 송수신 가능한 상태임을 알리는 신호선이다.
5	GND	신호 접지이다.
6	DSR (Data set ready)	모뎀이 컴퓨터 또는 터미널에게 자신이 송수신 가능한 상태임을 알려주는 신호선이다.
7	RTS (Request to send)	컴퓨터와 같은 DTE장치가 모뎀 또는 프린터와 같은 DCE장치에게 데이터를 받을 준비가 됐음을 나타내는 신호선이다.
8	CTS (Clear to send)	모뎀 또는 프린터와 같은 DCE장치가 컴퓨터와 같은 DTE장치에게 데이터를 받을 준비가 됐음을 나타내는 신호선이다.
9	RI (Ring indicator)	상대편 모뎀이 통신을 하기위해서 먼저 전화를 걸어오면 전화 벨이 울리게 된다. 이때 이신호를 모뎀이 인식하여 컴퓨터 또는 터미널에 알려주는 신호선이며 일반적으로 컴퓨터가 이신호를 받게되면 전화벨 신호에 응답하는 프로그램을 인터럽터등을 통해서 호출하게 된다.

표 15.1에서 우리가 이용할 핀은 2번(Rx), 3번(Tx) 그리고 5번(GND) 핀 뿐이다.

다음으로, ATmega8535에서 통신과 관련된 핀을 살펴보기 위해 그림 15.5를 참고한다.

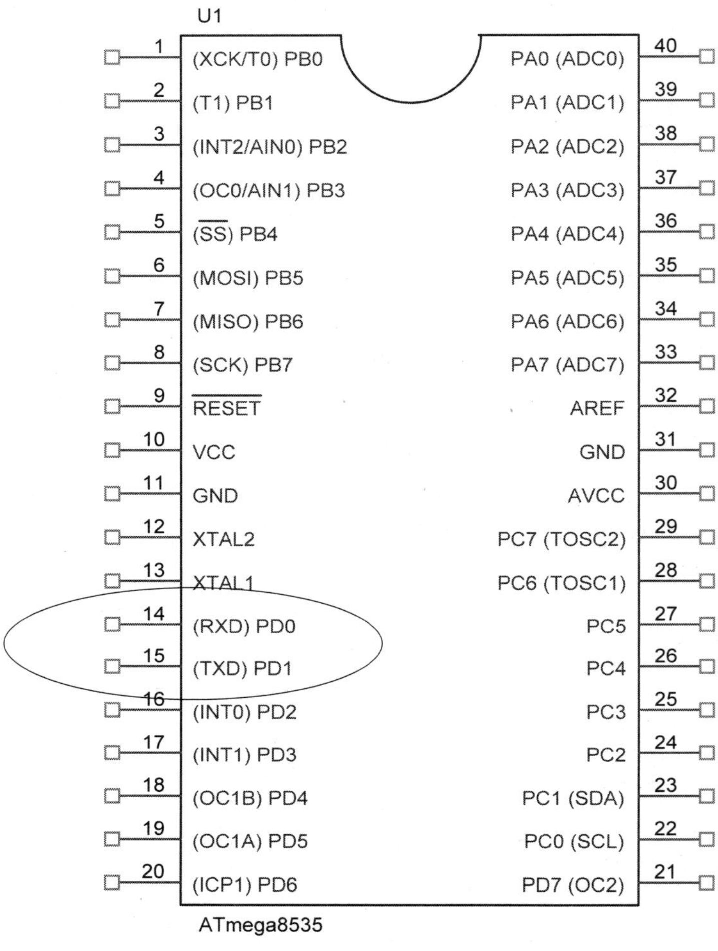

그림 15.5 ATmega8535의 통신 관련 핀

그림 15.5에서 ATmega8535에서 비동기 직렬통신을 위해서는 핀 14번(Rx)과 핀 15번(Tx)을 이용하면 된다는 것을 알 수 있다. 이때 한 가지 고려할 사항은 14번 핀은 Rx를 사용하지 않을 경우, 일반 포트 D의 0번 비트 즉, PD0로 사용할 수 있으며, 15번 핀은 Tx를 사용하지 않는 경우, PD1로 사용할 수 있다는 것이다. 그러나, 디지털 제어 산업기사 실습용 보드의 경우, 14번 핀과 15번 핀은 RS232C 통신전용으로 사용하고 있기 때문에, 일반 포트로는 사용할 수 없게 만들어져 있다. 다시 말해서 PD0와 PD1을 위한 커넥터는 제공되지 않는다.

아무튼, 앞에서 설명한 RS-232C 통신 원리에 의해, 그림 15.2의 데이터 쉬트를 바탕으로 완성된 회로도는 그림 15.6과 같다.

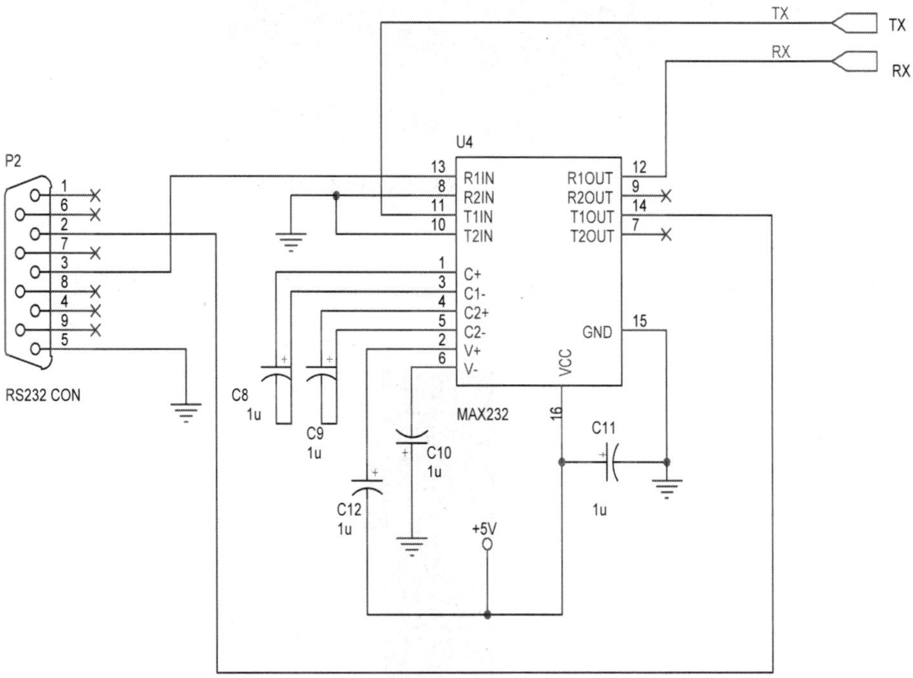

그림 15.6 ◎ MAX232C를 이용한 RS232C 통신 회로

이번 절에서는 RS-232C 회로에 관하여 알아보았다. 다음 절에서는 마이크로프로세서와 개인용 컴퓨터(PC)사이의 통신을 위한 배선에 관하여 알아보도록 한다.

15.3 RS-232C 통신을 위한 배선

하드웨어 제작에 대한 자세한 내용은 3장을 참고로 하되, 편의를 위해 배선과 관련된 부분을 다시 언급하기로 한다. 먼저, 배선에 필요한 RS-232 케이블은 그림 15.7과 같다.

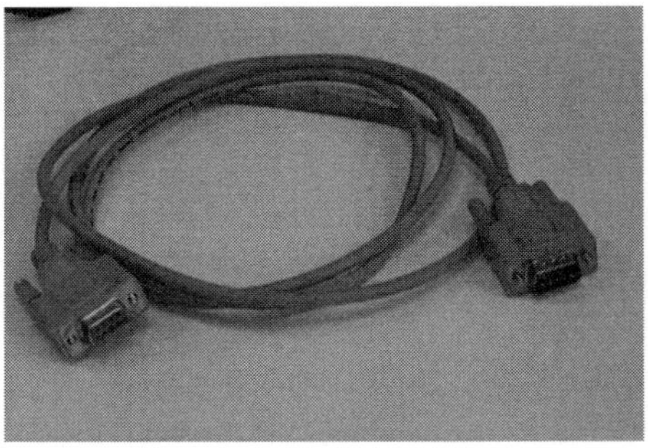

그림 15.7 ◎ RS232C 연결 케이블

그림 15.7의 한쪽 끝을 그림 15.8의 컴퓨터 com1 포트에 연결한다.

그림 15.8 ◎ Com1 포트

나머지 한쪽 끝은 SC-05 보드에 그림 15.9와 같이 연결한다.

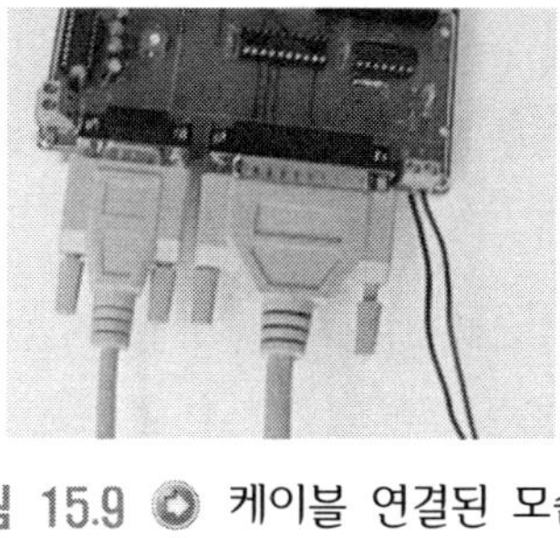

그림 15.9 ◎ 케이블 연결된 모습

이상으로 SC-05 보드와 개인용 컴퓨터(PC)와의 통신을 위한 배선이 완성되었다. 다음 절에서는 프로세서 보드가 잘 동작 하는지 살펴보도록 한다.

15.5 RS-232C 하드웨어 동작 확인하기

PRGRAMMER의 RS-232C 통신 점검 절차

먼저 배선이 연결된 상태에서, 전원을 인가한 후 프로그래머를 실행시킨다. 프로그래머를 실행시키면 그림 15.10과 같은 화면이 표시된다.

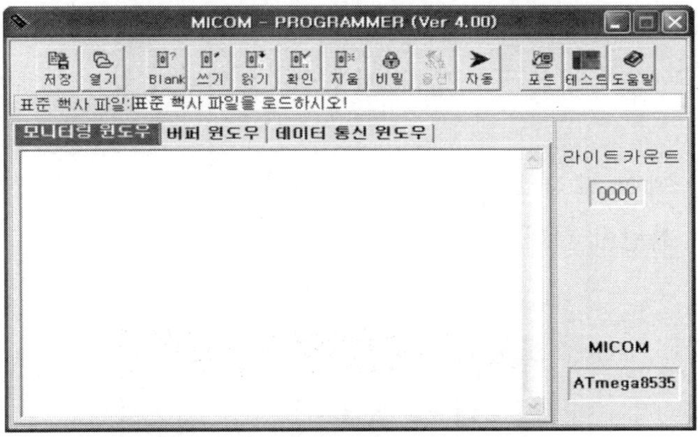

그림 15.10 ◎ 프로그래머 실행화면

그림 15.10에서 테스트 버튼(테스트)을 누른다. 그러면, 다음 그림 15.11과 같은 진행화면이 표시된다.

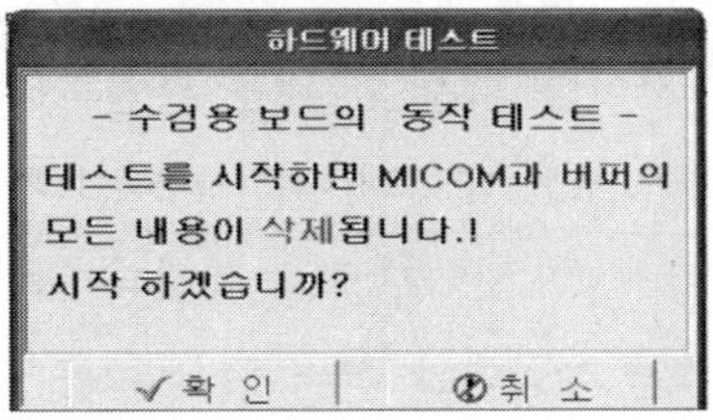

그림 5.11 ◎ 보드 테스트 진행화면

그림 15.11에서, 확인 버튼을 누르면 다시 그림 15.12와 같이 통신포트를 설정하는 화면이 나타난다.

그림 15.12 ◎ 통신포트 설정

그림 15.12와 같이 통신 포트가 COM 1으로 선택되어 있는 상태에서 확인 버튼을 누른다.

이후에 하드웨어 테스트가 자동으로 진행되는 동안 잠시 기다리면, 다음 그림 15.13과 같은 화면이 나타난다.

그림 15.13 ◎ 테스트 결과화면

그림 15.13과 같은 화면이 표시되면 SC-05와 개인용 컴퓨터(PC) 사이의 통신이 정상적으로 이루어진 것이다. 그림 15.13을 확인하였으면, 창 닫기 버튼( )을 사용하여 창을 닫는다. 만일, "2. 데이터 통신 => 실패"라고 표시 된다면, 하드웨어 제작 및 배선에 문제가 있는 것이므로 컴퓨터의 COM1 포트부터 커넥터와 케이블, 그리고 보드 회로까지 꼼꼼하게 살펴본다. 물론 전원 확인은 제일먼저 살펴보아야 할 일이다.

이상으로 RS-232C 통신을 위한 모든 준비가 다 되었다. 다음 절에서는 SC-05를 프로그래밍하여 RS-232C로 통신하는 방법에 관하여 살펴보기로 한다.

15.6 ATmega8535에서 RS-232C 통신을 위한 프로그램 작성하기

ATmega8535에서 UART를 이용하여 통신을 하는 경우에 필요한 레지스터의 상세한 내용은 데이터쉬트를 참조하기로 하고, 본 교재에서는 ATmega8535에서 UART를 이용하여 통신을 하는 경우 프로그램에 필요한 절차만 고려한다. 먼저, 데이터 통신을 위해 가장 먼저 해야 할 일은 보레이트(Baud Rate)를 설정하는 것이다. 보레이트를 설정하기 위한 레지스터는 UBRR이며, UBRR값과 보레이트 사이의 관계식은 식 (15.1)과 같다.

UBRR=fOSC/(16*BaudRate)-1 (15.1)

예를 들어, 보레이트를 9600 Baud로 할 경우, SC-05 보드의 클럭 주파수(fOSC)가 3.6864 MHz이므로, UBRR=3.6864M/(16*9600)-1=23이 된다. 이를 프로그램 코드로 나타내면 다음과 같다.

```
UBRR=23; //보레이트를 9600 으로 설정
```

데이터 통신을 위해 보레이트를 설정한 후, UART 통신 제어레지스터로 수신을 허락할 것인지 송신을 허락할 것인지 인터럽트를 사용할 것인지 등을 결정해 준다. UART 통신 제어레지스터는 UCR로서 그 내용은 다음과 같다.

Bit	7	6	5	4	3	2	1	0
	RXCIE	TXCIE	UDRIE	RXEN	TXEN	UCSZ2	RXB8	TXB8
Read/Write	R/W	R/W	R/W	R/W	R/W	R/W	R	R/W
Initial Value	0	0	0	0	0	0	0	0

ATmega8535의 데이터 쉬트에서는 이 레지스터의 이름이 UCSRB로 되어 있으나, 이름만 다를 뿐 그 내용은 같다. 본 교재에서는 디지털 제어 산업기사 컴파일러에 대한 이전 버전과의 호환을 위해서 90S8535의 이름을 사용하였다.

UCR레지스터의 Bit 7(RXCIE)은 수신이 완료된 경우 인터럽트를 허가해 줄 경우에 사용되며, Bit 6(TXCIE)은 송신이 완료된 경우 인터럽트를 허가해 줄 때 사용한다. 또한, Bit 5(UDRIE)는 데이터레지스터가 비어있을 때 인터럽트를 발생시키는 것을 허가해 주는 비트로 사용된다. Bit 4(RXEN)는 수신을 허가하는 경우이며, Bit 3(TXEN)은 송신을 허가해 줄 때 사용하는 비트이다. 비트 2에서 Bit 0까지는 데이터의 길이를 8 bit가 아닌 9 bit를 사용하는 경우에 고려해야 하는 비트이나, 본 교재에서는 데이터의 길이가 8 bit인 경우만을 고려하기로 하여 "000"으로 고정시킨다.

예를 들어, 인터럽트를 사용하지 않고, 송신만 할 경우, UCR의 값은 2진수로 00001000이 된다. 이를 프로그램 코드로 나타내면 다음과 같다.

```
UCR = 0x08; //UART 통신에서 송신만 허가함.
```

이제 통신 프로그래밍을 할 준비가 다 되었다. 마지막 절차로 데이터 레지스터에 값만 넣어주면 된다. 그런데, 아무 때나 값을 넣어주는 것이 아니라 이전 송신 혹은 수신이 완료된 이후에 값을 넣어 주어야 하므로 UART 상태 레지스터에서 그 값을 살펴보아야만 한다. UART의 상태레지스터 이름은 USR(ATmega8535 데이터 쉬트에는 UCSRA로 되어있음)이며, 수신이 완료된 경우 Bit 7이 1로 되고 값을 읽어 가면 자동으로 0이 된다. 송신이 완료된 경우는 Bit 6이 1로 된다. 또한, Bit 5는 송신을 할 경우나 수신을 할 경우에 데이터 레지스터가 비어있는지를 알려주는 비트이다.

다시 말해서, 송신이 완료된 경우 혹은 수신이 처리된 이후에 Bit 5가 1이 되는 것이다. 결국 데이터 레지스터에 어떤 값을 넣을 때에는 반드시 Bit 5의 상태를 확인해 보아야 한다. 예를 들어 송신을 할 경우 이 비트를 조사하여 이전 송신이 완료되었다는 것을 확인 한 후에 다음 데이터를 보내기위한 프로그램 코드는 다음과 같다.

while(!(USR & 0x20)) ;

// Bit 5를 Masking 하여, Bit 5가 0이면 아무 일도 하지 않고 계속 loop만 돈다.

//즉 Bit 5가 1이 될 때까지 기다린다.

UDR = 'A';　　//Bit 5가 1인 경우에만, A라는 문자를 송신한다.

이상의 내용을 정리하면 다음과 같다.

1) 보레이트를 결정한다. 예) UBRR=23; //보레이트를 9600 으로 설정

2) 인터럽트 허가, 송신허가, 혹은 수신허가 등을 결정한다. 예) UCR = 0x08;

3) 데이터레지스터에 통신 값을 읽거나 쓴다. 예) while(!(USR & 0x20)); UDR = 'A';

이러한 원리에 의해, 마이크로프로세스 보드가 A에서부터 Z까지의 문자를 PC로 송신하는 프로그램은 다음과 같다.

```
#include <io8535.h>

void main(void)
{
  unsigned int i;
  char c='A';

  UBRR=23; // 9600 Baud Rate  16진수로는 0x17
  UCR = 0x08;  //송신만 허가

  while(1)
  {
  while(!(USR & 0x20));  //상태를 확인해 보고
     UDR=c;              //문자를 송신한다

     for(i=0; i<60000; i++); //다음 문자를 보낼때 까지 잠시 지연시킨다
```

```
        c++;                        //문자 코드를 하나 증가 시킨다
        if(c>'Z') c='A';            //Z까지 증가했으면 다시 A로 만든다
    }

}
```

이 프로그램이 동작될 때, SC-05 보드에서 전송되는 문자를 컴퓨터에서 받아서 확인해 보는 방법에는 크게 2가지가 있다. 첫 번째 방법은 통신전용의 프로그램을 사용하는 것인데, 대표적인 것이 윈도우즈에서 기본적으로 제공해 주는 하이퍼링크라는 프로그램이 있다. 본 교재에서 사용하고 있는 디지털제어 산업기사를 위해 제공되는 프로그래머에서도 이러한 기능을 가지고 있다. 본 교재에서는 프로그래머를 통해 컴퓨터에서의 통신을 확인해 보기로 한다. 2 번째 방법은 Visual C++혹은 Visual Basic과 같은 프로그램을 이용하여 직접 제작하는 것이다. 이 방법은 Visual C++혹은 Visual Basic 프로그래밍을 따로 학습해야 하므로 본 교재에서는 생략하기로 한다.

이제, 프로그래머를 이용하여 SC-05 보드에서 전송되는 문자를 컴퓨터에서 받아서 확인해 보는 방법을 알아본다. 그림 15.14와 같이 프로그래머를 실행시킨다.

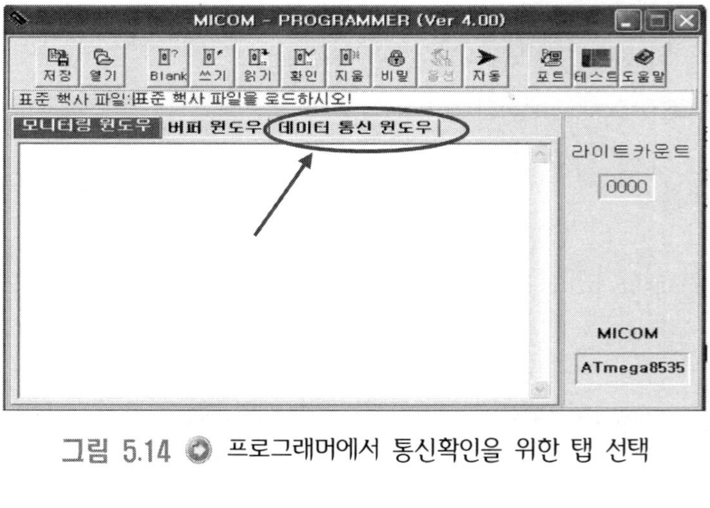

그림 5.14 프로그래머에서 통신확인을 위한 탭 선택

그림 15.14에서 데이터 통신 윈도우 탭을 누른다. 결과 화면은 다음 그림 15.15와 같다.

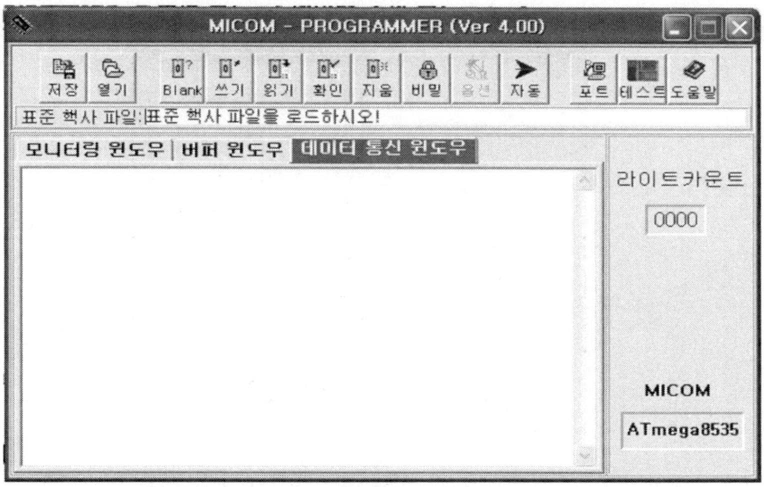

그림 15.15 ◎ 프로그래머에서 통신을 위한 창 화면

그림 15.15에서, 화면 표시 창의 임의의 위치에 마우스를 위치시키고 오른쪽 버튼을 눌러 팝업메뉴를 불러들인다. 실행결과는 그림 15.16과 같다.

그림 15.16 ◎ 프로그래머에서 통신을 위한 초기화 메뉴

그림 15.16의 팝업메뉴에서 시리얼 초기화를 선택(마우스로 클릭)하면 그림 15.17의 화면이 나타난다.

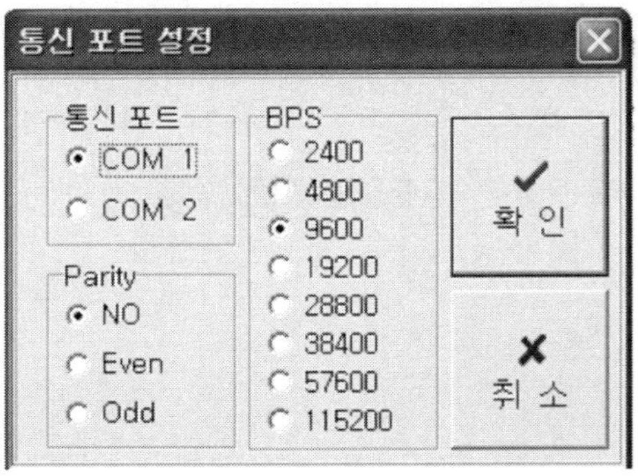

그림 15.17 ◎ 통신 설정 창

그림 15.17에서 화면과 같이 통신 포트는 COM 1, Parity는 NO, 그리고 BPS는 9600을 선택한 후, 확인 버튼을 누른다. SC-05 보드가 정상동작을 한다면 다음과 같은 결과 화면을 볼 수 있다.

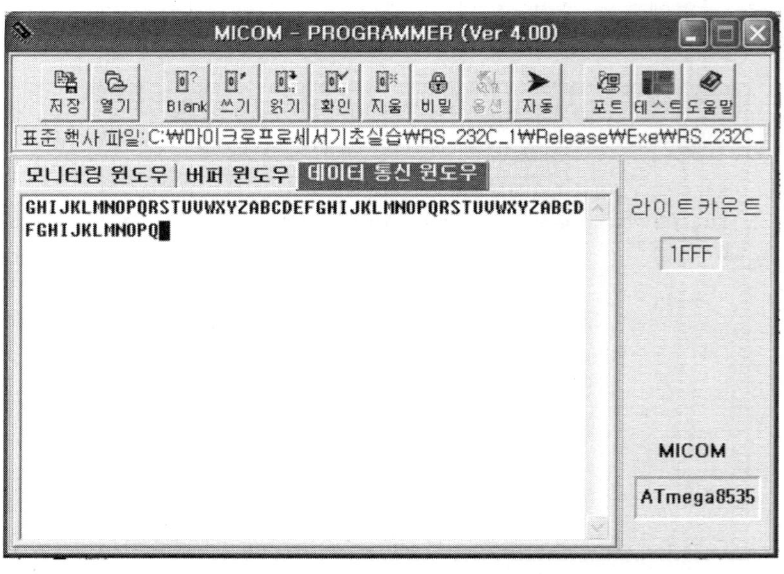

그림 15.17 ◎ 통신이 정상적으로 동작하는 경우의 실행화면

지금까지 SC-05 보드가 RS-232C통신을 이용해 정보를 송신하는 방법에 관하여 알아보았다. 다음에는 PC로부터 전송되는 정보를 수신하는 방법에 관하여 학습해 보도록 한다.

실습과제는 PC에서 보내주는 문자를 수신하는 것이다. PC의 자판 중 0에서부터 9사이의 자판을 누른 경우, 그 값이 RS-232C 통신을 통해 FND에 표시되게 하는 것이다. FND에 숫자를 표시하기 위해서 SC-05 보드가 다음과 같이 배선되어 있는지 확인해 보기 바란다.

FND부	a	b	c	d	e	f	g	p	Q0	Q1	Q2	Q3
CPU부	PA0	PA1	PA2	PA3	PA4	PA5	PA6	PA7	PC0	PC1	PC2	PC3

배선이 확인되었으면, 다음과 같은 프로그램을 실행시킨다.

```
#include <io8535.h>

const char Font[17] ={0xc0, 0xf9, 0xa4, 0xb0, 0x99, 0x92,  //0, 1, 2, 3, 4, 5
                      0x82, 0xf8, 0x80, 0x90, 0x88,          //6, 7, 8, 9, A
                      0x83, 0xc6, 0xa1, 0x86, 0x8e, 0xff } ;  //b, C, d, E, F,
SPACE

void FND_Display(unsigned char digit0, unsigned char digit1, unsigned char digit2,
unsigned char digit3)
{
  int i;

 PORTC = 0xfe; //첫 번째 FND 선택 // [단계 3]
        PORTA = Font[digit0]; // [단계 4]
        for(i=0; i<20; i++);
```

```
            //이하 다른 FND 선택 후 반복
            PORTC = 0xfd; //두 번째 FND 선택
            PORTA = Font[digit1];
            for(i=0; i<20; i++);

            PORTC = 0xfb; //세 번째 FND 선택
            PORTA = Font[digit2];
            for(i=0; i<20; i++);

            PORTC = 0xf7; //네 번째 FND 선택
            PORTA = Font[digit3]; // [단계 4]
            for(i=0; i<20; i++);
}



void init_UART(void)
{
  UBRR = 23; //0x17=23 -> 9600 Baud Rate
  UCR = 0x10;  //수신만 허락
}

void init_port(void)
{
 DDRA = 0xff; //포트 A의 모든 핀을 출력으로 사용
 DDRC = 0xff; //포트 C의 모든 핀을 출력으로 사용
 PORTA= 0xff; //초기 값은 FND가 전부 꺼져있게 만든다.
}

void main(void)
{
```

```
unsigned char ReceiveData, i;
unsigned char digit0=0x10, digit1=0x10, digit2=0x10, digit3=0x10;

init_port();

init_UART();

while(1)
      {
         if(USR & 0x80)
         {
            ReceiveData = UDR;
            digit0=ReceiveData-0x30;    //문자코드를 숫자로 변환


            //0에서 9사이의 자판에 대한 코드 이외의 것은 표시하지 않는다.
             if(digit0>=10) digit0=0x10;
            //digit0이 unsigned 형 이므로 0보다 작은 경우는 고려할 필요 없음.


            digit3 = digit2 = digit1 = digit0;
          }

         for(i=0; i<100; i++) FND_Display(digit3, digit2, digit1, digit0);
  }

}
```

위 프로그램을 실행하여도 SC-05 보드에서는 아무런 일도 일어나지 않는다. 컴퓨터에서 정보를 보내줄 때 까지 기다리는 것이다. 컴퓨터에서 정보를 보내기 위해서는 어떻게 하는지 알아보기로 한다.

먼저 그림 15.18과 같이 프로그래머를 실행시킨다.

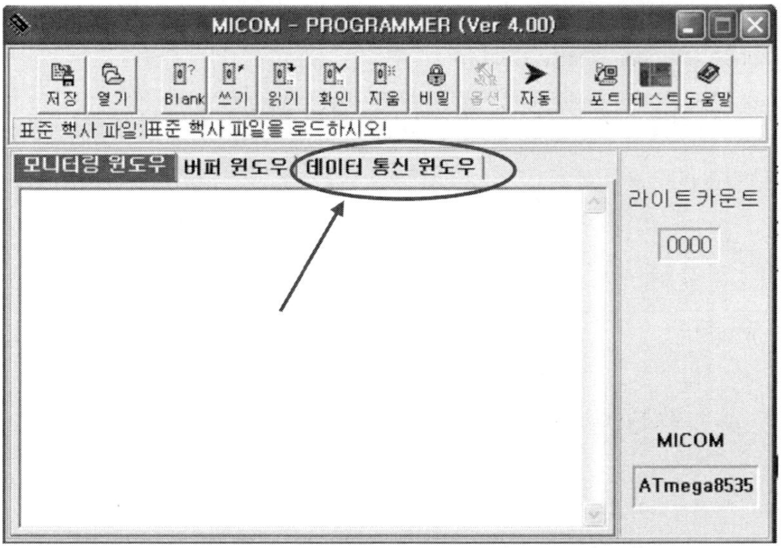

그림 15.18 ◎ 프로그래머에서 통신을 위한 탭 설정

그림 15.18에서 데이터 통신 윈도우 탭을 누른다. 결과 화면은 다음 그림 15.19와 같다.

그림 15.19 ◎ 프로그래머에서 통신을 위한 창

그림 15.19에서, 화면 표시 창의 임의의 위치에 마우스를 위치시키고 오른쪽 버튼을 눌러 팝업메뉴를 불러들인다. 실행결과는 그림 15.20과 같다.

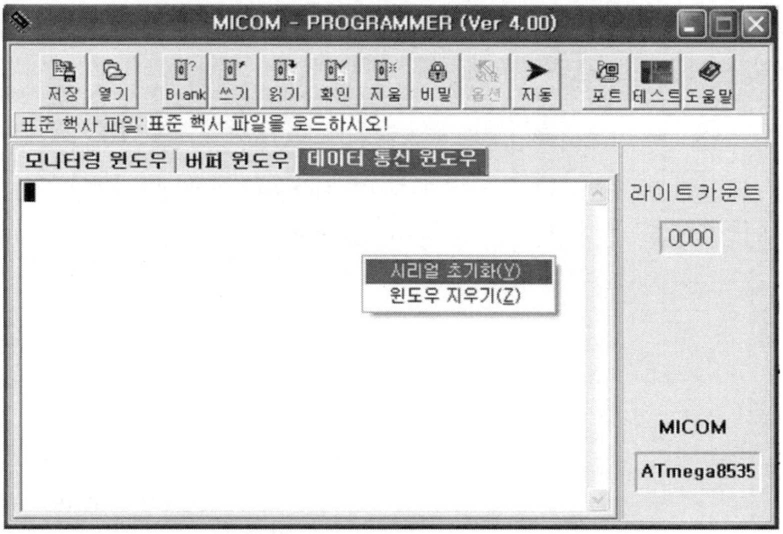

그림 15.20 ◎ 프로그래머에서 통신을 위한 초기화 메뉴

그림 15.20의 팝업메뉴에서 시리얼 초기화를 선택(마우스로 클릭)하면 그림 15.21의 화면이 나타난다.

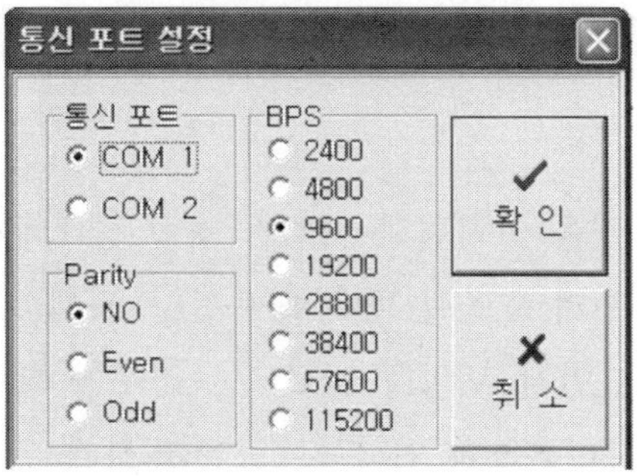

그림 15.21 ◎ 통신 설정 창

그림 15.21에서 화면과 같이 통신 포트는 COM 1, Parity는 NO, 그리고 BPS는

9600을 선택한 후, 확인 버튼을 누른다. 다음 그림 15.22와 같이 아무런 표시도 되지 않는다. 하지만, 이 상태에서 컴퓨터의 숫자 자판을 누르면, SC-05 보드의 FND에 그 숫자가 표시될 것이다.

그림 15.22 ◎ 통신 실행 화면

그림 15.22의 상태에서 컴퓨터 자판의 0에서 9까지의 숫자를 누르면 SC-05 보드의 FND에 그 숫자가 표시된다. 만일 다른 자판을 누른다면 아무것도 표시되지 않을 것이다.

위의 프로그램은 수신을 하기위해 CPU가 계속 상태레지스터를 체크해 보아야 한다. 이러한 일은 CPU의 효율이 매우 나빠진다. 또한, 통신에서 정보를 수신하는 경우에는 상대방이 언제 보내올지 모르는 경우가 대부분이므로, 일반적으로 수신이 완료된 신호를 이용하여 인터럽트로 처리하게 된다.

앞에서 학습한 PC의 자판 중 0에서부터 9사이의 자판을 누른 경우, 그 값이 RS-232C 통신을 통해 FND에 표시되게 하는 프로그램을 인터럽트로 처리하는 프로그램에 관하여 알아보면 다음과 같다.

```
#include <io8535.h>
#include <ina90.h>

//인터럽트 처리에 사용되는 전역변수
unsigned char ReceiveData;
unsigned char digit0=0x10, digit1=0x10, digit2=0x10, digit3=0x10;


const char Font[17] ={0xc0, 0xf9, 0xa4, 0xb0, 0x99, 0x92,  //0, 1, 2, 3, 4, 5
                      0x82, 0xf8, 0x80, 0x90, 0x88,        //6, 7, 8, 9, A
                      0x83, 0xc6, 0xa1, 0x86, 0x8e, 0xff } ;  //b, C, d, E, F,
SPACE


void FND_Display(unsigned char digit0, unsigned char digit1, unsigned char digit2,
unsigned char digit3)
{
  int i;

 PORTC = 0xfe; //첫 번째 FND 선택 // [단계 3]
          PORTA = Font[digit0]; // [단계 4]
          for(i=0; i<20; i++);

           //이하 다른 FND 선택 후 반복
          PORTC = 0xfd; //두 번째 FND 선택
          PORTA = Font[digit1];
          for(i=0; i<20; i++);

          PORTC = 0xfb; //세 번째 FND 선택
          PORTA = Font[digit2];
          for(i=0; i<20; i++);
```

```
            PORTC = 0xf7; //네 번째 FND 선택
            PORTA = Font[digit3]; // [단계 4]
            for(i=0; i<20; i++);
}


void init_UART(void)
{
  UBRR = 23; //0x17=23 -> 9600 Baud Rate
  UCR = 0x90;  //수신 허가 및 수신 인터럽트 허가
}

void init_port(void)
{
 DDRA = 0xff; //포트 A의 모든 핀을 출력으로 사용
 DDRC = 0xff; //포트 C의 모든 핀을 출력으로 사용
 PORTA= 0xff; //초기 값은 FND가 전부 꺼져있게 만든다.
}


//수신버퍼 완료 인터럽트
#pragma vector=UART_RX_vect
__interrupt void UART_RX_interrupt(void)
{


  ReceiveData = UDR;
  digit0=ReceiveData-0x30;    //문자코드를 숫자로 변환


   //0에서 9사이의 자판에 대한 코드 이외의 것은 표시하지 않는다.
```

```
    if(digit0>=10) digit0=0x10;
    //digit0이 unsigned 형 이므로 0보다 작은 경우는 고려할 필요 없음.

    digit3 = digit2 = digit1 = digit0;

}


void main(void)
{

  unsigned char  i;



  init_port();

  init_UART();

   _SEI();  //인터럽트 시작

  while(1)
        {
            for(i=0; i<100; i++) FND_Display(digit3, digit2, digit1, digit0);
  }

 }
```

이 프로그램은 앞에서 학습한 것과 동일하며 다만 인터럽트를 사용하므로 상태 비트를 일일이 체크할 필요가 없다는 것에 유의하면서 프로그램을 잘 관찰해 보기 바란다. 실습 내용은 동일하므로 생략한다.

RS-232통신 에서, 송신과 수신이 동시에 이루어지는 프로그램은 독자들이 직접 작성해 보기 바란다. 즉, PC의 자판을 누르면 마이크로프로세스 보드의 FND에 표시됨과 동시에, SC-05 보드의 키매트릭스를 누르면 PC에 그 정보가 표시되게 하는 프로그램을 작성해 보기 바란다.

이번 장에서는 SC-05에서 RS-232C 통신을 프로그래밍하는 방법에 관하여 학습하였다. 다음 장에서는 아날로그 신호를 디지털 신호로 변환시키는 ADC에 관하여 학습해 보도록 하겠다.

Chapter 16

ADC(Analog to Digital Converter)

16.1 ADC의 개요

이 세상에 존재하는 빛, 소리, 온도 등 대부분의 자연에 존재하는 신호는 전부 아날로그이다. TV, 라디오, 냉장고 등의 전자기기에서 이러한 신호를 취급하기 위해서는 자연계의 신호를 전기신호로 바꾸어주는 센서를 이용한다. 온도센서를 이용하여 섭씨 0도에서 50도 사이의 온도를 0 [V]에서 5 [V] 사이의 전압으로 바꾸어주는 것이 하나의 예가 될 수 있을 것이다. 물론 이 전기신호 역시 아날로그 신호이다.

그러나 마이크로프로세서는 0아니면 1인 디지털 신호만을 인식하고, 디지털 신호로만 처리된다. 따라서 자연계의 신호를 마이크로프로세서가 인식하고 처리하기 위해서는 아날로그 신호를 디지털 신호로 바꾸어 줄 필요가 있는데, 이것이 바로 ADC (Analog to Digital Converter)이다. 다른 표현으로 A/D 변환기라고도 한다. 본 장에서는 임의의 센서에 의해 자연계의 신호가 0 [V]에서 5 [V] 사이의 전압으로 변환되었다고 가정하고, 아날로그 전기 신호를 디지털로 변환하는 방법에 관하여 학습해 보기로 한다. 다만, ADC의 이론적인 내용은 본 교재의 범위를 벗어나므로 다른 서적을 참고하기 바란다.

16.2 ATmega8535의 A/D 변환

ATmega8535에 내장되어있는 ADC는 10비트 분해능을 가지며, 표본화 주파수(Sampling Frequency)가 최대 15K SPS(Sample Per Second)이다. 8 채널 멀티플렉서가 제공되어 최대 8가지의 아날로그 신호를 받아들일 수 있으며, 이때 입력방식은 Single-ended(8개의 접지 신호는 공통으로 사용)이다. 입력전압 범위는 0 [V]에서 AREF 전압(32번 핀에 걸리는 전압, SC-05 보드의 경우 VCC와 연결되어 있으며, 전압은 5 [V])까지 이다. 변환모드로는 Free Running과 Single Conversion의 2가지 모드가 제공되며, 이 중 하나를 선택하여 사용한다. ADC는 변환이 끝나면 인터럽트가 걸리게 되며, 이 시점에서 마이크로프로세서가 변환된 디지털 신호를 이용할 수 있게 된다. 따라서 대부분의 경우 마이크로프로세서에서 ADC를 사용할 때에는 이 인터럽트를 사용하는 것이 편리하다.

ATmega8535에 내장되어있는 ADC를 사용하기 위해서는 관련된 레지스터들을 다루어야 하며, ADC관련 레지스터로는 ADMUX, ADCSR, 그리고 ADCL과 ADCH가 있다. 이들 레지스터에 관하여 알아보도록 한다.

먼저, ADCL과 ADCH는 AD 변환된 데이터가 저장되는 레지스터이다. 데이터 레지스터가 2개인 이유는 1개의 레지스터 용량은 8 bit인데 반하여 AD 변환 결과는 10 bit로 표현되기 때문이다. 다만, C 컴파일러의 경우 이 두개의 레지스터를 구분하지 않고, 상위 2bit와 하위 8bit를 합하여 ADC라는 이름으로 자료를 받을 수 있도록 하였다. 즉, 우리는 ADCL과 ADCH는 크게 신경 쓰지 않고 그냥 ADC라는 이름으로 받아들이면 되는 것이다. 단, 이때 ADC는 ADCL과 ADCH의 2 byte를 합친 것이기 때문에 ADC값을 받을 변수는 unsigned char로 하면 안 되며 반드시 unsigned int 형으로 선언해 주어야 한다.

결과적으로, AD 변환된 자료를 받아들이는 프로그램 코드는 다음과 같다.

```
unsigned int AdData=0;

AdData=ADC;
```

다음으로, ADMUX 레지스터는 ADC Multiplexer Selection Register를 의미하며, 8채널 중의 하나를 선택하기 위해 사용된다. ADMUX 레지스터의 비트별 내용은 다음과 같다.

Bit	7	6	5	4	3	2	1	0
	REFS1	REFS0	ADLAR	MUX4	MUX3	MUX2	MUX1	MUX0
Read/Write	R/W	R/W	R/W	R/W	R/W	R/W	R/W	R/W
Initial Value	0	0	0	0	0	0	0	0

여기서, ADMUX 레지스터의 Bit 7과 Bit6은 각각 REFS1과 REFS0으로서 ADC의 기준 전압을 정하는데 사용되는 비트이다. 이전 버전과 호환되게 하려면 "00"값을 넣어준다. 그러면, 내부 기준전압을 사용하지 않고 외부의 AREF를 사

용하게 된다. 다음에, Bit 5인 ADLAR은 ADC Left Adjust Result를 의미하며, 이 비트도 기본적으로 '0'값을 넣어주며, 값이 0인 경우, 데이터 레지스터에 다음과 같은 형태로 AD변환 결과 값이 존재하게 된다.

Bit	15	14	13	12	11	10	9	8	
	–	–	–	–	–	–	ADC9	ADC8	ADCH
	ADC7	ADC6	ADC5	ADC4	ADC3	ADC2	ADC1	ADC0	ADCL
	7	6	5	4	3	2	1	0	
Read/Write	R	R	R	R	R	R	R	R	
	R	R	R	R	R	R	R	R	
Initial Value	0	0	0	0	0	0	0	0	
	0	0	0	0	0	0	0	0	

앞에서도 언급한 바와 같이, 데이터 레지스터가 2개인 이유는 1개의 레지스터 용량은 8 bit인데 반하여 AD 변환 결과는 10 bit로 표현되기 때문이다. 여기서, 10 bit를 두 개의 레지스터에 넣을 수 있는 방법에는 여러 가지 형태가 존재할 수 있는데, ADLAR=0인 경우에는 위의 그림과 같은 형태로 저장된다는 것이다. C 컴파일러가 이를 기준으로 ADC를 표현하기 때문에 ADLAR=0로 해준다.

이제 ADMUX레지스터의 Bit4에서 Bit0까지를 살펴본다. 각각 MUX4에서 MUX0까지를 의미하며, 이들 값에 따라 여러 가지 채널을 선택할 수 있는데, 이전 버전과 호환되게 하려면 MUX4와 MUX3은 "00"값을 넣어준다. 그러면 남은 것은 MUX2, MUX1, 그리고 MUX0만 고려하면 되는데, 각 값에 따른 채널 선택은 다음 표 16.1과 같다.

표 16.1 ADC 채널선택

MUX3, MUX1, MUX0의 비트값	선택 채널
000	ADC0
001	ADC1
010	ADC2
011	ADC3
100	ADC4
101	ADC5
110	ADC6
111	ADC7

예를 들어, ADC0(ATmega8535의 40번 핀, PA0로 표시)로 들어오는 신호를 AD변환하기 위해 ADC0 채널을 선택하기 위한 프로그램 코드는 다음과 같다.

```
ADMUX = 0x00;
```

ADC관련된 레지스터 설명의 마지막으로 ADCSR에 관하여 알아본다. ADCSR은 ADC Control and Status Register의 의미를 가지며, 그 내용은 다음과 같다.

Bit	7	6	5	4	3	2	1	0
	ADEN	ADSC	ADATE	ADIF	ADIE	ADPS2	ADPS1	ADPS0
Read/Write	R/W	R/W	R/W	R/W	R/W	R/W	R/W	R/W
Initial Value	0	0	0	0	0	0	0	0

ADCSR의 Bit 7은 ADEN으로 ADC Enable 비트이다. ADC를 동작시키고 싶으면, 이 비트를 '1'로 해주어야 한다. Bit 6은 ADSC로 ADC Start Conversion을 의미하는 비트로서, ADC를 개시하고자 할 때 이 비트를 '1'로 해주어야 한다. AD변환을 한번 하고 나면 이 비트는 자동으로 '0'이 된다. Bit 5는 ADATE로 ADC Auto Trigger Enable 비트를 의미하며, 이전 버전에서는 사용하지 않은 비트이다. 자세한 설명은 Datasheet를 참조하기 바라며 본 교재에서는 복잡한 설명을 피하고 이전 버전과의 호환을 위해 그냥 0인 경우에는 단일 모드로 동작하고 1인 경우에는 프리러닝모드로 동작한다고 알아두면 된다. 여기서, 단일모드는 한번 명령에 1번만 AD 변환을 하는 것이고, 프리러닝모드는 1번만 명령을 내리면, 자동으로 연속해서 AD변환을 하는 것이다.

ADCSR의 Bit 4는 ADC Interrupt Flag를 의미하는 비트로서 A/D를 개시하고 나서 변환이 다 되었으므로 읽어가도 된다는 것을 나타낸다. 즉, 이 값이 0일 때는 변환 중이므로 이때 읽어 들이면 변환 중간의 엉뚱한 값을 읽어 올 수 있다. 이 값이 1일 때 변환이 다 되었다는 뜻이므로 그 때 값을 읽어 들이면 된다. 변환이 다 되어, 이 값이 1이 되었을 때 인터럽트가 발생하게 되므로 이 비트를 인터럽트 플래그라고 부르는 것이다. ADCSR의 Bit 3은 ADIE인데 ADC Interrupt Enable을 의미한다. 이 비트를 '1'로 하면 ADC 인터럽트를 허가하여 인터럽트를 처리할 수 있다.

ADCSR의 Bit 2에서부터 Bit 0까지는 각각 ADPS2, ADPS1, 그리고 ADPS0으로 ADC Prescaler Seclection을 의미하는 비트로서 그 내용은 다음 표 16.2와 같다.

표 16.2 ◎ ADC 샘플링 주파수 설정을 위한 Prescaler Seclection

ADPS2	ADPS1	ADPS0	Division Factor
0	0	0	2
0	0	1	2
0	1	0	4
0	1	1	8
1	0	0	16
1	0	1	32
1	1	0	64
1	1	1	128

이 값에 의해 ADC를 동작시키는 클럭 주파수를 결정하게 된다. ADC의 허용 주파수 영역은 50~200 KHz이다. ADC변환에 필요한 ADC 클럭은 단일변환 모드에서 처음에는 25개가 필요하고 그 다음부터는 13개가 필요하다. 프리러닝의 경우는 처음부터 13개만 필요하다. 결국 ADC의 변환 주파수는 최대 ADC클럭을 200KHz로 한 경우, 500/13=15.38 KHz가 된다. 다시 말해서, 10비트 분해능에서, 표본화 주파수(Sampling Frequency)가 최대 15K SPS(Sample Per Second)이 되는 것이다.

우리가 설계한 SC-05 보드의 경우, 시스템 클럭이 3.6864 MHz이므로, 200 KHz가 되게 하려면, 3,686.4/200=18.432로 분주해야 한다. 표 16.2에서 선택할 수 있는 분주 값은 16을 선택하거나 32를 선택하여야 한다. 16을 선택한 경우 3,686.4/16=230.4 KHz로 200 KHz를 넘기 때문에 사용할 수 없다. 따라서, 분주 값은 32를 선택한다. 이때 얻을 수 있는 ADC 클럭 주파수는 3,686.4/32=115.2 KHz가 된다. 이 경우의 최대 표본화 주파수는 115.2/13=8.86 KHz이다. 결국 (ADPS2, ADPS1, ADPS0)="101"을 선택한 경우, 대략 8 KSPS의 표본화 주파수로 동작하게 되는 것이다.

지금까지의 설명을 바탕으로, 단일 모드로 하고, 대략 8 KSPS의 표본화 주파수를 갖게 하며, 인터럽트를 허가하여 ADC를 동작시키기 위한 ADCSR의 비트 값은 다음과 같다.

ADCSR								
비트번호	Bit 7	Bit 6	Bit 5	Bit 4	Bit 3	Bit 2	Bit 1	Bit 0
비트이름	ADEN	ADSC	ADATE	ADIF	ADIE	ADPS2	ADPS1	ADPS0
값	1	1	0	0	1	1	0	1

이 내용을 프로그램 코드로 나타내면 다음과 같다.

```
ADCSR = 0xcd; // 11001101
```

지금까지의 내용을 알기 쉽게 정리하여 ADC 변환 절차를 나타내면 다음과 같다.

1) AD 변환 모드 등을 설정한다. 예) ADCSR = 0x85; // 10000101
2) AD 변환을 위해 8채널 중 하나의 채널을 선택한다. 예) ADMUX = 0x00; //ADC0선택
3) AD 변환을 개시(시작)한다. 예) ADCSR |= 0x40; //ADSC
4) AD 변환이 끝날 때 까지 기다린다. 예) while((ADCSR & 0x10) == 0x00); //ADIF
5) AD 변환이 끝났으면(인터럽트가 걸리면) AD값을 읽어온다. 예) AdData=ADC;

이 절에서 설명된 내용을 다음 절에서 실습을 통해 익혀보도록 하자.

16.3 SC-05 보드에서 ADC를 위한 하드웨어 준비

먼저 아날로그 전압신호를 만들어 낼 수 있는 가장 간단한 회로를 생각하여, 가변 저항기를 사용한 그림 16.1을 고려한다.

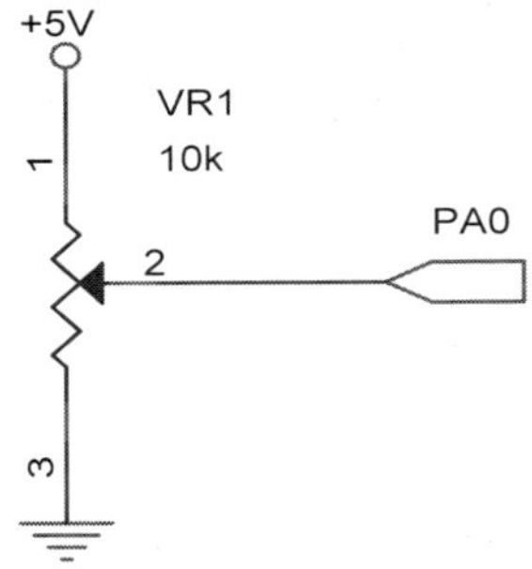

그림 16.1 ◎ 아날로그 전압

그림 16.1에서, 가변저항기를 가변시킴에 따라 저항비가 달라지기 때문에, 가변저항기 2번 핀의 전압이 0 [V]에서 5 [V]사이의 값을 갖는다. 전압분배법칙을 생각해 보면 쉽게 이해할 수 있을 것이다.

그림 16.1의 회로를 제작하기 위해 다음 표 16.3과 같이, 10 [KΩ] 가변저항기 1개와 핀헤더용 커넥터 케이블 2개를 준비한다.

표 16.3 ◎ ADC 실습에 필요한 부품

순번	명칭	규격	수량	형태	부품번호	내용
1	가변저항	10K	1		-	아날로그 전압 조정용
2	핀 헤더 연결용 케이블	1핀용	2	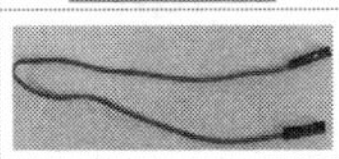	-	핀 헤더 연결용

헤더용 커넥터 케이블 2개를 반으로 잘라내어 그림 16.2와 같이 케이블을 준비한다.

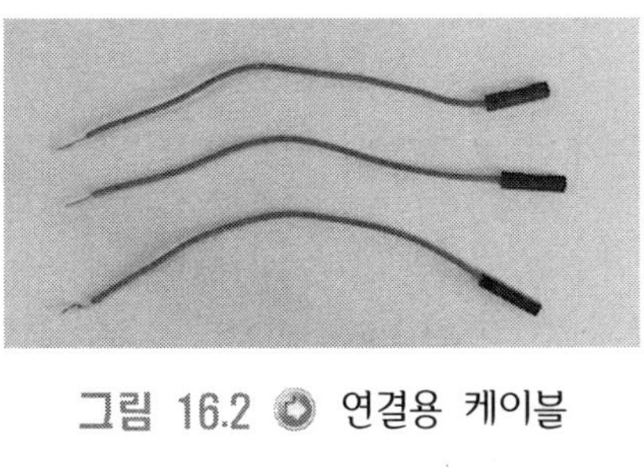

그림 16.2 ◎ 연결용 케이블

그림 16.2의 연결용 케이블을 그림 16.3과 같이 가변 저항기에 납땜한다.

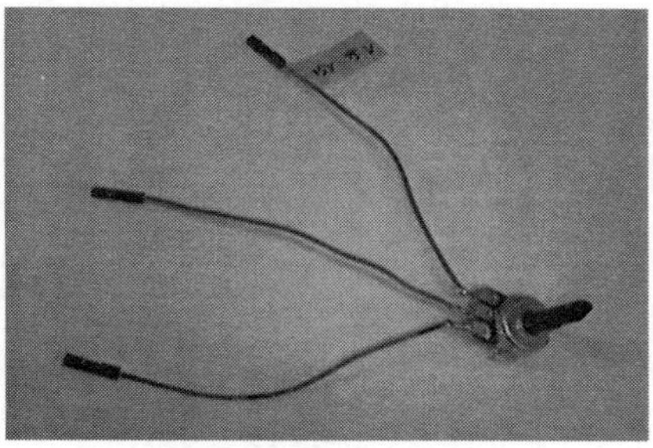

그림 16.3 가변저항기 선 연결

완성된 가변저항기의 1번 핀을 GND에 연결하고, 3번핀을 +5V에 연결한 후, 2번핀은 PA0에 연결한다. 가변저항기를 연결한 배선의 결과는 그림 16.4와 같다.

그림 16.4 ADC실습 배선도

아날로그 전압을 디지털로 변환한 값을 확인하기 위해서 LCD에 전압값을 표시하기로 한다. 따라서, LCD에 배선을 해 주어야 하는데, A port는 ADC에서 사용하므로 LCD를 B port에 연결한다. 마이크로프로세서와 LCD모듈 간에 배선은 표 16.4와 같이 연결해 준다.

표 16.4 LCD 배선

LCD	RS	RW	E	*	D0	D1	D2	D3	D4	D5	D6	D7
AVR	PC0	PC1	PC2	PC3	PB0	PB1	PB2	PB3	PB4	PB5	PB6	PB7

(* 연결안함)

이제 하드웨어 준비가 모두 끝이 났으므로, 다음 절에서 프로그래밍에 도전해 보자.

참고로, ADC와 관련하여, SC-05보드 외에 직접 마이크로프로세서 보드를 설계할 경우, 아날로그 잡음을 최소화 하고자 할 경우에는 [부록 A] "ADC에서 아날로그 잡음 최소화하기"를 참조한다. 잡음과 관련된 내용은 본 교재의 학습범위를 벗어나므로 본장에서는 다루지 않았으나, 실무에서 매우 중요한 요소 중에 하나이므로 간략하게나마 부록에서 언급하기로 하였다.

16.4 ADC 프로그래밍

16.4.1 인터럽트를 사용하지 않은 단일 모드

가변저항기를 돌리면서 입력되는 아날로그 전압 값을 LCD에 표시하는 프로그램은 다음과 같다.

```
//-----------------------------------------
// AD data를  LCD에 표시하기
// 단일 변환 모드 , 인터럽트 사용 안함
//-----------------------------------------
#include <io8535.h>

#define LCD_CTRL PORTC
#define LCD_DATA PORTB
//--------------------------------------------------
// data -> PORTA, RS->PORTC0, RW->PORTC1, E->PORTC2에
// 연결되어 있다고 가정한한다.
//--------------------------------------------------
```

```
void EnablePulse(void)
{
 unsigned int i;
  //-------------------------------------------------
  // 펄스 만들기
  //-------------------------------------------------
    LCD_CTRL = LCD_CTRL & 0xfb;  // 일단 E=0으로 만들었다가
    LCD_CTRL = LCD_CTRL | 0x04;  //  E=1로 만들었다가
    LCD_CTRL = LCD_CTRL & 0xfb;  // 다시 E=0으로 만든다. 이 싯점에서 data
                                 // 전송
    LCD_CTRL = LCD_CTRL | 0x04;  // 다음 번을 위해 평상시 E=1로 만들어
                                 // 둔다.
  //-------------------------------------------------

  // data 전송에 의해 LCD 모듈 내부 명령어가 실행되는 동안 충분히 기다린다.
  for(i=0; i<500; i++);
}


void InitLcd(void)
{


  unsigned int i;

  //-------------------------------------------------
  // LCD 모듈을 사용하려면 먼저 초기화 명령을 전달해 주어야 한다.
  // LCD에 명령을 전달할 때에는 RS=1, RW=0으로 놓고
  // data에 필요한 명령을 출력한 후에,
  // E에 펄스를 가해준다.
  //-------------------------------------------------
```

```
    // 모듈 초기화 명령
    // 최초에  전원을 넣은 LCD가 준비 될 때 까지 충분히 기다린다.
      for(i=0; i<10000; i++);

    LCD_CTRL = LCD_CTRL & 0xfc;  // RS=0, RW=0 으로 만든다.

    LCD_DATA=0x38;      //function 설정 8bit data를 한번에 처리, 2Line, 5*7 dot
    EnablePulse();

    LCD_DATA=0x0c;      //Display를 ON 시킨다. 이걸 안하면 글자 표시 안됨.
                        //커서는 없앰.
    EnablePulse();

    LCD_DATA=0x01;      //Clear Screen
    EnablePulse();

    for(i=0; i<10000; i++);
  //Clear Screen 명령은 실행 시간이 길기 때문에 충분히 기다려야 한다.

  }

  void WriteString(char *str)
  {
    //이제 명령어를 다 보냈으니까 표시할 문자 data를 보내기 위해 RS=1로 해준다.
    //-----------------------------------------------
    // 문자를 표시하기 위한 문자 data를 Write 하려면
    // RS=1, RW=0인 상태로 해 놓고, data를 출력한 후에
    // E에 펄스를 가해준다.
    //-----------------------------------------------
```

```
    LCD_CTRL = LCD_CTRL | 0x01;

    while(*str)
    {
      LCD_DATA=*str;
      EnablePulse();
      *str++;
    }
}


void Locate(int x, int y)
{
    //--------------------------------------------------
    // 임의 위치에 표시하기 위해 위치를 지정해 준다.
    //--------------------------------------------------

// 모듈 초기화 명령

    LCD_CTRL = LCD_CTRL & 0xfc;  // RS=0, RW=0 으로 만든다.

    if(x==0) LCD_DATA=0x80+y;  // line 1   D.D.RAM address
    else LCD_DATA=0xc0+y;          // line 2   D.D.RAM address
    EnablePulse();

}


void DispValue(unsigned char value)
{
    //이제 명령어를 다 보냈으니까 표시할 문자 data를 보내기 위해 RS=1로 해준다.
```

```
    //------------------------------------------------
    // 문자를 표시하기 위한 문자 data를 Write 하려면
    // RS=1, RW=0인 상태로 해 놓고, data를 출력한 후에
    // E에 펄스를 가해준다.
    //------------------------------------------------

    LCD_CTRL = LCD_CTRL | 0x01;

    LCD_DATA=value;
    EnablePulse();

}


void DispAD(unsigned int ADvalue)
{
    unsigned char value_1;
    unsigned char value_p1;
    unsigned char value_p01;

    unsigned long ADtemp, Voltage100;
    unsigned int temp;

    ADtemp=ADvalue;
    Voltage100=ADtemp*500/1023;

    value_1=Voltage100/100; //1의 자리 수
    temp=Voltage100 % 100;

    value_p1=temp/10; //소수점 이하 첫째 자리 수

    value_p01=temp % 10; //소수점 이하 두째 자리 수
```

```
    //숫자를 LCD에 표시하기 위해 문자 코드로 변환
    value_1=value_1+0x30;
    value_p1=value_p1+0x30;
    value_p01=value_p01+0x30;

     Locate(1,7);
     DispValue(value_1);
     Locate(1,8);
     DispValue('.');
     Locate(1,9);
     DispValue( value_p1);
     Locate(1,10);
     DispValue(value_p01);

}


main()
{

  unsigned int AdData=0;


    //포트 방향 설정
    //DDRA=0x00;
    DDRB=0xff;
    DDRC=0xff;
    //출력포트 초기값 지정

    PORTB=0xff;
    PORTC=0xff;
```

```
    InitLcd();  //LCD 초기화

    //LCD 초기 문자 표시
    Locate(0,2);
    WriteString("AD Converter");

    Locate(1,0);
    WriteString("Value:");

    Locate(1,12);
    WriteString("[V]");


//  DispAD(1023);

    //AD 채널 선택
     ADMUX = 0x00; //ADC0선택

     //단일 모드, 인터럽트 사용 안함 , 샘플링 주파수 8 KHz
     ADCSR = 0x85; // 10000101

     while(1)
     {
            ADCSR |=0x40; //ADC 개시
            while((ADCSR & 0x10) == 0x00); //ADC 완료까지 기다린다

            AdData=ADC; //완료된 AD값을 받아들임

            DispAD(AdData);  //AD값을 LCD에 표시
      }

}
```

가변 저항기를 돌려 보면서 LCD에 표시되는 내용을 확인 해 본다. 그리고 세부 코드와 비교해 보면서 왜 그러한 현상이 나타나는지 각자 생각해 보기 바란다.

16.4.2 인터럽트를 사용하지 않은 프리러닝 모드

프리러닝 모드는 ADC를 한번만 개시하면 그 이후에는 자동으로 계속 A/D를 수행하는 것이다. 따라서, 앞의 프로그램을 다음과 같이 약간만 수정 하면 된다.

먼저, 프리러닝모드로 설정하기 위해 ADCSR 값을 다음과 같이 수정한다.

ADCSR= 0xA5; // 10100101

그 다음에 A/D 개시를 한번만 해준다. 즉 While(1) 부분을 다음과 같이 변경해 준다.

```
ADCSR |=0x40; //ADC 개시

while(1)
  {
        while((ADCSR & 0x10) == 0x00); //ADC 완료까지 기다린다

        AdData=ADC; //완료된 AD값을 받아들임

        DispAD(AdData);  //AD값을 LCD에 표시
   }
```

위의 코드를 살펴보면 단일 모드와 프리러닝 모드의 차이를 쉽게 이해할 수 있을 것이다.

인터럽트를 사용하지 않는 A/D 변환을 할 때, CPU가 항상 A/D가 완료 되었는지를 감시해야 한다. 이는 CPU효율을 떨어뜨리는 결과를 초래한다. 따라서 CPU

는 다른 일처리를 하다가 ADC가 인터럽트를 이용하여 완료보고를 하면 그 때만 처리해 주는 것이 좀더 타당한 방법이라고 할 수 있다.

다음 절에서는 프리러닝 모드에서 인터럽트를 사용한 A/D 변환 프로그램을 살펴보기로 한다.

16.4.3 인터럽트를 사용한 프리러닝 모드

산업 현장에서 A/D 변환 시 가장 많이 사용하는 것이 프리러닝모드로 동작하면서 인터럽트 처리하는 방법이다. 일정한 샘플링 시간에 계속해서 A/D 변환 자료를 획득해야 할 경우가 많기 때문이다. 인터럽트를 사용한 프리러닝 모드에서의 A/D 변환 프로그램은 다음과 같다.

```
//------------------------------------------------
// AD data를 LCD에 표시하기
// 프리러닝 모드 , 인터럽트 사용
//------------------------------------------------
#include <io8535.h>
#include <ina90.h>

#define LCD_CTRL PORTC
#define LCD_DATA PORTB
//----------------------------------------------------
// data -> PORTA, RS->PORTC0, RW->PORTC1, E->PORTC2에
// 연결되어 있다고 가정한한다.
//----------------------------------------------------
void EnablePulse(void)
{
 unsigned int i;
  //--------------------------------------------------
```

```
  // 펄스 만들기
  //---------------------------------------------
    LCD_CTRL = LCD_CTRL & 0xfb;  // 일단 E=0으로 만들었다가
    LCD_CTRL = LCD_CTRL | 0x04;  //  E=1로 만들었다가
    LCD_CTRL = LCD_CTRL & 0xfb;  // 다시 E=0으로 만든다. 이 싯점에서 data
                                 // 전송
    LCD_CTRL = LCD_CTRL | 0x04;  //  다음 번을 위해 평상시 E=1로 만들어
                                 //  둔다.
  //---------------------------------------------

  // data 전송에 의해 LCD 모듈 내부 명령어가 실행되는 동안 충분히 기다린다.
  for(i=0; i<500; i++);
}


void InitLcd(void)
{
  unsigned int i;

  //---------------------------------------------
  // LCD 모듈을 사용하려면 먼저 초기화 명령을 전달해 주어야 한다.
  // LCD에 명령을 전달할 때에는 RS=1, RW=0으로 놓고
  // data에 필요한 명령을 출력한 후에,
  // E에 펄스를 가해준다.
  //---------------------------------------------

  // 모듈 초기화 명령
  // 최초에  전원을 넣은 LCD가 준비 될 때 까지 충분히 기다린다.
  for(i=0; i<10000; i++);

  LCD_CTRL = LCD_CTRL & 0xfc;  // RS=0, RW=0 으로 만든다.
```

```
    LCD_DATA=0x38;      //function 설정 8bit data를 한번에 처리, 2Line, 5*7 dot
    EnablePulse();

    LCD_DATA=0x0c;      //Display를 ON 시킨다. 이걸 안하면 글자 표시 안됨.
                        //커서는 없앰.
    EnablePulse();


    LCD_DATA=0x01;      //Clear Screen
    EnablePulse();

    for(i=0; i<10000; i++);
  //Clear Screen 명령은 실행 시간이 길기 때문에 충분히 기다려야 한다.

  }


  void WriteString(char *str)
  {
    // 이제 명령어를 다 보냈으니까 표시할 문자 data를 보내기 위해 RS=1로 해준다.
    //------------------------------------------------
    // 문자를 표시하기 위한 문자 data를 Write 하려면
    // RS=1, RW=0인 상태로 해 놓고, data를 출력한 후에
    // E에 펄스를 가해준다.
    //------------------------------------------------

    LCD_CTRL = LCD_CTRL | 0x01;

    while(*str)
    {
      LCD_DATA=*str;
```

```
        EnablePulse();
        *str++;
    }
}
void Locate(int x, int y)
{
    //-----------------------------------------------------
    // 임의 위치에 표시하기 위해 위치를 지정해 준다.
    //-----------------------------------------------------

// 모듈 초기화 명령

    LCD_CTRL = LCD_CTRL & 0xfc;  // RS=0, RW=0 으로 만든다.

    if(x==0) LCD_DATA=0x80+y;  // line 1  D.D.RAM address
    else LCD_DATA=0xc0+y;       // line 2  D.D.RAM address

    EnablePulse();

}

void DispValue(unsigned char value)
{
    // 이제 명령어를 다 보냈으니까 표시할 문자 data를 보내기 위해 RS=1로 해준다.
    //-----------------------------------------------------
    // 문자를 표시하기 위한 문자 data를 Write 하려면
    // RS=1, RW=0인 상태로 해 놓고, data를 출력한 후에
    // E에 펄스를 가해준다.
    //-----------------------------------------------------

    LCD_CTRL = LCD_CTRL | 0x01;
```

```
    LCD_DATA=value;
    EnablePulse();

}



void DispAD(unsigned int ADvalue)
{
    unsigned char value_1;
    unsigned char value_p1;
    unsigned char value_p01;

    unsigned long ADtemp, Voltage100;
    unsigned int temp;

    ADtemp=ADvalue;
    Voltage100=ADtemp*500/1023;

    value_1=Voltage100/100; //1의 자리 수
    temp=Voltage100 % 100;

    value_p1=temp/10; //소수점 이하 첫째 자리 수

    value_p01=temp % 10; //소수점 이하 두째 자리 수


    //숫자를 LCD에 표시하기 위해 문자 코드로 변환
    value_1=value_1+0x30;
    value_p1=value_p1+0x30;
    value_p01=value_p01+0x30;
```

```
    Locate(1,7);
    DispValue(value_1);
    Locate(1,8);
    DispValue('.');
    Locate(1,9);
    DispValue( value_p1);
    Locate(1,10);
    DispValue(value_p01);

}


//ISR 프로그램
#pragma vector=ADC_vect
__interrupt void ADC_interrupt(void)
{

    unsigned int AdData=0;

     AdData=ADC; //완료된 AD값을 받아들임

     DispAD(AdData);  //AD값을 LCD에 표시

}


main()
{

  //포트 방향 설정
  //DDRA=0x00;
```

```
DDRB=0xff;
DDRC=0xff;

//출력포트 초기값 지정

PORTB=0xff;
PORTC=0xff;

InitLcd();  //LCD 초기화

//LCD 초기 문자 표시
Locate(0,2);
WriteString("AD Converter");

Locate(1,0);
WriteString("Value:");

Locate(1,12);
WriteString("[V]");


// DispAD(1023);

//AD 채널 선택
 ADMUX = 0x00; //ADC0선택

 //프리러닝  모드, 인터럽트 사용, 샘플링 주파수 8 KHz
 ADCSR = 0xAd; // 10101101

 ADCSR |=0x40; //ADC 개시
```

```
        _SEI(); //인터럽트 시작

        while(1)
        {

         }

    }
```

프로그램 분석은 16.2에서 설명된 레지스터 값 설정에 유념하면서 독자가 스스로 해 볼 수 있을 것이다. 이 프로그램은 매우 유용하게 사용될 수 있는 방법이므로 주의 깊게 살펴보기 바란다.

본 장에서는 ATmega8535에 내장된 ADC를 이용하는 방법에 관하여 학습하였다. 다음 장에서는 EEPROM에 관하여 알아보도록 하겠다.

Chapter 17

EEPROM

17.1 EEPROM의 개요

EEPROM은 Electrical Erasable Programmable Read Only Memory의 약어로 '이이피롬' 혹은 '이투피롬'으로 발음한다. 우리나라말로 해석하자면 "전기적 소거 및 프로그램 가능 읽기 전용 기억 장치" 정도로 표현할 수 있다. 원래 ROM(Read Only Memory)은 전원 없이도 장기간 안정적으로 기억하는 비휘발성 기억 장치로 읽기만 가능하며, 이전의 내용을 지우고 다른 내용을 변경하여 다시쓰기는 것은 허용되지 않았다. 즉, 프로그래밍이 가능하지 않았다. 이 것이 발전하여, 자외선을 쐬어 지울 수 있게 만들어진 EPROM(Erasable Programmable Read Only Memory)이 등장하게 된다. 다시 이 EPROM이 변형되어 칩을 구성하는 소자의 전하를 전기적으로 변화시킴으로써 전기적으로 지웠다가 다시 쓸 수 있게 만들어진 것이 바로 EEPROM이다.

다시 말해서, EEPROM은 전기적으로 데이터를 소거·기입할 수 있는 ROM의 일종으로, 사용자가 입력내용을 마음대로 지우거나 다시 입력시킬 수 있다. 결국, 전원이 없어도 다시 쓰지 않는 한 데이터를 오래 보존할 수 있다는 장점과 필요에 따라 편리하게 지웠다 다시 쓸 수 있다는 장점을 두루 가지고 있어서, 사용자가 전기적으로 기억시키거나 지울 필요성이 있는 전화기·전자레인지·자동세탁기 등 가전제품이나 통신기기에 많이 쓰인다.

다만, RAM(Random Access Memory, 막기억장치)과 비교해 볼 때, 억세스 시간(접근 시간, 읽고 쓰는데 걸리는 시간)이 많이 소요되며, 사용 횟수에 제한이 있다는 단점이 있다.

따라서 EEPROM에 저장하는 정보는 전원 없이도 장기간 저장시켜 놓아야할 꼭 필요한 정보만을 이용한다.

17.2 ATmega8535에서의 EEPROM

ATmega8535에 내장되어 있는 EEPROM은 512 Byte의 용량을 가지고 있으며,

100,000번 정도의 읽기/쓰기 가능한 수명을 가지고 있다. ATmega8535에 내장되어 다른 장치들과 마찬가지로, EEPROM에서도 정보를 저장하거나 읽어내는 경우, 관련 레지스터를 이용하면 되는데, ATmega8535에 내장되어 있는 EEPROM과 관련된 레지스터는 주소를 지정하기위한 EEARH, HHARL 레지스터, 데이터를 지정하기 위한 EEDR 레지스터, 그리고 동작을 제어하는 EECR레지스터가 있다. 이중, 우리가 알아야 할 것은 EECR레지스터로 그 내용은 다음과 같다.

Bit	7	6	5	4	3	2	1	0	
	–	–	–	–	EERIE	EEMWE	EEWE	EERE	EECR
Read/Write	R	R	R	R	R/W	R/W	R/W	R/W	
Initial Value	0	0	0	0	0	0	X	0	

이제, 이들 레지스터를 이용해서, EEPROM에 데이터를 쓰는 동작을 살펴보면 다음과 같다.

1) EECR레지스터의 Bit 1 (EEWE)가 '0'이 될 때까지 기다린다. EECR레지스터가 '1'인 경우는 이전에 쓰기가 허가되어 있는 상태라는 뜻이므로, 다른 것을 쓰고 있는 상황이라고 볼 수 있으므로, 그 때는 다른 것을 쓰면 안 된다. 그래서 Bit 1 (EEWE)가 '0'이 될 때까지 기다려야 하는 것이다. 이 내용을 프로그램 코드로 나타내면 다음과 같다.

```
while(EECR & 0x02);
//EECR레지스터가 '1'인 경우 아무것도 하지 않고 계속 루프만 돈다. 즉, 0
  이 될 때까지 기다린다.
```

2) EEPROM에 데이터를 쓰는 다음 동작으로, EEPROM에 저장될 주소를 지정한다. 0번지에서 511번지 사이의 값을 넣어주면 된다. 0번지를 지정할 경우, 프로그램 코드는 다음과 같다.

```
EEAR=0;
```

3) 주소지정을 마쳤으면, 다음에는 데이터를 정해준다. 2라는 값을 저장하고 싶을 경우, 프로그램 코드는 다음과 같다.

```
R = 2;
```

4) 저장할 주소와, 데이터가 준비 완료되었으면, 제어레지스터(EECR)가 쓰기 동작을 하게 해주면 되는데, 이때, 인터럽트가 걸리면 EEPROM에 제대로 써지지 않으므로 잠깐 인터럽트를 해제 시킨다. 프로그램 코드는 다음과 같다.

```
_CLI();  //Global Interrupt Enable Bit(I)를 Clear(Disable) 시킨다.
```

5) 제어레지스터(EECR)가 쓰기 동작을 하게 해주려면, Bit 2(EEMWE)를 1로 해주고 바로 Bit 1(EEWE)을 1로 해주어야 한다. 프로그램 코드는 다음과 같다.

```
EECR = EECR | 0x04; //Bit 2(EEMWE)를 1로 해줌.
EECR = EECR | 0x02; //Bit 1(EEWE)를 1로 해줌.
```

6) 쓰기가 끝날 때를 기다려, 인터럽트를 다시 허가해 준다. 이에 대한 프로그램 코드는 다음과 같다.

```
while(EECR & 0x02);
_SEI();  //Global Interrupt Enable Bit(I)를 Set(enable) 시킨다.
```

지금 까지 EEPROM에 정보를 쓰는 절차에 관하여 알아보았다. 만일 전체 프로그램이 인터럽트를 사용하지 않는다면, 단계 4)와 단계 6)은 생략하여도 된다.

다음은, EEPROM에 데이터를 읽는 동작을 살펴보도록 한다. 그 절차는 다음과 같다.

1) EECR레지스터의 Bit 1 (EEWE)가 '0'이 될 때까지 기다린다. '읽기일 때 이므로 Bit 0 (EERE)을 살펴보아야 하지 않을까 ?'라는 생각을 해볼 수 있겠다. 하지만, Bit 0 (EERE)에 1을 넣는 순간 CPU 1클럭 안에 읽기동작이 완료되므로, Bit 0 (EERE)을 살펴볼 필요는 없다. 오히려, 다른 것을 쓰고 있는 상황일 경우, 전혀 읽어낼 수가 없다. 따라서 Bit 1 (EEWE)이 '0'이 될 때까지 기다려야 하는 것이다. 이 내용을 프로그램 코드로 나타내면 쓰기 동작일 때와 동일하며, 편리를 위해 다시 나타내면 다음과 같다.

```
while(EECR & 0x02);
//EECR레지스터가 '1'인 경우 아무것도 하지 않고 계속 루프만 돈다. 즉, 0
  이 될 때까지 기다린다.
```

2) 읽어내기 위한 주소를 지정한다. 만일 0번지 주소의 내용을 읽어내고 싶으면, 주소지정을 위한 프로그램 코드는 다음과 같이 해준다.

```
EEAR=0;
```

3) 읽기동작에서 인터럽트를 고려할 필요는 없으며, 제어레지스터에 읽기동작을 만들어 내기 위해서는 단순히 EECR레지스터의 Bit 0 (EERE)에 1을 넣어주면 된다. 프로그램 코드는 다음과 같다.

```
EECR |= 0x01; // <=> EECR = EECR | 0x01;
```

4) 앞에사, EECR레지스터의 Bit 0 (EERE)에 1을 넣는 순간 CPU 1클럭 안에 읽기동작이 완료된다고 설명하였다. 따라서, 이미 데이터 레지스터(EEDR)에 EEPROM에서 읽어들여 온 값이 임시로 저장되어 있으므로, 프로그램에서 이를 이용하면 된다. 예를 들면 프로그램 코드는 다음과 같다.

```
eeprom_data=EEDR;
```

이상으로 ATmega8535에서 EEPROM의 데이터를 쓰거나 읽어내는 방법에 관하여 알아보았다. 다음 절에서는 이 학습 내용을 바탕으로 하여 실습해 보기로 한다.

17.3 EEPROM 실습

EEPROM을 실습해 보기위해 다음과 같이 동작하는 프로그램을 작성해 보기로 한다. 먼저, 처음 동작하면, EEPROM의 이전 값을 읽어 들여 FND에 표시한다. 맨 처음에는 어떤 값이 표시될지 모른다. 이제 키를 4번 입력 받아 FND에 표시하면서 EEPROM에 저장시켜 놓는 다. 전원을 끊고, 잠시 후 다시 전원을 켠 경우, 이전에 최종적으로 기억되었던 값이 FND에 표시되는 지를 확인해 본다.

이 실습을 하기위해 FND와 Key를 배선해 주어야 하는데, 그 배선 방법은 표 17.1과 같다.

표 17.1.a FND 배선

FND부	a	b	c	d	e	f	g	p	Q0	Q1	Q2	Q3
CPU부	PA0	PA1	PA2	PA3	PA4	PA5	PA6	PA7	PC0	PC1	PC2	PC3

표 17.1.b Key Matrix 배선

KEY부	C0	C1	C2	C3	L0	L1	L2	L3
CPU부	PC4	PC5	PC6	PC7	PB0	PB1	PB2	PB3

표 17.1과 같이 배선하면, 실습을 위한 하드웨어 준비가 완료된다. 이제 프로그램을 작성하여 EEPROM에 관련된 실습을 해 보기로 한다. EEPROM 실습 프로그램은 다음과 같다.

```
/// ------------------------------------------------
///  EEPROM Program
///-------------------------------------------------

#include <io8535.h>
#include <ina90.h>

#define TRUE 1
#define FALSE 0

//Global 변수 선언
unsigned char digit0=0x10, digit1=0x10, digit2=0x10, digit3=0x10;
unsigned int count=0;
unsigned char column=0;
unsigned char KeyValue, KeyBuf[4], PastKey[4]={0x10, 0x10, 0x10, 0x10};
unsigned char KeyPressed=FALSE;

const char Font[17] ={0xc0, 0xf9, 0xa4, 0xb0, 0x99, 0x92,  //0, 1, 2, 3, 4, 5
                      0x82, 0xf8, 0x80, 0x90, 0x88,        //6, 7, 8, 9, A
                      0x83, 0xc6, 0xa1, 0x86, 0x8e, 0xff }; //b, C, d, E, F, NULL

void Int_FND_Disp(void)
{

  PORTC |= 0x0f; //초기값 clear

  switch(count % 4)
  {
    case 0 :
            PORTC &= 0xfe; //첫 번째 FND 선택 // [단계 3]
            PORTA = Font[digit0]; // [단계 4]
            break;
```

```
    case 1 :
            PORTC &= 0xfd; //두 번째 FND 선택
            PORTA = Font[digit1];
            break;

    case 2 :
            PORTC &= 0xfb; //세 번째 FND 선택
            PORTA = Font[digit2];
            break;

    case 3 :
            PORTC &= 0xf7; //네 번째 FND 선택
            PORTA = Font[digit3]; // [단계 4]
            break;

    default :
           PORTC |= 0x0f; //아무것도 선택 안함.
           PORTA = 0xff;  //아무것도 표시안함
  }
}

unsigned char Key_Scan(void)
{
  //unsigned char i;
  unsigned char i;
  unsigned char ColCtrl;
  unsigned char TempKey, ReturnValue;

  ColCtrl = PORTC;
  ColCtrl |= 0xf0;
```

```
switch(column)
{
  case 0:
    ColCtrl &=0xef;
    break;
  case 1:
    ColCtrl &= 0xdf;
    break;
  case 2:
    ColCtrl &= 0xbf;
    break;
  case 3:
    ColCtrl &= 0x7f;
    break;
  default:
    ColCtrl |= 0xf0;
}


PORTC = ColCtrl;
for(i=0; i<5; i++); //출력후 읽어들이기전 안정화 시간 필요


TempKey = PINB & 0x0f;

//한 순간에 1개의 키만 눌려졌다고 가정한다.
switch(TempKey)
{
  case 0x0e: // 1110 -> Line 0
    ReturnValue=column;
    break;
```

```
        case 0x0d: // 1101 -> Line 1
          ReturnValue=column+4;
          break;

        case 0x0b: // 1011 -> Line 2
          ReturnValue=column+8;
          break;

        case 0x07: //0111 -> Line 3
          ReturnValue=column+12;
          break;

        default :
          ReturnValue=0x10 ; //아무런 키도 눌리지 않은 경우
      }

    column++;
    if(column>3) column=0;

    return(ReturnValue);
}

void Init_Timer(void)
{
  TCCR0=0x03;
//3.6864MHz를 64분주 -> 57600 Hz -> 57.6count=1msec, 144 count=2.5 msec

  TCNT0=112;    //256-144=112

  TIMSK=0x01;  //Timer0 Interrupt Enable Mask
}
```

```
#pragma vector=TIMER0_OVF0_vect
__interrupt void TIMER0_OVF0_interrupt(void)
{

  TCNT0=112;
  count++;
  if((count % 3)==0)  //7.5 msec *4 = 30 msec Key Scan
  {
    KeyBuf[column]=Key_Scan();

    if((KeyBuf[column] != 0x10) && (PastKey[column] == 0x10)) //Detect Key Pressed
at Rising Edge
    {
      KeyPressed=TRUE;
      KeyValue=KeyBuf[column];
    }
    PastKey[column]=KeyBuf[column];
  }

  Int_FND_Disp();
}


void main(void)
{

    DDRA = 0xff; //포트 A의 모든 핀을 출력으로 사용
   DDRC = 0xff; //포트 C의 모든 핀을 출력으로 사용
    DDRB = 0x00; //포트 B의 모든 핀을 입력으로 사용

        PORTA = 0xff; //초기 값은 FND가 전부 꺼져있게 만든다.
        PORTC = 0xff; //C0-3은 FND control , C4-7은 키보드 스캔 control
```

```
        //EEPROM에 저장된 값 읽어오기

    while(EECR & 0x02);

    //EECR레지스터가 '1'인 경우 아무것도 하지 않고 계속 루프만 돈다.
    //즉, 0이 될 때까지 기다린다.

        EEAR=0;
        EECR |= 0x01; // <=> EECR = EECR | 0x01;
        digit0=EEDR;

        EEAR=1;
        EECR |= 0x01; //읽기 동작 명령
        digit1=EEDR;

        EEAR=2;
        EECR |= 0x01; // <=> EECR = EECR | 0x01;
        digit2=EEDR;

        EEAR=3;
        EECR |= 0x01; // <=> EECR = EECR | 0x01;
        digit3=EEDR;

        //EEPROM 초기값은 정상적인 키값을 벗어난다.
        //정상적인 키값이 아닌 경우 NULL상태로 해준다.
        if(digit0>0x10) digit0=0x10;
        if(digit1>0x10) digit1=0x10;
        if(digit2>0x10) digit2=0x10;
        if(digit3>0x10) digit3=0x10;


      Init_Timer(); //타이머를 동작시킴
```

```
    _SEI(); //Global 인터럽트 허가 ->이 싯점 부터 인터럽트가 걸림

while(1)
    {

        if(KeyPressed) //키가 눌려진 경우의 처리
        {
         //state update
          digit3=digit2;
          digit2=digit1;
          digit1=digit0;
          digit0=KeyValue;


        //키가 눌릴 때 마다 EEPROM에 상태 값 저장 , 최종 상태 값이 저장됨

while(EECR & 0x02);

//EECR레지스터가 '1'인 경우 아무것도 하지 않고 계속 루프만 돈다.
//즉, 0이 될 때까지 기다린다.

        EEAR=0;  //주소 지정
        EEDR = digit0; //데이터 지정
        _CLI();  //인터럽트 정지
        EECR = EECR | 0x04; //Bit 2(EEMWE)를 1로 해줌. 쓰기 명령 1
        EECR = EECR | 0x02; //Bit 1(EEWE)를 1로 해줌. 쓰기 명령 2
        while(EECR & 0x02); //쓰기가 끝날때 까지 기다린다.
        _SEI(); //인터럽트 다시 허가

        while(EECR & 0x02);
        EEAR=1;  //주소 지정
```

```
            EEDR = digit1; //데이터 지정
            _CLI();  //인터럽트 정지
            EECR = EECR | 0x04; //Bit 2(EEMWE)를 1로 해줌. 쓰기 명령 1
            EECR = EECR | 0x02; //Bit 1(EEWE)를 1로 해줌. 쓰기 명령 2
            while(EECR & 0x02); //쓰기가 끝날때 까지 기다린다.
            _SEI(); //인터럽트 다시 허가

            while(EECR & 0x02);
            EEAR=2;  //주소 지정
            EEDR = digit2; //데이터 지정
            _CLI();  //인터럽트 정지
            EECR = EECR | 0x04; //Bit 2(EEMWE)를 1로 해줌. 쓰기 명령 1
            EECR = EECR | 0x02; //Bit 1(EEWE)를 1로 해줌. 쓰기 명령 2
            while(EECR & 0x02); //쓰기가 끝날때 까지 기다린다.
            _SEI(); //인터럽트 다시 허가

            while(EECR & 0x02);
            EEAR=3;  //주소 지정
            EEDR = digit3; //데이터 지정
            _CLI();  //인터럽트 정지
            EECR = EECR | 0x04; //Bit 2(EEMWE)를 1로 해줌. 쓰기 명령 1
            EECR = EECR | 0x02; //Bit 1(EEWE)를 1로 해줌. 쓰기 명령 2
            while(EECR & 0x02); //쓰기가 끝날때 까지 기다린다.
            _SEI(); //인터럽트 다시 허가

            KeyPressed=FALSE; //키 눌려진 것을 처리했음

        }

    }

}
```

실습 결과는 다음과 같다. 맨 처음에는 EEPROM이 완전히 초기화 되어 있는 경우, 아무것도 표시되지 않는다. 보통 EEPROM이 완전히 초기화 되어 있는 경우 FF값을 갖게 된다. 다만, 맨 처음의 초기값이므로 알 수 가 없다고 가정하고 정상적인 키 값(우리가 저장하려는 혹은 저장되어 있는 데이터) 범위를 벗어나므로, 프로그램에서 아무런 표시도 하지 않게 만들어 준 것이다.

이제, 키를 0, 1, 2, 그리고 3을 차례대로 누른다. 그러면 FND에 "0123"이 표시될 것이다.

지금까지의 상태에서 전원을 끊고, 잠시 후에 다시 전원을 인가한 경우, FND에 "0123"이 표시되면 EEPROM에 정상적으로 읽기/쓰기가 되었다는 것을 확인 해 볼 수 있다.

본 장에서는 EEPROM에 관하여 알아보았다. 다음 장에서는 소모되는 전력을 절약할 수 있는 Sleep Mode에 관하여 알아보도록 하겠다.

Chapter 18

Sleep Mode

18.1 Sleep Mode의 개요

Sleep Mode는 CPU가 잠자는 상태를 이르는 말로써, 마이크로프로세서에서 사용되지 않는 모듈들을 정지시켜 전력을 절약하기 위해 사용되는 것이다. 예를 들어 핸드폰에서 배터리를 장시간 사용하게 하기위해 Sleep Mode를 사용하는 경우를 생각해 볼 수 있겠다. 이때, Sleep Mode는 사용자가 이용하지 않을 경우, 아무 일도 하지 않고 정지해 있는 상황에 해당한다. 물론 최소한의 기능은 살아있어서 전화가 오거나 전화를 걸기위해 버튼을 누르는 등의 동작이 있으면 Sleep Mode에서 깨어나게 된다.

18.2 ATmega8535에서의 Sleep Mode

ATmega8535의 경우 Sleep Mode는 Idle, ADC Noise Reduction, Power save, Power Down, Standby, 그리고 Extended Stanby 모드의 6개가 제공된다. 전력을 절약하고자 Sleep Mode를 사용하려면 필요한 응용에 맞도록 이 6개 모드 중에서 한 가지를 선택하여 사용하면 된다. 6개 모드의 특징은 각각 다음과 같다.

Idle 모드는 CPU동작은 정지해 있으나, SRAM, Timer/Counters, SPI, 그리고 인터럽트는 계속 살아있는 모드이다. Power down 모드는 레지스터 값은 저장되어 있으나, 하드웨어 리셋이나 하드웨어 인터럽트가 걸리기까지 클럭 펄스가 정지되어 모든 칩의 기능이 정지된 상태를 말한다. Power save 모드는 비동기 타이머와 관련된 것 외에는 모든 것이 잠들어 있는 모드이다. ADC Noise Reduction 모드는 A/D 변환 시 스위칭 잡음을 최소화시키기 위해서 비동기 타이머와 ADC를 제외한 모든 I/O 모듈과 CPU가 정지되어 있는 모드이다. Standby 모드는 클럭 펄스만 동작하고 다른 소자들은 전부 잠들어 있는 상태로, 전력을 적게 소모하면서 매우 빠르게 깨어날 수 있다. 마지막으로, Extended Standby 모드는 Standby 모드와 비슷하며, 클럭 펄스 외에 비동기 타이머까지 동작하고 있는 모드이다. 참고로 비동기 카운터는 SC-05보드에서 사용한 기본 크리스털 외에

32KHz 외부 크리스털을 하나 더 달아 준 경우에 해당하므로 SC-05보드에는 해당하지 않는다.

이상 각 모드의 특징을 간단하게 알아보았다. 각 모드의 특징을 한 눈에 볼 수 있도록 표로 정리하면, 표 18.1과 같다.

표 18.1 Sleep Mode의 내용

	Active Clock domains					Oscillators		Wake up sources					
Sleep Mode	clk_{CPU}	clk_{FLASH}	clk_{IO}	clk_{ADC}	clk_{ASY}	Main Clock Source Enabled	Timer Osc Enabled	INT2 INT1 INT0	TWI Address Match	Timer 2	SPM/ EEPROM Ready	ADC	Other I/O
Idle			X	X	X	X	X$^{(2)}$	X	X	X	X	X	X
ADC Noise Reduction				X	X	X	X$^{(2)}$	X$^{(3)}$	X	X	X	X	
Power-down								X$^{(3)}$	X				
Power-save					X$^{(2)}$		X$^{(2)}$	X$^{(3)}$	X	X$^{(2)}$			
Standby$^{(1)}$						X		X$^{(3)}$	X				
Extended Standby$^{(1)}$					X$^{(2)}$	X	X$^{(2)}$	X$^{(3)}$	X	X$^{(2)}$			

Notes: 1. External Crystal or resonator selected as clock source
2. If AS2 bit in ASSR is set
3. Only INT2 or level interrupt INT1 and INT0

표 18.1을 보는 방법은 다음과 같다. X표시 된 부분만 살아있고 나머지 빈 공간에 해당하는 부분은 정지해 있음을 의미한다. 예를 들어 Idle 모드의 경우는 CPU 클럭과 FLASH를 동작하는 클럭이 정지해 있음을 의미하며, Power-down 모드의 경우는 모든 클럭이 정지되어 아무런 장치도 동작하지 않음을 의미한다. 또한 표 18.1에는 잠들어 있는 Sleep Mode에서 깨어나는 방법에 관하여서도 표시되어 있는데, 예를 들어 Idle 모드의 경우, 하드웨어 인터럽트뿐만 아니라 타이머, ADC, 기타 UART 등의 장치에서 보내주는 인터럽트에 의해서도 깨어날 수 있으나, Power-down 모드의 경우 오로지 하드웨어 인터럽트에 의해서만 깨어날 수 있다는 것을 알 수 있다.

6가지 종류의 Sleep Mode 특징에 관하여 살펴보았다. 이것을 어떻게 선택하여 Sleep Mode에 들어가게 할 수 있는지 알아보기로 한다. 모든 마이크로프로세서 동작은 레지스터를 읽고 쓰는 것이라고 전술한 바 있고, Sleep Mode도 예외가 아니다.

ATmega8535에서 Sleep Mode와 관련된 레지스터는 MCUCR로 그 내용은 다음과 같다.

Bit	7	6	5	4	3	2	1	0	
	SM2	SE	SM1	SM0	ISC11	ISC10	ISC01	ISC00	MCUCR
Read/Write	R/W	R/W	R/W	R/W	R/W	R/W	R/W	R/W	
Initial Value	0	0	0	0	0	0	0	0	

MCUCR의 비트 중에서, Bit 7, Bit 5, Bit 4는 각각 SM2, SM1, SM0로서 Sleep Mode 선택 비트로 사용되며, 그 값에 따라 표 18.2와 같이 Sleep Mode가 결정된다.

표 18.2 Sleep Mode 설정

SM2	SM1	SM0	Sleep Mode
0	0	0	Idle
0	0	1	ADC Noise Reduction
0	1	0	Power-down
0	1	1	Power-save
1	0	0	Reserved
1	0	1	Reserved
1	1	0	Standby(1)
1	1	1	Extended Standby(1)

표 18.2에서, (1)이 표시되어 있는 Standby Mode와 Extended Stanby Mode는 외부 크리스털이 연결되어 있을 경우에만 사용가능하다.

MCUCR의 비트 중에서, Bit 6은 SE(Sleep Enable)로서 Sleep Mode를 허가해 주는 비트로서, 이 비트에 '1'을 써넣어야 sleep 명령이 실행되었을 때, Sleep Mode로 들어갈 수 있다. sleep 명령은 C-언어에서 _SLEEP(); 이라는 함수를 이용한다.

지금까지 설명을 바탕으로, Power down 모드로 설정하여, Sleep Mode를 실행하고자 한다면 다음과 같은 코드를 사용하면 될 것이다.

```
MCUCR |= 0x60; // SE=1, SM[2:0]=010 -> 0110 0000
if(count==1111) _SLEEP();
```

참고로 _SLEEP()라는 함수는 ina90.h에 선언되어 있으므로, #include <ina90.h>라는 코드를 추가해 주어야 한다.

18.3 Sleep Mode 실습

SC-05 보드에서, FND에 하나씩 증가하는 숫자를 표시하다가 일정 시간이 지나 555를 표시하면 Sleep Mode가 되고, 외부 인터럽트 스위치를 누른 경우 다시 깨어나는 것을 반복하는 프로그램을 작성하여 실습해 본다. 특히, 마이크로프로세서가 Sleep Mode로 되었을 경우, SC-05보드가 소모하는 전력이 어떻게 변화하는지 살펴보기로 한다.

먼저, 하드웨어 인터럽트를 위해 우리가 자작한 스위치를 다음 표 18.3과 같이 연결한다.

표 18.3 스위치 연결

내용	스위치
AVR	PD2 (INT0)

* 스위치의 +5 [V]와 접지 연결을 확인한다.

표 18.3에 의해 배선된 결과는 그림 18.1과 같다.

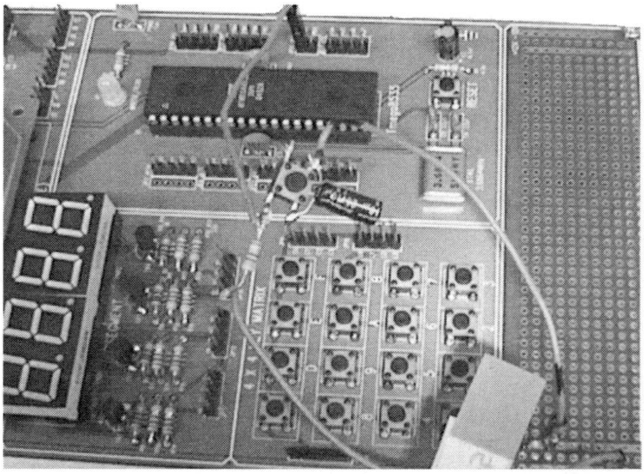

그림 18.1 ◎ Sleep Mode 실험 배선

또한, FND에 CPU 동작을 표시하기 위해서 FND를 다음 표 18.4와 같이 배선한다.

표 18.4 ◎ FND 배선

FND부	a	b	c	d	e	f	g	p	Q0	Q1	Q2	Q3
CPU부	PA0	PA1	PA2	PA3	PA4	PA5	PA6	PA7	PC0	PC1	PC2	PC3

마지막으로, 전력 소모를 검사하기 위해 전원 연결 시, 그림 18.2와 같이 전류계를 연결한다.

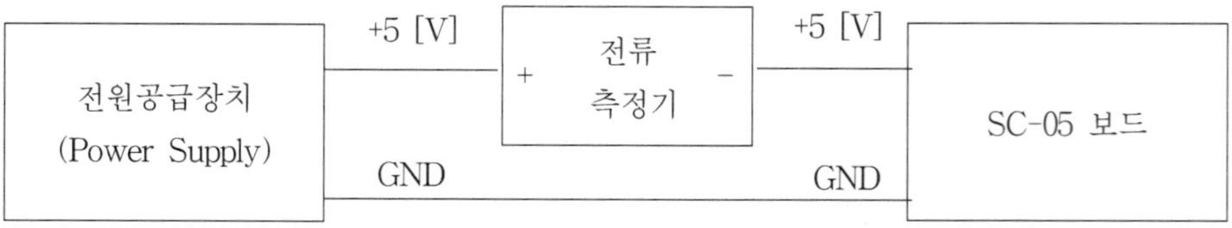

이제, 다음과 같은 프로그램을 작성하여 보드를 동작시킨다.

```
#include <io8535.h>
#include <ina90.h>

const char Font[16] ={0xc0, 0xf9, 0xa4, 0xb0, 0x99, 0x92,  //0, 1, 2, 3, 4, 5
                      0x82, 0xf8, 0x80, 0x90, 0x88,        //6, 7, 8, 9, A
                      0x83, 0xc6, 0xa1, 0x86, 0x8e } ;     //b, C, d, E, F


void FND_Display(unsigned char digit0, unsigned char digit1, unsigned char digit2,
unsigned char digit3)
{
  int i;

 PORTC = 0xfe; //첫 번째 FND 선택 // [단계 3]
        PORTA = digit0; // [단계 4]
        for(i=0; i<20; i++);

         //이하 다른 FND 선택 후 반복
        PORTC = 0xfd; //두 번째 FND 선택
        PORTA = digit1;
        for(i=0; i<20; i++);

        PORTC = 0xfb; //세 번째 FND 선택
        PORTA = digit2;
        for(i=0; i<20; i++);

        PORTC = 0xf7; //네 번째 FND 선택
        PORTA = digit3; // [단계 4]
        for(i=0; i<20; i++);
}
```

```
//ISR 프로그램
#pragma vector=INT0_vect
__interrupt void INT0_interrupt(void)
{
    //sleep mode에서 깨어남
    DDRA = 0xff; //포트 A의 모든 핀을 출력으로 사용
    DDRC = 0xff; //포트 C의 모든 핀을 출력으로 사용

}


void main(void)
{
      unsigned char digit0, digit1, digit2, digit3;
      unsigned int count=0, temp=0, i;

    DDRA = 0xff; //포트 A의 모든 핀을 출력으로 사용
    DDRC = 0xff; //포트 C의 모든 핀을 출력으로 사용

       PORTA= 0xff; //초기 값은 FND가 전부 꺼져있게 만든다.

       GIMSK=0x40; //외부 인터럽트 INT0를 허가한다.

      //슬립모드 설정
      MCUCR |= 0x60; // SE=1, SM[2:0]=010 -> 0110 0000

    while(1)
       {
          digit3= count/1000;              // 카운트 값을 1000으로 나눈 몫
                                           // 즉 1000의 자리 숫자가 된다
      temp = count % 1000;                 // 카운트 값을 1000으로 나눈 나머지
                                           // 즉 1000의 자리를 뺀 100단위 숫자
```

```
        digit2 = temp /100;                //100의 자리 수
        temp = temp %100;
    digit1 = temp/10;                  // 10의 자리 수
    digit0= temp % 10;                 // 1의 자리 수

    digit0=Font[digit0];
    digit1=Font[digit1];
    digit2=Font[digit2];
    digit3=Font[digit3];

    for(i=0; i<50; i++) FND_Display(digit0, digit1, digit2, digit3);
    //카운트 대기하는 시간을 조절한다.

    count++;
    if(count>999) count=0;

   //슬립모드 실행
   if(count == 555)
   {  DDRA = 0x00; //슬립모드로 들어가기 위해서
      DDRC = 0x00; //포트를 입력으로 바꿈
      _SEI(); //인터럽트 허가
      _SLEEP(); //슬립 모드로 들어감 .
      _CLI(); //다음 번 슬립모드 조건 까지 인터럽트 불허
        }
    }

}
```

실행 결과, 약 5초 후에 값이 555가 될 때, Sleep Mode가 된다. Sleep Mode 이전에 소모 전류는 대략 100 [mA]에서 최대 130 [mA] 사이의 전류 소모를 보였으나, Sleep Mode가 되면서 소모전류가 59 [mA]로 줄어든다는 것을 확인 해 볼 수

있었다.

어떤 독자 들은 그냥 FND만 꺼도 전류가 줄어드는데 굳이 sleep 모드를 사용해야 하는가? 라고 질문하는 경우가 있는데, 그 경우의 전류 소모는 68 [mA]가 된다. 위의 프로그램 코드 중에서 _SLEEP(); 명령과 _CLI(); 명령을 지우고 실행시켜 보면 소모 전류의 차이를 이해할 수 있을 것이다.

다시 외부 인터럽트 스위치를 눌러 CPU가 깨어나게 하고 SC-05보드의 동작상태를 확인해 보자. 555부터 더 증가 하면서 999가 되면 다시 0부터 카운트를 하게 된다. 물론 555가 되면 다시 sleep 모드로 들어가게 된다.

이상으로 Sleep Mode에 관하여 알아보았다.

참고로, 소모 전력을 절약하기 위한 간단한 내용을 datasheet에서 발췌하여 [부록 E]에 첨가하였으므로 관심 있는 독자들은 부록을 살펴보기 바란다.

Chapter 19

Watchdog Timer

19.1 Watchdog Timer의 개요

Watchdog Timer는 감시 계시자라고 해석되며, 프로그램의 오류나 장비상의 고장 등으로 시스템이 무제한의 반복 상태이거나 놀고 있는 것을 방지하기 위해 프로그램으로 설치된 계시자이다. 여기서 계시라는 뜻은 시간을 잰다는 의미를 가지고 있다. 말 그대로 보면 집지키는 개라는 의미를 가지고 있으며, 일정 시간이 경과할 때마다 CPU가 주기적으로 신고하게 만들어 CPU의 이상 동작을 감시하는 것을 말한다.

대부분의 마이크로프로세서들은 Watchdog Timer를 두고 있으며, CPU는 주기적으로 Watchdog Timer가 Time out 되기 전에 Timer값을 0으로 만들어준다. 만일 프로그램의 오류 등으로 CPU가 원하지 않는 무한루프에 빠져들게 된다면, Timer값을 0으로 만들어줄 수 없게 되며, Watchdog Timer는 Time out 되어 시스템 전체를 RESET시켜버리는 일이 발생하는 것이 Watchdog Timer를 사용하는 전형적인 사례가 된다.

19.2 ATmega8535의 Watchdog Timer

ATmega8535는 1개의 Watchdog Timer를 내장하고 있다. 이 Watchdog Timer는 내부에 마련된 별도의 진동자로부터 (전원이 5[V]인 경우) 1MHz의 클럭을 공급받는다. Watchdog Timer의 동작을 제어하는 레지스터는 WDTCR로서 그 내용은 다음과 같다.

Bit	7	6	5	4	3	2	1	0	
	–	–	–	WDCE	WDE	WDP2	WDP1	WDP0	WDTCR
Read/Write	R	R	R	R/W	R/W	R/W	R/W	R/W	
Initial Value	0	0	0	0	0	0	0	0	

WDTCR의 Bit 3인 WDE는 WatchDog Enable Bit로 이 Bit를 1로 해주면,

Watchdog Timer는 enable된다. 그리고 0을 써 넣으면 disable된다. disable 시키고 싶으면, WDE에 0을 써 넣을 때, WDCE에 1이 먼저 있었어야 한다.

WDTCR의 Bit 4인 WDCE는 WatchDog Change Enable Bit로 Bit 3의 WDE에 0을 써넣을때, 반드시 1로 만들어 주어야 한다. 그렇지 않으면, Watchdog Timer는 disable되지 못할 것이다. 일단 한번 1을 써주면, 4클럭 후에 하드웨어에 의해 자동으로 0으로 된다.

Enable된 Watchdog Timer를 Disable시키고 싶을 경우, 이해를 돕기 위해 프로그램 코드로 나타내면, 다음과 같다.

```
WDTCR |= 0x18; //먼저 WDCE bit와 WDE bit를 1로 만든다.
WDTCR = 0x00; //그리고 나서 바로 WDE bit를 0으로 만든다.
```

WDTCR의 Bit 0, Bit 1, Bit 2는 각각 WDP0, WDP1, WDP2로서 1 MHz의 클럭을 받아 분주해주는 역할을 하며, 그 내용은 표 19.1과 같다.

표 19.1 Watchdog Time의 시간 설정

WDP2	WDP1	WDP0	Number of WDT Oscillator Cycles	Typical Time-out at V_{CC} = 5.0V
0	0	0	16K (16,384)	16.3 ms
0	0	1	32K (32,768)	32.5 ms
0	1	0	64K (65,536)	65 ms
0	1	1	128K (131,072)	0.13 s
1	0	0	256K (262,144)	0.26 s
1	0	1	512K (524,288)	0.52 s
1	1	0	1,024K (1,048,576)	1.0 s
1	1	1	2,048K (2,097,152)	2.1 s

예를 들어, Watchdog Timer를 사용하기 위해 (WDP2, WDP1, WDP0)=(1, 1, 1)로 하고, Enable시키려면 다음과 같은 코드를 사용하면 된다.

```
WDTCR = 0x0f; // WDE = 1, (WDP2, WDP1, WDP0)=(1, 1, 1)
```

이렇게 프로그램하여 Watchdog Timer가 동작하게 된다면, 반드시 2.1초 안에 Watchdog Timer를 reset시켜 주어야 한다. 그렇지 않으면 시스템 전체가 하드웨어 RESET될 것이다. Watchdog Timer를 reset시켜주는 프로그램 명령어는 다음과 같다.

```
_WDR(); //WatchDog timer Reset
```

이 절에서는 ATmega8535의 Watchdog Timer를 사용하기 위해 Watchdog Timer의 동작을 제어하는 레지스터인 WDTCR에 관하여 알아보았다. 이 내용을 바탕으로 하여 다음절에서는 Watchdog Timer에 관한 실습을 해보도록 한다.

19.3 SC-05보드에서 Watchdog Timer 실습

7장에서 학습한 FND에 0에서부터 9999까지 점차적으로 숫자가 증가하는 프로그램을 이용한다. FND에 관련된 배선 방법과 프로그램 설명은 7장을 참고로 하고, 여기서는 그 프로그램에 Watchdog Timer와 관련된 사항을 추가시킨다.

먼저, Watchdog Timer는 동작시키되 WatchDog timer에 Reset을 걸어주지 않는 경우의 프로그램은 다음과 같다.

```
#include <io8535.h>

const char Font[16] ={0xc0, 0xf9, 0xa4, 0xb0, 0x99, 0x92,  //0, 1, 2, 3, 4, 5
                      0x82, 0xf8, 0x80, 0x90, 0x88,        //6, 7, 8, 9, A
                      0x83, 0xc6, 0xa1, 0x86, 0x8e } ;     //b, C, d, E, F

void FND_Display(unsigned char digit0, unsigned char digit1, unsigned char digit2, unsigned char digit3)
```

```
{
  int i;

 PORTC = 0xfe; //첫 번째 FND 선택 // [단계 3]
            PORTA = digit0; // [단계 4]
            for(i=0; i<20; i++);

             //이하 다른 FND 선택 후 반복
            PORTC = 0xfd; //두 번째 FND 선택
            PORTA = digit1;
            for(i=0; i<20; i++);

            PORTC = 0xfb; //세 번째 FND 선택
            PORTA = digit2;
            for(i=0; i<20; i++);

            PORTC = 0xf7; //네 번째 FND 선택
            PORTA = digit3; // [단계 4]
            for(i=0; i<20; i++);
}


void main(void)
{
       unsigned char digit0, digit1, digit2, digit3;
       unsigned int count=0, temp=0, i;

   DDRA = 0xff; //포트 A의 모든 핀을 출력으로 사용
   DDRC = 0xff; //포트 C의 모든 핀을 출력으로 사용

        PORTA= 0xff; //초기 값은 FND가 전부 꺼져있게 만든다.
```

```
    //Watchdog Timer 설정
    WDTCR = 0x0f; // WDE = 1, (WDP2, WDP1, WDP0)=(1, 1, 1)


while(1)
    {
        digit3= count/1000;                // 카운트 값을 1000으로 나눈 몫
                                          // 즉 1000의 자리 숫자가 된다
      temp = count % 1000;          //카운트 값을 1000으로 나눈 나머지
                                          // 즉 1000의 자리를 뺀 100단위 숫자
        digit2 = temp /100;                //100의 자리 수
        temp = temp %100;
      digit1 = temp/10;                  // 10의 자리 수
      digit0= temp % 10;                 // 1의 자리 수

      digit0=Font[digit0];
      digit1=Font[digit1];
      digit2=Font[digit2];
      digit3=Font[digit3];

      for(i=0; i<100; i++) FND_Display(digit0, digit1, digit2, digit3);
      //카운트 대기하는 시간을 조절한다.

      count++;
      if(count>9999) count=0;
      }

}
```

이 프로그램을 동작시켜보자. 0063까지 표시되다가 정상동작을 하지 않고, 다시 0000으로 되돌아 갈 것이다. 이러한 현상이 일어나는 이유는 Watchdog Timer를

동작시켰으면서도 WatchDog timer에 Reset을 걸어주지 않아서 하드웨어 리셋이 걸렸기 때문이다. 정상 동작을 하기위해 count값이 60값의 배수가 될 때마다 한번씩 Reset을 걸어주면 된다는 것을 알 수 있다. 이때 시간은 대략 2.1초라는 것을 눈여겨보기 바란다. 이제 정상동작을 위해 다음과 같은 코드를 추가시켜주면 된다.

```
//Watchdog Timer RESET
  if((count % 60) == 0 ) _WDR();
```

참고로, WDR(); 함수는 ina90.h라는 함수에 정의되어 있으므로, #include <ina90.h>라는 코드도 추가시켜 주어야 한다.

위의 코드가 추가되어 완성된 프로그램은 다음과 같다.

```
#include <io8535.h>
#include <ina90.h>

const char Font[16] ={0xc0, 0xf9, 0xa4, 0xb0, 0x99, 0x92,  //0, 1, 2, 3, 4, 5
                      0x82, 0xf8, 0x80, 0x90, 0x88,         //6, 7, 8, 9, A
                      0x83, 0xc6, 0xa1, 0x86, 0x8e } ;      //b, C, d, E, F

void FND_Display(unsigned char digit0, unsigned char digit1, unsigned char digit2,
unsigned char digit3)
{
  int i;

 PORTC = 0xfe; //첫 번째 FND 선택 // [단계 3]
         PORTA = digit0; // [단계 4]
         for(i=0; i<20; i++);
```

```
            //이하 다른 FND 선택 후 반복
            PORTC = 0xfd; //두 번째 FND 선택
            PORTA = digit1;
            for(i=0; i<20; i++);

            PORTC = 0xfb; //세 번째 FND 선택
            PORTA = digit2;
            for(i=0; i<20; i++);

            PORTC = 0xf7; //네 번째 FND 선택
            PORTA = digit3; // [단계 4]
            for(i=0; i<20; i++);
}


void main(void)
{
        unsigned char digit0, digit1, digit2, digit3;
        unsigned int count=0, temp=0, i;

    DDRA = 0xff; //포트 A의 모든 핀을 출력으로 사용
    DDRC = 0xff; //포트 C의 모든 핀을 출력으로 사용

        PORTA= 0xff; //초기 값은 FND가 전부 꺼져있게 만든다.


        //Watchdog Timer 설정
        WDTCR = 0x0f; // WDE = 1, (WDP2, WDP1, WDP0)=(1, 1, 1)


    while(1)
        {
```

```
digit3= count/1000;          // 카운트 값을 1000으로 나눈 몫
                             // 즉 1000의 자리 숫자가 된다
temp = count % 1000;         // 카운트 값을 1000으로 나눈 나머지
                             // 즉 1000의 자리를 뺀 100단위 숫자
    digit2 = temp /100;      // 100의 자리 수
    temp = temp %100;
digit1 = temp/10;            // 10의 자리 수
digit0= temp % 10;           // 1의 자리 수

digit0=Font[digit0];
digit1=Font[digit1];
digit2=Font[digit2];
digit3=Font[digit3];

for(i=0; i<100; i++) FND_Display(digit0, digit1, digit2, digit3);
//카운트 대기하는 시간을 조절한다.

count++;
if(count>9999) count=0;

 //Watchdog Timer RESET
if((count % 60) == 0 ) _WDR();

    }

}
```

위의 프로그램은 Watchdog Timer가 동작하면서 Time out이 되기 전에 clear 해 주므로 0에서부터 9999까지 정상적으로 증가하면서 표시하게 된다.

앞에서 살펴본 예제의 경우에 count값에 의해 reset을 걸어주는 시간을 예측 할

수 있었으나, 그렇지 못한 경우도 있다. 또한 count값의 시간이 변경되는 경우도 있을 것이다. 따라서, watchdog reset을 걸어주는 좀더 정확한 방법은 제 12장에서 배운 디지털시계의 기법을 이용하면 된다. 다시 말해서, 원하는 시간마다 한번씩 watchdog reset을 걸어주도록 COUNTER/TIMER의 인터럽트를 이용하는 것이다.

앞에서 학습한 watchdog reset 프로그램과 똑같은 기능을 하되, 인터럽트를 이용하는 프로그램은 다음과 같다.

```
//
//인터럽트를 이용한 워치독 타이머
//

#include <io8535.h>
#include <ina90.h>

const char Font[16] ={0xc0, 0xf9, 0xa4, 0xb0, 0x99, 0x92,  //0, 1, 2, 3, 4, 5
                      0x82, 0xf8, 0x80, 0x90, 0x88,        //6, 7, 8, 9, A
                      0x83, 0xc6, 0xa1, 0x86, 0x8e } ;     //b, C, d, E, F

unsigned char count=0;

void FND_Display(unsigned char digit0, unsigned char digit1, unsigned char digit2,
unsigned char digit3)
{
  int i;



 PORTC = 0xfe; //첫 번째 FND 선택 // [단계 3]
          PORTA = digit0; // [단계 4]
          for(i=0; i<20; i++);
```

```
        //이하 다른 FND 선택 후 반복
        PORTC = 0xfd; //두 번째 FND 선택
        PORTA = digit1;
        for(i=0; i<20; i++);

        PORTC = 0xfb; //세 번째 FND 선택
        PORTA = digit2;
        for(i=0; i<20; i++);

        PORTC = 0xf7; //네 번째 FND 선택
        PORTA = digit3; // [단계 4]
        for(i=0; i<20; i++);
}


//카운터/타이머 초기화 함수
void Init_Timer(void)
{
  TCCR0=0x05;   //3.6864MHz를 1024분주
  TCNT0=76;   //256-180=76

  TIMSK=0x01;  //Timer0 Interrupt Enable Mask
}

// ISR (인터럽트 서비스 루틴 )
#pragma vector=TIMER0_OVF0_vect
__interrupt void TIMER0_OVF0_interrupt(void)
{

  TCNT0=76;
  count++; //인터럽트가 걸릴 때 마다 1씩 증가 시킨다.
```

```
    if(count>=20) // 1초에 1번씩 워치독 타이머를 리셋 시킨다.
    {
        count=0;
        _WDR();
    }
}



void main(void)
{
        unsigned char digit0, digit1, digit2, digit3;
        unsigned int count=0, temp=0, i;

    DDRA = 0xff; //포트 A의 모든 핀을 출력으로 사용
    DDRC = 0xff; //포트 C의 모든 핀을 출력으로 사용

        PORTA= 0xff; //초기 값은 FND가 전부 꺼져있게 만든다.


        Init_Timer(); //타이머 카운터를 동작시킨다.
        _SEI(); //인터럽트 시작

        //Watchdog Timer 설정
        WDTCR = 0x0f; // WDE = 1, (WDP2, WDP1, WDP0)=(1, 1, 1)


    while(1)
        {
            digit3= count/1000;             // 카운트 값을 1000으로 나눈 몫
                                            // 즉 1000의 자리 숫자가 된다
```

```
        temp = count % 1000;           //카운트 값을 1000으로 나눈 나머지
                                               // 즉 1000의 자리를 뺀 100단위 숫자
            digit2 = temp /100;                //100의 자리 수
            temp = temp %100;
        digit1 = temp/10;                 // 10의 자리 수
        digit0= temp % 10;                // 1의 자리 수

        digit0=Font[digit0];
        digit1=Font[digit1];
        digit2=Font[digit2];
        digit3=Font[digit3];

        for(i=0; i<100; i++) FND_Display(digit0, digit1, digit2, digit3);
        //카운트 대기하는 시간을 조절한다.

        count++;
        if(count>9999) count=0;

          }

    }
```

이상으로 본 교재의 마이크로프로세서 기초실습 내용이 끝났다. 본 교재의 학습내용은 읽어보기만 해서는 절대 습득할 수 없으며, 직접 실습해보면서 체험을 통해 자신의 것으로 만들어야 한다. 홍미를 가지고 자발적으로 본 교재를 마스터 했다면, 독자들은 이미 기초실력이 아닌 마이크로프로세서 중급 전문가의 실력을 충분히 갖추었다고 자부해도 좋겠다. 아무쪼록 본교재가 독자들의 행복한 성공에 일조하기를 바라며 본 교재의 학습을 모두 마친다.

부록

마이크로프로세서 기초 실습

[부록 A] ADC에서 아날로그 잡음 최소화하기

Analog Noise Canceling Techniques

Digital circuitry inside and outside the device generates EMI which might affect the accuracy of analog measurements. If conversion accuracy is critical, the noise level can be reduced by applying the following techniques:

1. Keep analog signal paths as short as possible. Make sure analog tracks run over the analog ground plane, and keep them well away from high-speed switching digital tracks.
2. The AVCC pin on the device should be connected to the digital V_{CC} supply voltage via an LC network as shown in Figure 106.
3. Use the ADC noise canceler function to reduce induced noise from the CPU.
4. If any ADC port pins are used as digital outputs, it is essential that these do not switch while a conversion is in progress.

Figure 106. ADC Power Connections

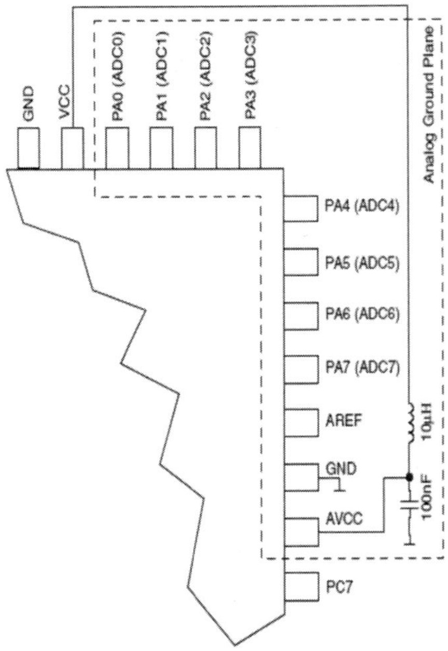

[부록 B] SC-05 보드 회로도

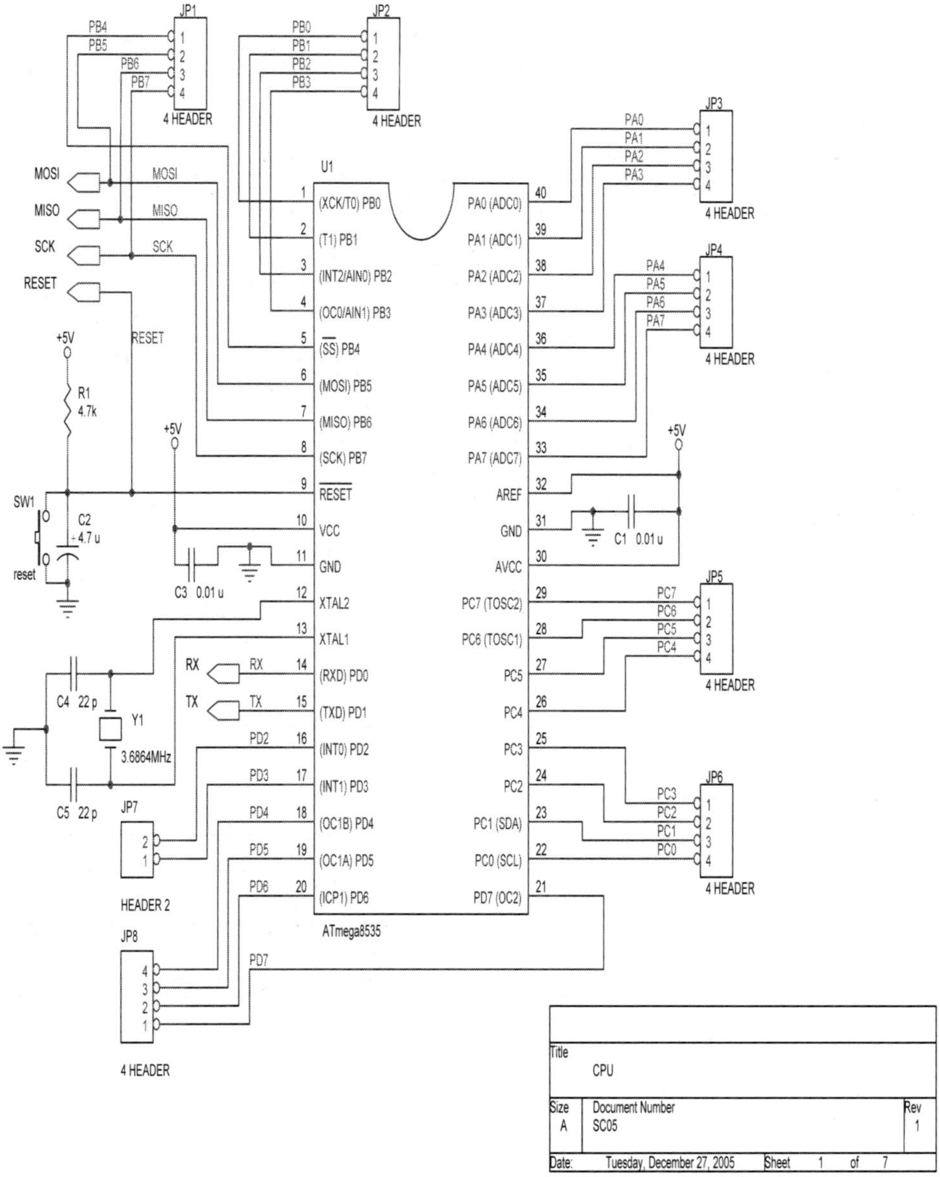

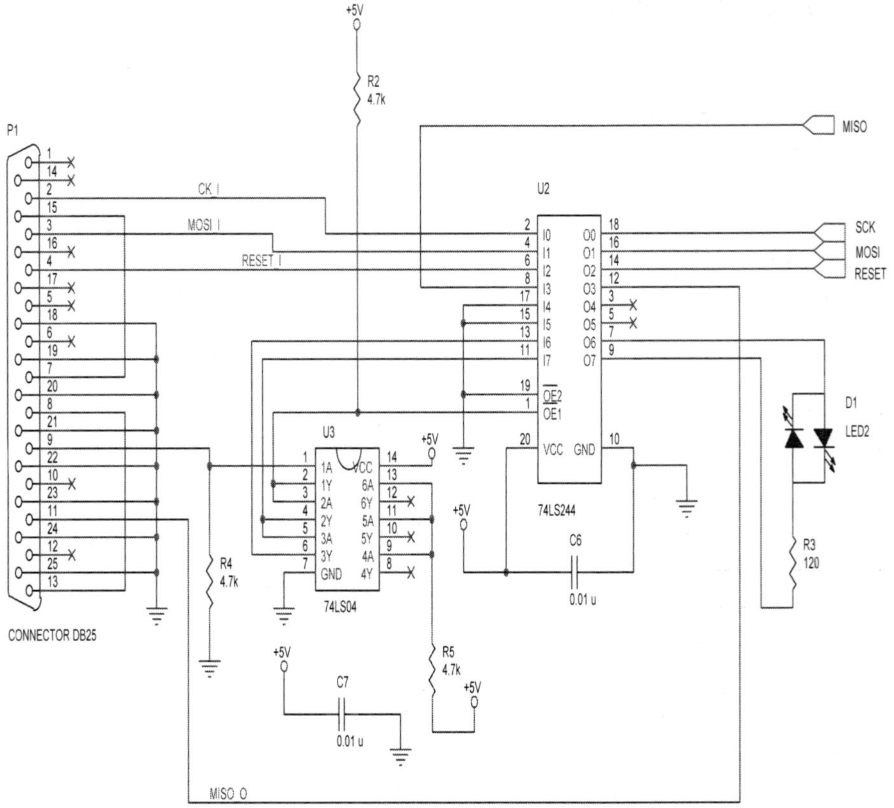

Title	ISP	
Size A	Document Number SC05	Rev 1
Date: Tuesday, December 27, 2005	Sheet 2 of 7	

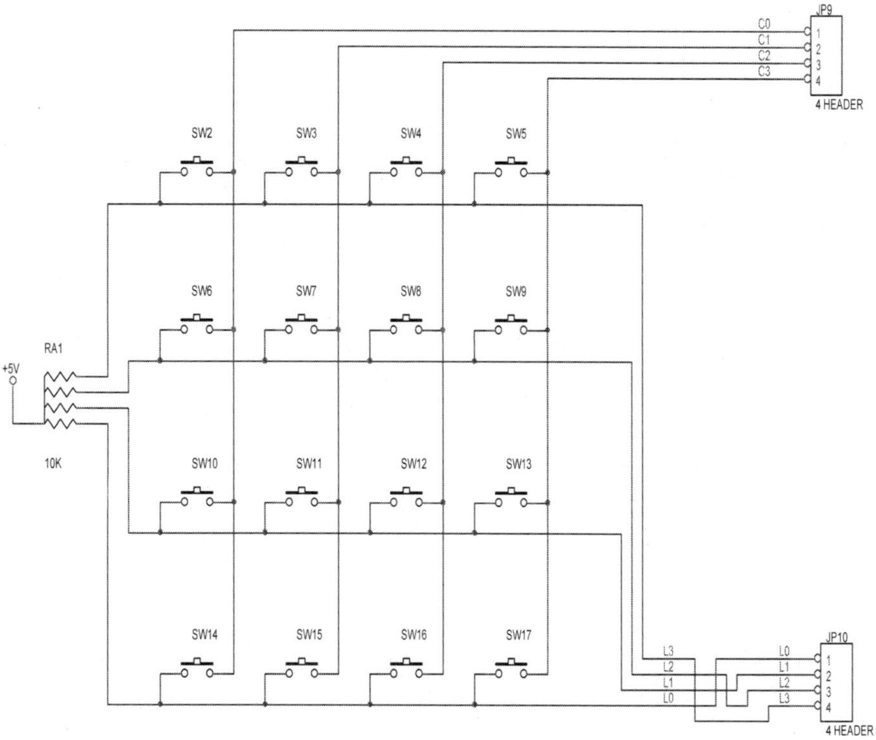

Title Key Matrix		
Size A	Document Number SC05	Rev 1
Date: Tuesday, December 27, 2005	Sheet 3 of 7	

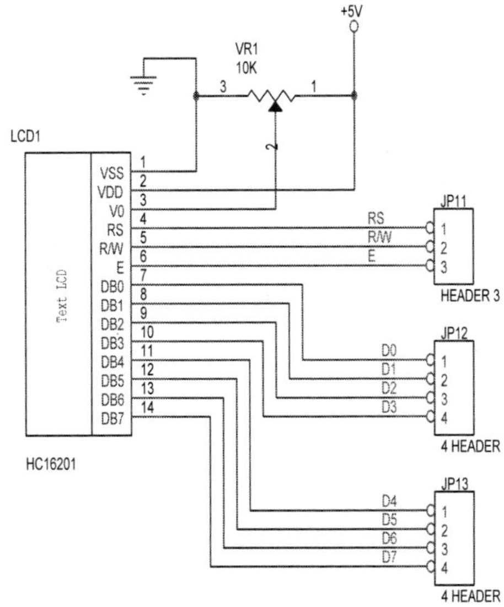

Title	LCD		
Size A	Document Number SC05		Rev 1
Date:	Tuesday, December 27, 2005	Sheet 4	of 7

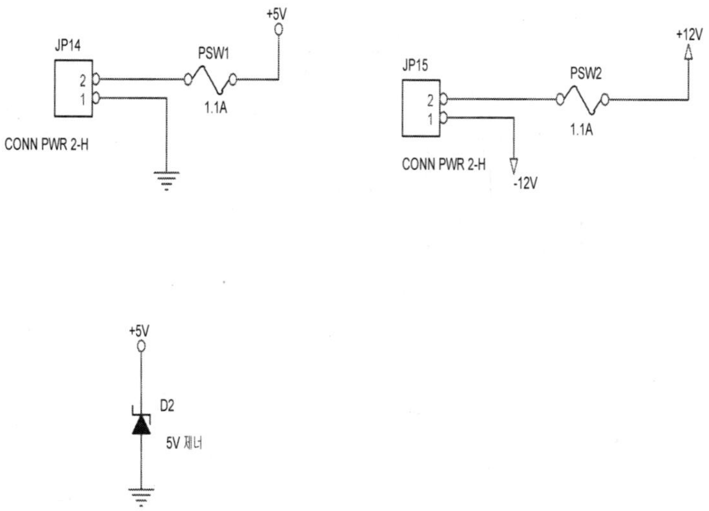

Title	Power	
Size A	Document Number SC05	Rev 1
Date: Tuesday, December 27, 2005	Sheet 5 of 7	

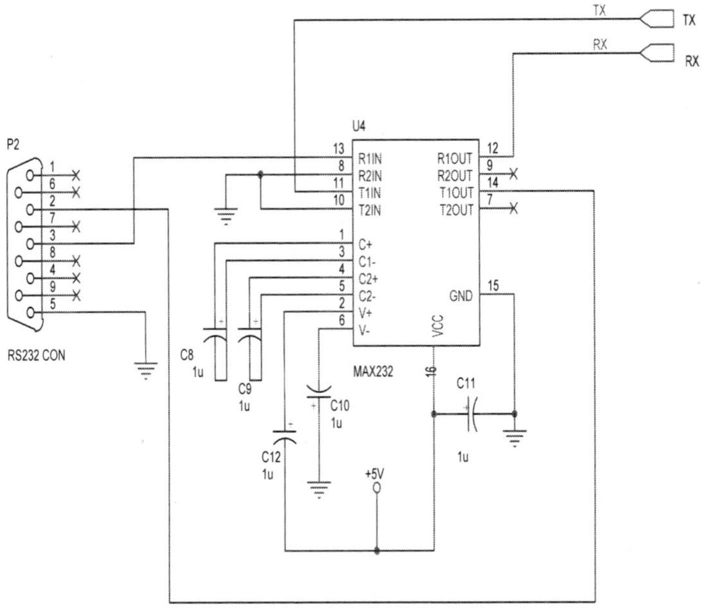

Title	RS232	
Size A	Document Number SC05	Rev 1
Date:	Tuesday, December 27, 2005	Sheet 6 of 7

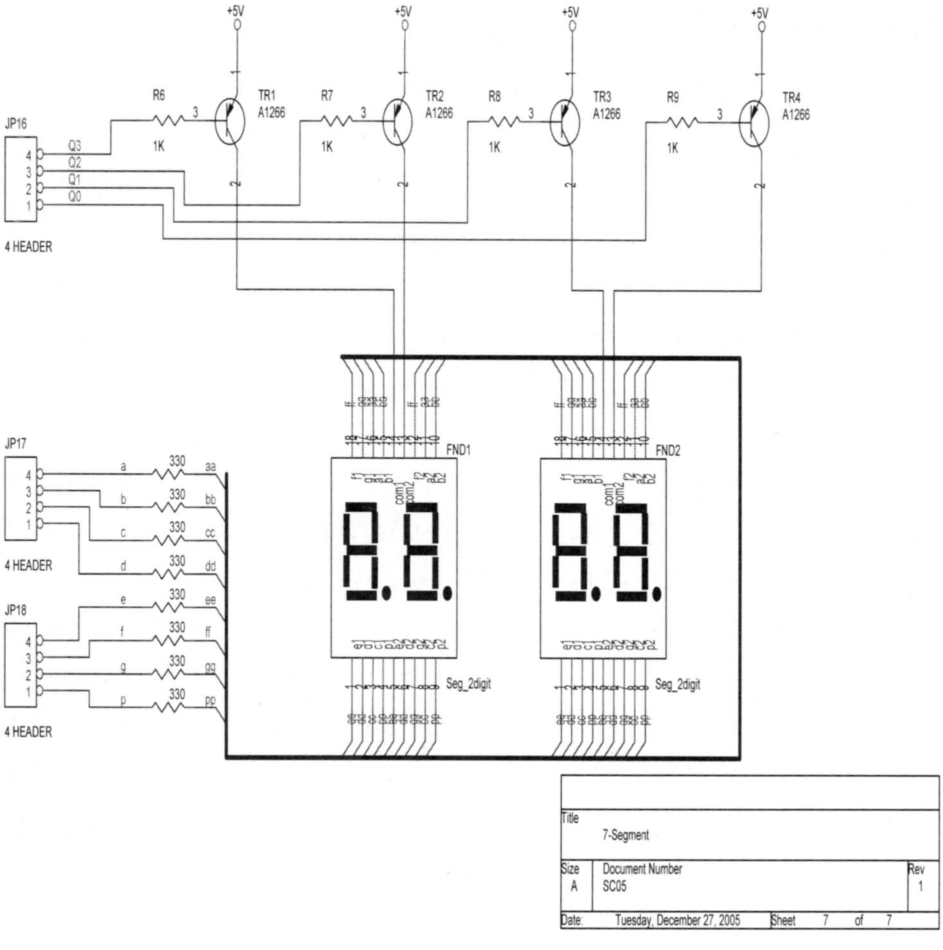
+5V
R6
R7
R8
R9
1K
TR1
TR2
TR3
TR4
A1266
JP16
Q3
Q2
Q1
Q0
4 HEADER
JP17
JP18
330
a
b
c
d
e
f
g
p
aa
bb
cc
dd
ee
ff
gg
pp
FND1
FND2
Seg_2digit
com1
com2
Title
7-Segment
Size
A
Document Number
SC05
Rev
1
Date: Tuesday, December 27, 2005
Sheet 7 of 7

[부록 C] 컴파일러 설치하기

프로그래머는 소프트웨어 설계가 다 끝나고 프로그래밍되어 기계어로 변환된 파일을 마이크로프로세서의 기억장치에 저장시켜주는 역할을 하는 프로그램이다. 프로그램 개발을 위해 고급언어 등을 사용하여 프로그래밍 할 경우, 컴파일러라는 것이 필요하며, 마이크로프로세서 시스템 개발의 70% 이상을 사용한다고 해도 과언이 아닐 정도로 매우 중요한 개발 도구이다. 쉽게 이야기 하자면, 설계자가 소프트웨어 프로그래밍할 수 있도록 해주는 도구이다. AVR 마이크로프로세서용으로 가장 많이 사용되는 컴파일러들 중에서 디지털제어 산업기사 실습 시험 시 제공되는 컴파일러는 IAR[EWAVR](ver. 2.26C), AVR studio(ver. 3.55) 및 ImageCraft[ICCAVR](ver. 6.28C)의 3가지가 있으며, 이 중에서 본 교재에서는 IAR을 중심으로 설명하기로 한다. 앞 절에서도 언급한 바 있지만, 이들 컴파일러들은 돈 주고 사야한다. 역시 돈이 없으니 방법을 모색해 보아야 한다. 다행히, 크기를 제한한 학생용이 무료로 제공되고 있다. 다시 말해, 컴파일된 HEX 화일이 2k를 넘으면 안된다는 제한만 지키면 무료로 쓸 수 있다는 것이다. IAR[EWAVR](ver. 2.26C)이 2k 제한되는 무료 배포용으로 인터넷 사이트 여러 곳에서 얻을 수 있다. 다만, 인터넷 사이트는 자주 변경되며, 특정 업체와 관련되므로 본 교재에서 구체적인 사이트는 언급하지 않겠다. 편의를 위해 교재에서 제공되는 CD에 수록해 놓았으므로 그것을 이용하도록 한다. CD의 컴파일러 폴더를 보면 다음 그림 C.1과 같다.

그림 C.1 ◎ 제공된 컴파일러

그림 C.1의 아이콘을 더블클릭하면 그림 C.2와 같은 창이 나타난다.

그림 C.2 ◎ 파일 압축 풀기

그림 5.2에서 압축풀 폴더의 이름(예 : C:\마이크로프로세서기초실습\컴파일러)을 작성한 후, 시작 버튼을 누르면, 그림 C.3과 같은 창이 나타난다.

그림 C.3 ◎ 압축풀기 완료

그림 C.3에서 확인 버튼을 누르면, 압축이 자동으로 풀리면서 설치 준비가 완료된다.

이제, 압축이 풀려있는 폴더 (예 :C:\마이크로프로세서기초실습\컴파일러)에 가보면 그림 C.4와 같은 파일 들이 보일 것이다.

그림 C.4 ◎ 압축이 풀린 컴파일러 파일들

그림 C.4에서 Setup.exe를 실행 시키면 그림 C.5와 같은 창이 나타난다.

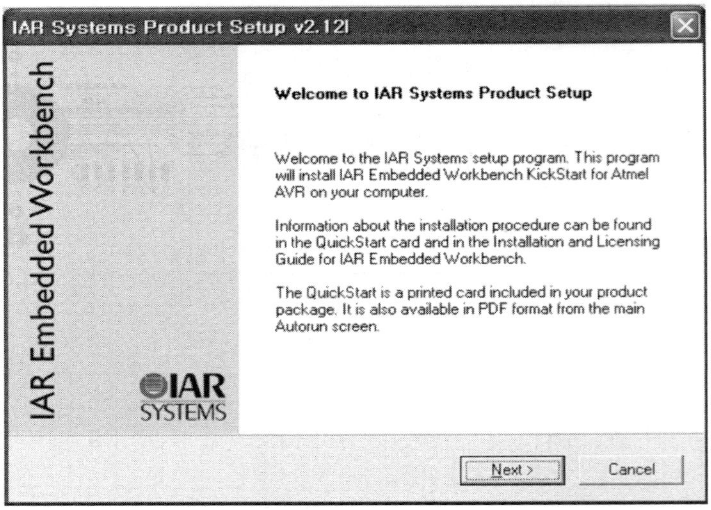

그림 C.5 ◎ 컴파일러 설치 화면

그림 C.5에서 Next> 버튼을 누르면 그림 C.6과 같이 된다.

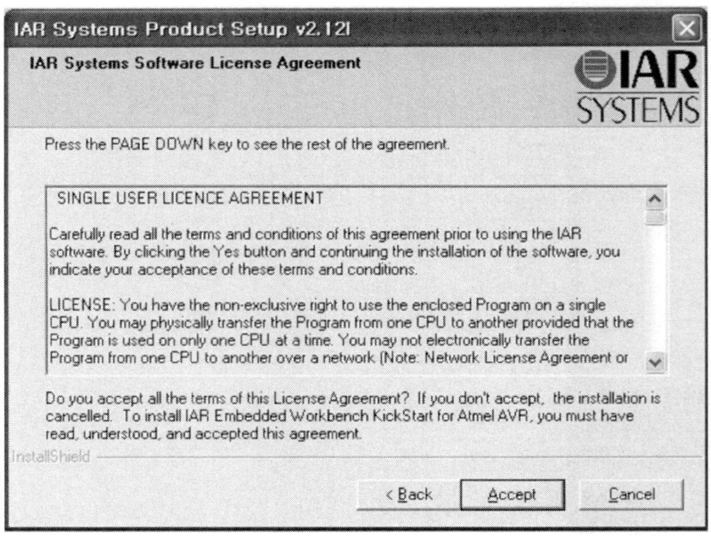

그림 C.6 ◎ 컴파일러 설치 동의 화면

그림 C.6에서 Accept 버튼을 누른다. 이후로 나타나는 모든 창에 대해 계속 Next> 버튼을 누르다 보면, 마지막으로 그림 C.7과 같은 화면이 나타나게 된다.

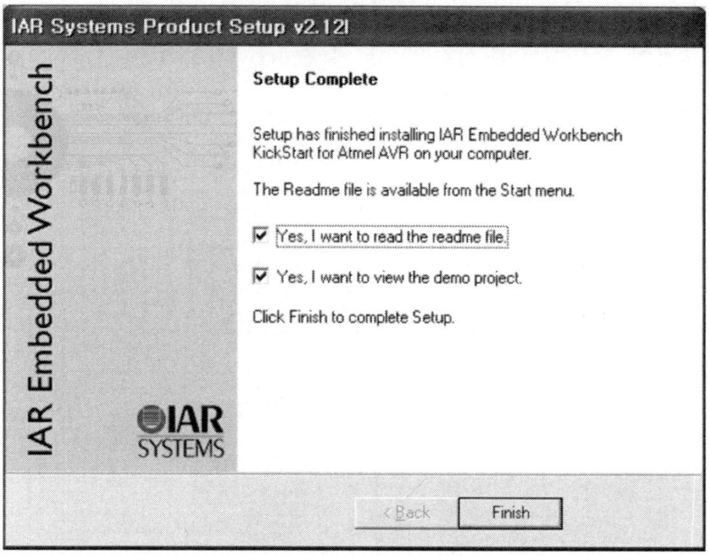

그림 C.7 컴파일러 설치 마치기

그림 C.7에서 Finish 버튼을 누른다. 몇 개의 창이 뜨면서 설치가 완료되는데 창은 모두 닫아 주면된다. 이상으로 컴파일러의 설치가 완료 되었다. 디지털 제어산업기사의 경우에는 컴파일러도 이미 설치되어 있거나 자동으로 설치되므로 본 과정을 거칠 필요는 없다. 다만, 본 교재와는 달리, 디지털제어산업기사의 IAR C 컴파일러라고 되어 있으므로, 본 교재와 다소 다른 모양을 하고 있으나, 금방 익숙해 질 수 있을 것이다.

[부록 D] LED 불켜기 프로그램의 보충설명

본 장에서는 마이크로프로세서가 포트에 디지털 정보를 출력하는 원리를 살펴보고, 5.4절에 나와 있는 소스프로그램을 분석해 보기로 한다. 본 부록은 실습과 관련된 이론적인 부분이므로 실습위주로 학습하는 경우에는 생략하여도 무관하다.

먼저, ATmega8535의 내부 구조는 그림 D.1과 같다.

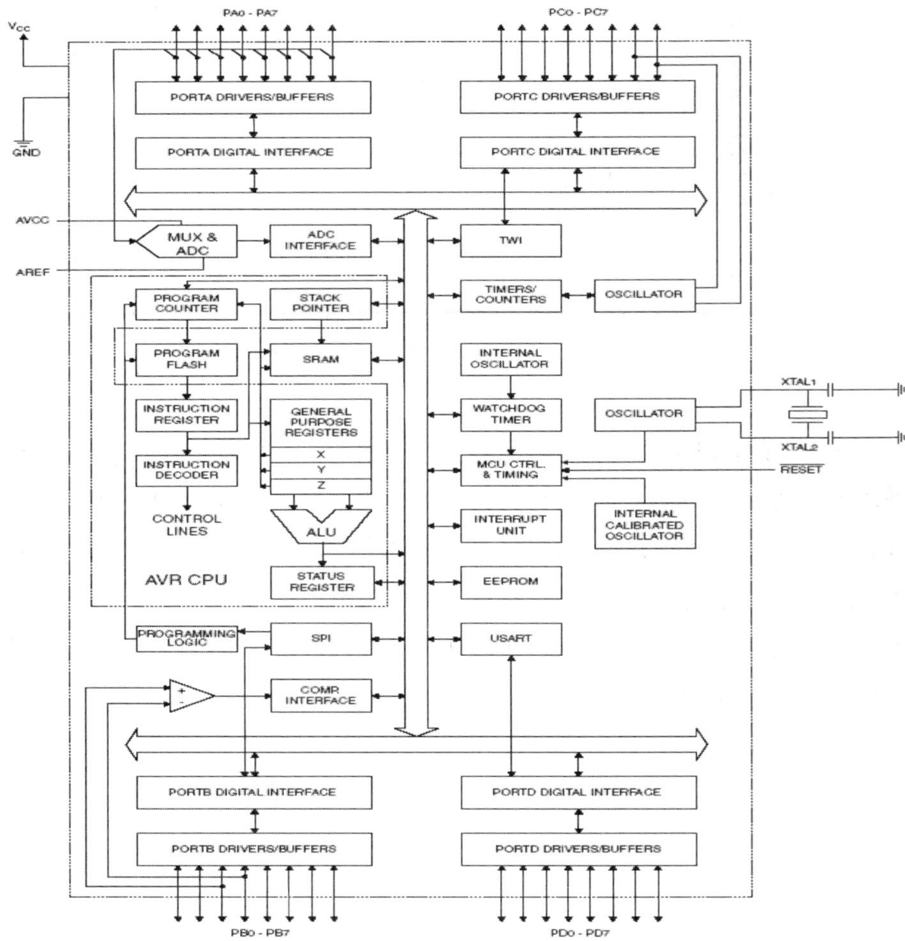

그림 D.1 ATmega8535의 내부구조

그림 D.1에서, 외부 포트와 관련된 입출력 핀은 A포트, B포트, C포트 및 D포트에 각각 8핀씩 총 32핀이 제공되며, 각각의 포트에는 입출력 방향설정 레지스터(DDRA, DDRB, DDRC, DDRD)와 데이터 레지스터(PORTA, PORTB, PORTC, PORD), 그리고 PIN 입력 레지스터(PINA, PINB, PINC, PIND)가 제공된다. 아주 간단하게만 설명하자면, 방향 설정 레지스터는 핀을 입력으로 사용할지 출력으로 사용할 지를 결정하는 레지스터이다. 그 값이 1이면 출력이고, 0이면 입력이다. 초기치(default 값)는 모두 0이다(RESET이 된 후 프로그램으로 변경하지 않은 처음상태). 또한, 데이터 레지스터는 핀에 데이터를 내보낼 때 사용하는 레지스터이고, 초기치는 모두 0이다. 마지막으로, 핀 입력 레지스터는 핀에 입력된 값을 알려주는 레지스터라고 생각하면 편하겠다. 핀 입력 레지스터의 초기치는 정의되지 않는다. 지금까지 설명한 레지스터의 내용과 내부 주소 번지는 표 D.1과 같다.

표 D.1 디지털 입출력 포트 관련 레지스터

Address	Name	Bit 7	Bit 6	Bit 5	Bit 4	Bit 3	Bit 2	Bit 1	Bit 0
0x1B (0x3B)	PORTA	PORTA7	PORTA6	PORTA5	PORTA4	PORTA3	PORTA2	PORTA1	PORTA0
0x1A (0x3A)	DDRA	DDA7	DDA6	DDA5	DDA4	DDA3	DDA2	DDA1	DDA0
0x19 (0x39)	PINA	PINA7	PINA6	PINA5	PINA4	PINA3	PINA2	PINA1	PINA0
0x18 (0x38)	PORTB	PORTB7	PORTB6	PORTB5	PORTB4	PORTB3	PORTB2	PORTB1	PORTB0
0x17 (0x37)	DDRB	DDB7	DDB6	DDB5	DDB4	DDB3	DDB2	DDB1	DDB0
0x16 (0x36)	PINB	PINB7	PINB6	PINB5	PINB4	PINB3	PINB2	PINB1	PINB0
0x15 (0x35)	PORTC	PORTC7	PORTC6	PORTC5	PORTC4	PORTC3	PORTC2	PORTC1	PORTC0
0x14 (0x34)	DDRC	DDC7	DDC6	DDC5	DDC4	DDC3	DDC2	DDC1	DDC0
0x13 (0x33)	PINC	PINC7	PINC6	PINC5	PINC4	PINC3	PINC2	PINC1	PINC0
0x12 (0x32)	PORTD	PORTD7	PORTD6	PORTD5	PORTD4	PORTD3	PORTD2	PORTD1	PORTD0
0x11 (0x31)	DDRD	DDD7	DDD6	DDD5	DDD4	DDD3	DDD2	DDD1	DDD0
0x10 (0x30)	PIND	PIND7	PIND6	PIND5	PIND4	PIND3	PIND2	PIND1	PIND0

결국, 외부 포트에 데이터를 출력하거나, 입력하려면 준비된 레지스터에 값을 써 넣거나 읽어 들이면 되는 것이다.

어떻게 하면 레지스터에 값을 써 넣을 수 있을까? 보통 OUT(번지, 데이터)의 형식으로 데이터를 써넣게 되는데, 교재에서 사용하고 있는 IAR C 컴파일러의 경우 io8535.h에서 각 레지스터의 주소와 써넣는 방법이 정의되어 있다. 따라서 레지스터에 데이터를 써 넣는 방법은 다음의 형식과 같이 아주 간단하다.

레지스터이름 = 데이터

이제, 어떤 핀(예: A포트 Bit 0 , ATmega8535 칩의 40번 핀, PA0로 표기)의 방향을 출력으로 설정하여, 그 핀에 1(High)을 출력하려면, 어떻게 하면 될까?
우선, 초기 입출력 방향설정은 입력으로 되어 있으므로, 출력으로 바꾸어 설정해 주어야 하겠다. 이는 입출력 방향설정 레지스터(DDRA)의 해당 비트를 1로 해주면 된다.

```
DDRA=0x01;
```

이제, 다음 코드와 같이, PA0에 1이라는 데이터를 써 넣어 주면된다.

```
PORTA=0x01;
```

이렇게 프로그래밍 하면, PA0가 High로 출력이 되면서 그 핀에 연결되어 있는 LED에 불이 켜지게 되는 것이다.

만일, A포트 전체(8핀 모두)의 방향을 출력으로 설정한 후, 각 핀에 전부 1을 출력시키기 위해서는 다음과 같은 코드를 프로그래밍 하면 된다.

```
DDRA=0xff;
PORTA=0xff;
```

참고로, 전체 포트의 초기 설정을 위해 고려해야 할 사항을 알아보도록 하자. 초기치 상태(방향 레지스터와 데이터 레지스터가 모두 0인 상태)이면, 핀의 상태는 tri-state(High도 Low도 아닌 High Impedance 상태)가 된다. 이 경우 내부 풀업을 해 주는 것이 바람직하며, 입출력 방향설정 레지스터(DDRA, DDRB, DDRC, DDRD)의 값이 전부 0인 상태(초기상태)에서, 데이터 레지스터(PORTA, PORTB,

PORTC, PORD)의 각 비트값을 전부 1로 해주면 내부 풀업이 설정된다. 따라서, 가급적이면 다음과 같은 초기설정을 해주는 것이 좋다.

```
PORTA=0xff;
PORTB=0xff;
PORTC=0xff;
PORTD=0xff;
```

외부 포트의 정보를 읽어 들이는 방법도 앞에서 설명한 원리만 알면 간단하다. 다음과 같이 프로그래밍 해주면 된다.

```
DDRA=0x00;
input_data=PINA;
```

이상으로 외부 포트에 데이터를 입출력하는 원리와 프로그래밍 방법에 관하여 알아보았다.

[부록 E] AVR에서 소모전력 최소화 시키는 방법

Minimizing Power Consumption

There are several issues to consider when trying to minimize the power consumption in an AVR controlled system. In general, sleep modes should be used as much as possible, and the sleep mode should be selected so that as few as possible of the device's functions are operating. All functions not needed should be disabled. In particular, the following modules may need special consideration when trying to achieve the lowest possible power consumption.

Analog-to-Digital Converter

If enabled, the ADC will be enabled in all sleep modes. To save power, the ADC should be disabled before entering any sleep mode. When the ADC is turned off and on again, the next conversion will be an extended conversion. Refer to "Analog-to-Digital Converter" on page 203 for details on ADC operation.

Analog Comparator

When entering Idle mode, the Analog Comparator should be disabled if not used. When entering ADC Noise Reduction mode, the Analog Comparator should be disabled. In the other sleep modes, the Analog Comparator is automatically disabled. However, if the Analog Comparator is set up to use the Internal Voltage Reference as input, the Analog Comparator should be disabled in all sleep modes. Otherwise, the Internal Voltage Reference will be enabled, independent of sleep mode. Refer to "Analog Comparator" on page 200 for details on how to configure the Analog Comparator.

Brown-out Detector

If the Brown-out Detector is not needed in the application, this module should be turned off. If the Brown-out Detector is enabled by the BODEN Fuse, it will be enabled in all sleep modes, and hence, always consume power. In the deeper sleep modes, this will contribute significantly to the total current consumption. Refer to "Brown-out Detection" on page 37 for details on how to configure the Brown-out Detector.

Internal Voltage Reference

The Internal Voltage Reference will be enabled when needed by the Brown-out Detector, the Analog Comparator or the ADC. If these modules are disabled as described in the sections above, the internal voltage reference will be disabled and it will not be consuming power. When turned on again, the user must allow the reference to start up before the output is used. If the reference is kept on in sleep mode, the output can be used immediately. Refer to "Internal Voltage Reference" on page 39 for details on the start-up time.

Watchdog Timer

If the Watchdog Timer is not needed in the application, this module should be turned off. If the Watchdog Timer is enabled, it will be enabled in all sleep modes, and hence, always consume power. In the deeper sleep modes, this will contribute significantly to the total current consumption. Refer to "Watchdog Timer" on page 39 for details on how to configure the Watchdog Timer.

Port Pins

When entering a sleep mode, all port pins should be configured to use minimum power. The most important thing is then to ensure that no pins drive resistive loads. In sleep modes where both the I/O clock ($clk_{I/O}$) and the ADC clock (clk_{ADC}) are stopped, the input buffers of the device will be disabled. This ensures that no power is consumed by the input logic when not needed. In some cases, the input logic is needed for detecting wake-up conditions, and it will then be enabled. Refer to the section "Digital Input Enable and Sleep Modes" on page 53 for details on which pins are enabled. If the input buffer is enabled and the input signal is left floating or have an analog signal level close to $V_{CC}/2$, the input buffer will use excessive power.

[부록 F] 실습에 필요한 장비 및 부품 목록

꼭 필요한 장비로는 개인용 컴퓨터(PC)가 있다.

그 밖에 본 교재에 필요한 장비는 다음과 같다.

- 오실로 스코프
- 전원 공급 장치(파워 서플라이)
- 멀티메터(테스터기)

이 장비들은 없어도 실습에 큰 영향을 주지는 않지만 가급적 갖춰 놓는 것이 바람직하다.

다음은 본 교재에서 언급된 부품 목록을 종합 정리해 놓았다.

표 3.1 보드에 필요한 부품

순번	명칭	규격	수량	형태	부품번호	내용
1	회로기판	121mm x 203 mm	1		-	PCB(인쇄 회로 기판)
2	CPU	ATmega8535	1		U1	마이크로프로세서
3	Buffer/Driver	74LS244	1		U2	ISP 다운로드용 버퍼
4	Inverter	74LS04	1		U3	ISP 다운로드용 NOT 게이트
5	통신용 Driver	MAX232	1		U4	RS-232 직렬통신용
6	IC 소켓	40 pin	2		-	ATmega8535(U1) 및 7-segment( )용
		20 pin	1		-	74LS244(U2)용
		16 pin	1		-	MAX232(U4)용

		14 pin	1		-	74LS04(U3)용
7	제너 다이오드	5V 제너 다이오드	1	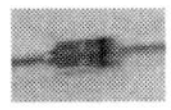	D2	전압 안정용
8	2색 LED	2색 LED 5φ	1		D1	전원 확인용
9	트랜지스터	2SA1266	4		TR1,TR2, TR3,TR4	FND 구동용
10	전해캐패시터	4.7 μF, 25 V	1		C2	리셋 스위치용
		1 μF, 25 V	6		C8,C9, C10, C11, C12	MAX232 주변 회로용
11	캐패시터	0.01 μF (103)	4		C1,C3, C6, C7	바이패스용
		22 pF (22)	2		C4, C5	크리스털 주변 회로용
12	어레이 저항	10 KΩ, 5pin (103)	1		RA1	키매트릭스 풀업용
13	저항	4.7 KΩ (황,보라,적)	4	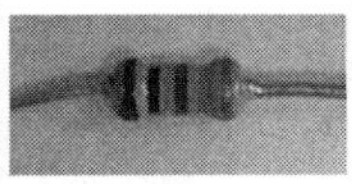	R1, R2, R4, R5	풀업 용 (단, R4는 풀다운)
		330 Ω (등,등,갈)	8		R10~R17	FND(LED) 전류 제한용
		120 Ω (갈,적,갈)	1		R3	2색 LED 전류 제한용
		1 KΩ (갈,흑,적)	4		R6~R9	TR 베이스 용
14	가변저항	10 KΩ	1		VR1	LCD 밝기 조정
15	FND	252A-2digit	2		FND1, FND2	7-Segment
16	크리스탈	3.6864MHz	1		Y1	클럭 발진용
17	퓨즈	폴리 스위치 1.1 [A]	2	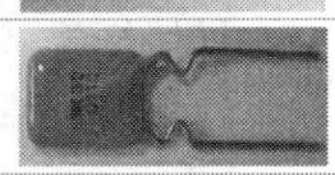	PSW1, PSW2	과 전류 방지용
18	스위치	TACT-SWITCH	17	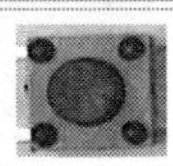	SW1~SW17	SW1은 리셋용, 그 외는 키매트릭스용

19	LCD	HC16201-A	1		LCD1	문자 표시용 액정 디스플레이(16문자 x 2줄)
20	핀헤더 소켓	핀헤더 소켓 14핀	1		-	LCD용 소켓
21	커넥터	RS232(FEMALE) ㄱ자	1		P2	RS232 통신용 커넥터
		DB25(프린터, MALE) ㄱ자	1		P1	ISP 다운로드용 커넥터
22	핀헤더	4핀헤더	14	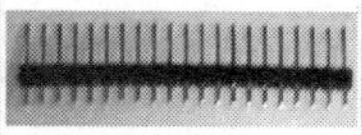	JP1~JP13, JP16 ~JP18	입출력 포트 연결 용
		3핀헤더	1			
		2핀헤더	1			
23	핀헤더 연결용 커넥터/케이블	4핀용	15	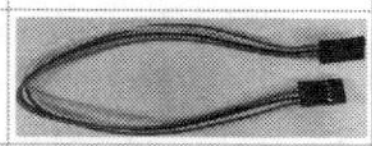	-	핀 헤더 연결용
		1핀용	10	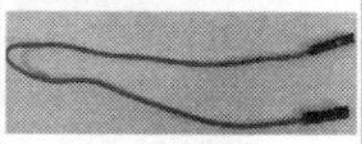	-	
24	전원 단자	터미널 단자 2P	2		JP14, JP15	전원 연결용
25	받침대	오리발	4	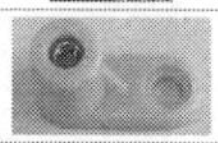	-	PCB 받침대 용
26	볼트	3φ	4		-	고정대 고정용

4장에 필요한 부품

순번	명칭	규격	수량	형태	부품번호	내용
1	저항	330 Ω (등,등,갈)	1		-	LED 전류 제한용
2	LED	적색	1	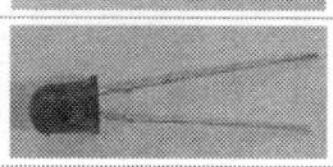	-	LED
3	핀 헤더 연결용 케이블	1핀용	1	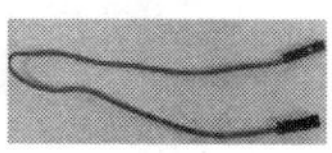	-	핀 헤더 연결용

4	핀 헤더	1핀	1	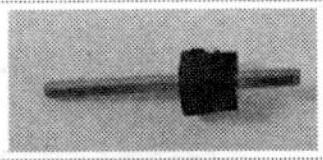	-	GND 연결용
5	프린터 케이블	MALE -FEMALE	1		-	다운로드용 (25핀, 1:1)
6	COM 포트 케이블	MALE -FEMALE	1		-	RS232C 통신용 (9핀, 1:1)

표 6.1 입력회로에 필요한 부품

순번	명칭	규격	수량	형태	부품번호	내용
1	저항	4.7 KΩ (황,보라,적)	1		해당사항 없음	스위치 전원 전류 제한용
2	스위치	TACT-SWIT CH	1		해당사항 없음	정보 입력용 누름 스위치
3	전해 콘덴서	4.7 μF, 25 V	1	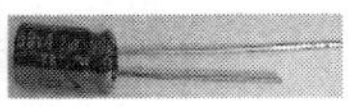	해당사항 없음	채터링 방지용
4	핀헤더 연결용 커넥터/ 케이블	1핀용	2	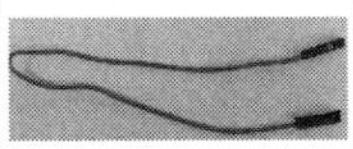	해당사항 없음	핀 헤더 연결용
5	핀헤더	1핀	2	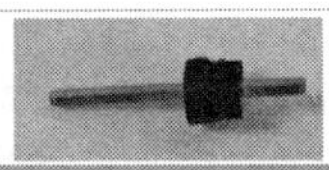	해당사항 없음	GND 연결용

표 16.3 ADC 실습에 필요한 부품

순번	명칭	규격	수량	형태	부품번호	내용
1	가변 저항	10K	1		-	아날로그 전압 조정용
2	핀 헤더 연결용 케이블	1핀용	2	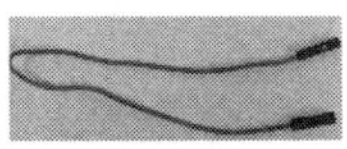	-	핀 헤더 연결용

마이크로프로세서 기초 실습

2006년 2월 28일 초판1쇄 발행
2012년 2월 15일 수정2쇄 발행

저자와의
협의하에
인지생략

저　자　이상철 · 박종우 · 곽칠성 · 조도현 · 이정석
펴낸이　임 순 재
펴낸곳　한올출판사
등록 제11-403호
121-849
주　소 서울시 마포구 성산동 133-3 한올빌딩 3층
전　화 (02)376-4298(대표)
팩　스 (02)302-8073
홈페이지 www.hanol.co.kr
e-메일 hanol@hanol.co.kr
정　가 26,000 원 (PCB기판, CD 포함)